한국영화와 리얼리즘 1

한국영화와 리얼리즘 1

초판 인쇄 2024년 7월 29일
초판 발행 2024년 8월 12일

지은이 이준엽 **| 책임편집** 권효진 **| 편집** 강지영
펴낸이 박찬익 **| 펴낸곳** ㈜박이정
주소 경기도 하남시 조정대로45 미사센텀비즈 8층 F827호
전화 031)792-1195 **| 팩스** 02)928-4683
홈페이지 www.pijbook.com **| 이메일** pijbook@naver.com
등록번호 2014년 8월 22일 제2020-000029호 **| ISBN** 979-11-5848-957-1 (93680)
가격 24,000원

한국영화와 리얼리즘

1

이준엽 지음

박이정

연구의 방향을 제시해 주신 정태수 선생님께 감사드립니다.

머리말

본 저서는 한국 영화사에서 오랜 기간 동안 신화화되었던 리얼리즘 개념을 비판적으로 검토하고 있다. 1945년부터 1965년까지를 1차 연구 범위로 설정했으며, '리얼리즘 영화'로 정전화된 텍스트들과 그에 대한 당대 비평 담론을 종합적으로 분석했다. 각 시기별 특징은 다음과 같이 요약된다.

해방기의 경우, 이념 대립으로 인한 혼란 속에서 영화계의 권력 구조가 급속도로 재편되었다. 이에 일제 강점기에 형성된 리얼리즘 개념 또한 선택적으로 수용되었다. 민족 영화 역사 수립을 갈망해 온 영화인들은 서둘러 왜곡된 리얼리즘 영화사를 서술해 나가기 시작했다. 좌파 계열의 영화인들이 남긴 발자취가 역사에서 지워진 반면 최인규와 같은 감독은 한국 (리얼리즘) 영화사의 아버지와 같은 존재로 추대되었다. 최인규가 남긴 영화들 역시 의심할 여지가 없는 리얼리즘의 대표작으로 자리매김하게 되었다.

한국 전쟁기에는 〈태양의 거리〉, 〈악야〉와 같이 이탈리아 네오리얼리즘으로부터 영향을 받은 작품이 등장했다. 이들은 스타일적 측면에서는 네오리얼리즘과 일정 부분 유사성을 형성하고 있었으나 내용적인 측면에서는 다소 간의 차이를 나타냈다. 당시 영화인들은 해외에서 유행하는 예술 사조에 뒤지지 않는, 참신하면서도 지극히 한국적인 정서를 지닌 영화가 출현하기를 기대했다. 이러한 욕망은 곧 (네오)리얼리즘이라는 개념을 통과하여 굴절된 형태로 표출되기 시작한다.

한국 전쟁 이후에는 국가권력의 강력한 통제가 사회 전반에 가해졌다. 이에 추상적인 휴머니즘 개념을 앞세운 순수문학 진영이 문단의 헤게모니를 장악하였고, 왜곡된 형태로 수용된 실존주의 사상이 문화·예술계에 광범위한 영향을 끼쳤다. 이와 더불어 근대화 및 세계화라는 과제가 시대정신으로 대두되었다. 민족적이고도 독창적인 것을 창조해야 한다는 열망과 세계적인 조류에 뒤쳐져서는 안 된다는 강박관념으로 인해, 전후 새롭게 형성된 영화 평론계에서는 '코리안 리얼리즘'이라는 개념을 주조하기에 이른다.

코리안 리얼리즘은 이탈리아의 네오리얼리즘을 기반으로 창조된 개념이다. 표면상으로는 저항 정신, 작가 의식과 같은 가치가 부각되었으나 실질적으로는 한국 사회를 지배한 근대화, 세계화 논리와 보다 밀접하게 연관되어 있었다. 즉, 평론가들은 리얼리즘적 가치에 무게를 둔 것이 아니라, 네오리얼리즘이라는 국가적 브랜드를 만들어 낸 이탈리아의 모범적 사례와 같이 세계 시장에서 인정받는 영화를 생산해야 한다고 주장했다. 한국적 특수성(코리안)으로 상품의 희소성을 높이고, 세계적 보편성(리얼리즘)을 기반으로 관객 다수의 공감을 사겠다는 목표가 반영된 결과물이 코리안 리얼리즘이었다고 요약해볼 수 있다.

결과적으로 이 시기 (코리안) 리얼리즘으로 호명된 작품 대다수는 휴머니즘, 실존주의, 네오리얼리즘 등의 개념을 절반만 소화한 채로 현실의 표면적인 모습을 재현해내는 데 그쳤다. 국가권력은 검열과 해외 영화제 출품이라는 통제 수단을 적절하게 활용하면서 영화가 재현하는 현실 이미지를 자신의 입맛에 맞게 조율해나갔다. 비평계는 리얼리즘의 구체적인 방향성을 제시하지 못한 채 혼란을 가중하는 모습을 보였다.

4·19 직후 문화·예술계는 중대한 변화를 맞이했다. 잠시 동안이나마 표현의 자유가 확보되었고, 리얼리즘에 대한 재인식이 이루어졌다. 하지만 영화 비평계는 동시기의 세계적인 시류에 발맞추어 모더니즘적인 경향으로 좌표를 재설정했다. 결과적으로 여타 문화·예술계와 달리 영화계에서는 리얼리즘에 관한 논의가 점차 잦아들게 되었다.

1960년대 초·중반에는 가족 멜로드라마 장르가 형성되어 큰 인기를 끌었다. 이러한 작품들은 현실과의 접점을 강하게 형성하며 리얼리즘적 가능성을 확인시켜 주었다. 그러나 대다수가 행복한 결말 구조를 통해 현실을 이상화, 낭만화했다는 점에서는 한계가 있었다. 한편, 아동을 주인공으로 설정하거나 네오리얼리즘, 휴머니즘, 실존주의적 경향을 표방하는 등 이전 시기의 리얼리즘적 창작 경향을 계승·발전하려는 시도도 나타났다. 하지만 이론적 토대가 조야하였으며, 정치적 상황마저 경직되어 간 탓에 이들 역시 일정 부분 한계를 지닐 수밖에 없었다.

1960년대 한국 사회는 불완전한 혁명의 열기를 고스란히 군사 정권에게 이양한 채 오랜 기간 혼란을 마주하여야만 했다. 리얼리즘 개념을 둘러싼 한국 영화계의 혼란스러운 모습은 이와 같은 한국 사회의 모습을 반영하는 것이기도 했다.

이 책은 필자의 박사 학위 논문(「해방 이후 한국 영화의 리얼리즘 연구 (1945~
1965)」)을 기반으로 하고 있다. 내용의 대부분은 서울시 광진구 능동로 161번
의 지하 1층에서 다량의 아포가토를 연료로 하여 작성되었다. 책의 출간과
더불어 달콤쌉쌀했던 그 날들에게도 인사를 건넨다.

2024년 비 오는 어린이날

서울 동작구 국사봉1길 32번에서

이준엽

차 례

제3장
—
전쟁의 상흔과 리얼리즘의 각립(1953~1960)

제1장
—
서 론

1. 문제 제기 및 연구 목적

별이 총총한 하늘이 갈 수 있고 또 가야만 하는 길들의 지도인 시대, 별빛이 그 길들을 훤히 밝혀주는 시대는 복되도다.[1]

한국 영화사의 전개 과정에서 리얼리즘이라는 개념은 대단히 중요하게 취급되어 왔다. 해방 이후 대다수 영화인들은 좌우를 막론하고 일제로부터 독립된 새로운 '민족영화'를 구축해야 한다는 문제의식을 공유하고 있었다. 그 결과 나운규의 〈아리랑〉(1926), 이규환의 〈임자 없는 나룻배〉(1932) 등과 같은 작품이 모범적인 사례로 재조명받게 되었고, 이러한 정전(正典)을 기반으로 하여 한반도의 영화사는 이내 리얼리즘적인 계보하에 정돈되기 시작했다.[2]

---

1 게오르그 루카치, 김경식 역, 『소설의 이론』, 문예출판사, 2007, 27쪽.
2 리얼리즘이라는 용어는 대단히 광범위한 뜻을 지니고 있다. 이 단락에서는 향토(조선)적인 색채를 지니고 있으면서도 사회(일제) 비판적인 메시지를 담고 있는 작품으로 의미가 한정된다. 흥미롭게도, 남한뿐만 아니라 북한 역시 리얼리즘(사실주의)의 전통 하에 영화사를 서술하고 있다. 현재 북측은 나운규를

한국 전쟁을 거친 이후에도 상황은 비슷했다. 이영일로 대표되는 남한의 '1세대'[3] 영화 연구자들은 각자 나름의 방식으로 한국 영화사 서술을 시도했다. 그러한 과정에서 주류 담론으로 대두되었던 것은 일제 강점기의 영화사적 전통을 선택적으로 수용·발전시킨 우파-민족주의적 리얼리즘이었다. 1980년대에는 소위 '2세대' 연구자가 생겨나기 시작했는데 그들은 1세대가 누락했던 일제 강점기 좌파 계열 영화사의 위상을 복권하면서 나머지 절반의 리얼리즘 영화사를 완성하려 노력했다. 비록 항상 동일한 개념이었던 것은 아니지만, 리얼리즘이라는 요소는 분명 한국 영화사 서술에서 항상 논의의 중심에 위치하고 있었다.

그런가하면 '3세대'로 언급된 2000년대 무렵의 연구자들은 리얼리즘이라는 틀을 극복하기 위해 그 동안 '대문자 역사'[4]가 배제해온 미시적인 요소에

'비판적 사실주의'의 창작 원칙을 최초로 확립한 창작가로 평가하며, 카프(KAPF)의 활동으로 인해 '프롤레타리아 영화예술'이 출현했다고 서술한다. 그러면서 선형적인 문예사 발전 과정 하에 '주체 사실주의'의 전사(前史)로서 이들의 작품을 배치하고 있다. 통합된 남북 영화사 서술을 위해서라도 리얼리즘이라는 키워드는 중요하게 재검토될 필요성이 있다. 북측의 공식적인 영화사 서술은 다음의 저서를 참조하라. 김룡봉, 『조선영화사』, 사회과학출판사, 2013.

3 웹진 《필름저널(Film Journal)》(중앙대학교 첨단영상대학원 영상예술학과 발행, 제13호, 2004년)이 개최한 좌담회에서 이와 같은 세대 구분 방식이 거론된 바 있다(1, 2, 3세대). 이순진이 언급하듯이 실제 한국 영화 연구자의 세대 구분은 보다 다층적·복합적 차원에서 논의되어야 할 필요가 있다. 다만 본고는 과거의 논의를 이어가기 위하여, 부득이하게 이러한 세대 구분 방식을 다시금 사용하였음을 밝혀 둔다. 해당 좌담회와 관련한 보다 상세한 내용은 다음의 논문을 참조하라. 이순진, 「한국 영화사 연구의 현단계: 신파, 멜로드라마, 리얼리즘 담론을 중심으로」, 『대중서사연구』 제12호, 대중서사학회, 2004, 187~224쪽.

4 실제 역사(histories)는 다양한 사실로 구성되지만 근대 사회는 단일하고 통합적인 역사(History) 쓰기를 지향해 왔다. 이에 탈근대 역사 담론은 대화 방식의 다양화를 통해 그 동안 드러나지 않았던 수많은 소문자 역사를 이야기한다. 근대 역사학이 하나의 과거에 대한 진실이 오직 하나의 역사를 통해서만 재현될 수 있다고 주장했다면, 탈근대 역사 담론은 하나의 과거 실재에 대한 의미 해석을 여러 역사로 이야기하는 것을 지향하는 것이다. 김기봉, 「삶의 비평'으로서 역사」, 『동방학지』 152호, 연세대학교 국학연구원, 2010, 389쪽.

주목했다. 그들은 신파/멜로드라마 영화처럼 리얼리즘 담론 주변부에 위치했던 다양한 작품을 분석 대상으로 설정하면서 이전과는 전혀 다른 새로운 역사 쓰기를 시도했다. 결과적으로 한국 영화사에 대한 논의는 보다 풍부하고 다채로워졌으나, 아쉬움도 뒤따른다. 거시적인 관점으로 한국 영화사의 통시적인 지형도를 그려 보고자 하는 노력은 더 이상 찾아보기가 힘들다. 리얼리즘과 관련된 논의를 종합하여 이를 체계화하거나 혹은 재평가하려는 시도 역시 현재로서는 보편적이지 않은 듯 보인다.

그렇다면 한국 영화사에서 "거의 무소불위의 힘을 발휘"[5]했다고까지 평가받은 리얼리즘 담론이 급속도로 퇴색해 버린 까닭은 무엇일까. 사실, 이러한 현상은 비단 영화학에만 국한되는 것이 아니라 1990년대 이후 인문학 전반에 걸친 것이었다. 그리고 이는 한국 사회의 변화와도 밀접하게 연관되어 있다. 과거 지식인들은 한국 사회의 지배 구조를 비판하면서 열정적으로 대안 사회를 논해 왔다. 허나 사회주의권 국가의 연쇄적인 체제 전환과 1997년 외환 위기 등 구조적인 측면에서 큰 변화가 찾아오면서 이러한 모습들은 신기루처럼 사라져 버렸다. 현실 동학을 예측하지 못한 채 거대담론에 몰입했던 지식인들은 지난 20여 년 간 자아비판을 하며 논쟁의 장에서 자취를 감추거나, 발빠르게 전향하여 누구보다도 헌신적으로 체제를 수호하는 모습으로 거듭났다. 이러한 현실 하에 인문학 역시 방향타를 수정할 수밖에 없었고, 자연스럽게 거대담론보다는 미시담론 분석에 관심이 모아졌던 것

---

5 안진수는 한국 영화사 연구에서 리얼리즘론과 작가론이 예술영화론·민족주의와 결합된 채로 한국 영화의 다양성을 억압해온 사실을 지적한다. 뿐만 아니라 리얼리즘의 정치 역학을 역사화·맥락화하는 총체적 작업 역시 이루어지지 않은 현실을 비판하는데, 이는 본고의 문제의식과도 맞닿아 있다. 안진수, 「서문」, 김소연 외, 『매혹과 혼돈의 시대』, 소도, 2003, 12쪽.

이다.

　기존 문예 연구에서는 정전이 될 만한 작품을 발굴하고 그것을 생산해 낸 작가를 만신전으로 추대하는 것이 일반적인 경향이었다. 하지만 미시담론 분석은 오히려 만신전 바깥 민중의 일상에 주목한다. 이 두 가지 접근 방식은 얼핏 배타적인 관계로 보이지만 실은 상호보완적인 관계이며, 함께 전개될 때 가장 바람직한 형태라 할 수 있을 것이다. 그러나 유독 한국에서는 후자가 전자의 자리를 전적으로 대체해 버린 것으로 보인다. 본격적인 논의를 전개하기에 앞서 문학 연구에서의 몇 가지 사례를 들어 보고자 한다. 이를 기반으로 하여 한국 영화학의 동향과 특징에 대해서도 이야기해 볼 수 있을 것이기 때문이다. 다음에서 다룰 세 논문은 각각 10년 정도의 터울을 두고 작성된 것인데, 문학이 '문화연구'[6]라는 방법론을 급하게 수혈하며 마주한 혼란을 잘 보여준다.

　먼저 예시로 들어볼 것은 2001년 발표된 조성면의 논문이다. 그는 "현실 사회주의의 붕괴, 전지구적 자본주의의 전진, 포스트 모더니즘의 등장과 대중문화의 가파른 성장으로 인해 거대 이론과 현실 사이에서 균열이 생겨나자"[7] 문화론(문화연구)이 그 틈새를 재빨리 비집고 들어왔다고 말한다. 문화론은 국문학계에서도 더 이상 침묵하기 어려운 지적 담론으로 성장했으며, 인문학의 침체 혹은 위기라는 상황 하에 국문학 연구자 사이에서 새로운 대

6　후술하겠지만, 이는 버밍엄학파로 대표되는 'Cultural Studies'와 완전히 동일한 개념은 아니다. 서구의 문화이론적인 경향을 바탕으로 국문학 내부에서 이루어진 풍속·문화사에 대한 연구 경향을 특정하기 위해 작은 따옴표를 사용해 둔다.

7　조성면, 「새로운 한국문학 연구를 위한 도전으로서의 문화론: 문화론의 위상과 전망 그리고 가능성과 한계에 대하여」, 『민족문학사연구』 18권, 민족문학사연구소, 2001, 41쪽.

안 내지 방법론으로 관심을 끌게 되었다. 조성면이 지적하듯이 문학 연구에서 문화론은 이른바 '1990년대적 상황'에 대한 학문적 대응으로서, 일종의 '위기의 담론'이었다. 무한한 가능성을 지니고 있었지만 동시에 모호하게만 여겨졌던 문화연구는 이후 어떠한 모습으로 전개되었을까.

최성희의 논문 「문화연구에서 길을 잃다: 한 드라마 연구자의 출구 찾기」를 확인해 보자. 조성면이 제기했던 문제는 2010년에도 되풀이되고 있었다. 최성희는 20세기 학문에서 사회과학적인 방법론이 우세하였으나, 점차 절대적이고 보편적인 진리를 외치는 거대담론에 대한 회의가 대두되었고, 모든 담론을 아우르는 보다 복합적이고 역동적인 '문화' 개념이 새로운 대안으로 떠오르게 되었다고 진단한다. 이러한 전환에는 장점도 있었지만 단점도 있었는데, 이를테면 애초에 문화연구가 지니고 있었던 비판성과 정치성이 소거된 탓에 단순히 서구 이론을 수입하고 소개하는 차원에 머물러 버렸다는 것이다.[8] 맑스주의의 도식성을 비판하며 후기산업사회의 계급투쟁에 대한 관심에서 탄생한 것이 '버밍엄학파'의 'Cultural Studies'였으나, 한국 문학계에서의 '문화연구'는 실증주의에 매몰되거나, 자료를 중시하되 이를 분석하고 종합하는 공통된 준거틀이 미비하다는 비판을 받기도 했다.[9] 최성희의 말처럼 개별 민족문학의 독자성은 무너졌고, 활자적 텍스트로서의 문학의 위상 또한 위기를 맞이했다. 이러한 상황에서 '문학' 연구는 '문학적인 것', 즉 '문화'에 대한 연구로 방향을 선회하면서 명맥을 이어나갈 수 있었던 것

---

8   최성희, 「문화연구에서 길을 잃다: 한 드라마 연구자의 출구 찾기」, 『비교문화연구』 21권, 경희대학교 비교문화연구소, 2010, 189~191쪽.

9   박헌호, 「'문화연구'의 정치성과 역사성: 근대문학 연구의 현황과 반성」, 『민족문화연구』 53호, 고려대학교 민족문화연구원, 2010, 164~165쪽.

이다.[10] 문화연구에서 길을 잃었다는 그의 외침은 현재까지도 시사하는 바가 크다.

마지막으로, 2017년 발표된 류보선의 논문을 확인해 보자. 류보선은 "1990년대 중반부터 집중적으로 이루어져온 문화연구를 집대성한 문제적인 저작"[11]인 『문학사 이후의 문학사』[12]와 『허용된 불온』[13]을 읽고 이에 대한 자신의 생각을 말한다. 앞서 다루었던 예시들과 마찬가지로, 그 역시 지난 20여 년 동안 문학 연구가 변해 온 궤적에 주목한다. 그의 말에 따르자면 이러한 흐름은 가히 '한국문학연구의 문화론적 전회'라 할 만한 것이었다. 긍정적인 측면을 먼저 논하자면, 문화연구는 한국 문학 전체를 새로운 각도에서 종횡무진으로 횡단·절합하며 그 동안 기존의 '문학' 연구가 하지 못했던 작업을 수행해 왔다. 하지만 류보선은 이러한 경향에 대한 비판적인 견해도 함께 드러낸다.

류보선은 먼저 기존의 문학사가 김현·김윤식의 『한국문학사』 이래 '반쪽의 문학사', 혹은 '절반의 문학사'를 극복하는 과정이었다고 말한다. 다시 말해 기존 문학사는 '민족주의-남성-엘리트' 중심의 이데올로기에 의해 폐기처

---

10 최성희, 앞의 논문, 208쪽. 조성면은 문화론의 범주에 넣을 수 있는 1990년대 이후 국문학의 흐름을 크게 1) 문학에 대한 연구에서 문학 자체에 대한 연구로의 이행, 곧 근대문학-근대문학의 형성과정과 이데올로기, 그리고 개념 등-그 자체를 문제삼는 연구, 2) 출판, 인쇄, 풍속, 패션 등 문학의 물질적 조건을 문제삼는 미시적 연구, 3) 탈정전적 경향의 대중문학 연구, 4) 방법론적 모색으로서의 고전문학 연구 등으로 나눈다. 이들 연구의 공통된 특징은 "과감하게 학제적 연구(interdisciplinary)를 시도하고 있으며, 재래의 국문학 연구 패러다임과는 다른 접근방법과 관점을 선보이고 있다"는 점이다. 1990년대 이후 한국 영화사 연구의 동향 역시 이러한 흐름과 연동되어 있음을 확인해 볼 수 있다. 조성면, 앞의 논문, 43쪽.

11 류보선, 「그러므로 문제는 문학이다: 최근 문화연구에 대한 비판적 제언 몇 가지」, 『돈암어문학』 32권, 돈암어문학회, 2017, 135쪽.

12 천정환 외, 『문학사 이후의 문학사』, 푸른역사, 2013.

13 한만수, 『허용된 불온: 식민지시기 검열과 한국문학』, 소명출판, 2015.

분된 다양한 문학적 실재를 복원하는 과정이었다. 그렇게 역사의 빈 공간에 월북 작가가 채워지고, 민족문학 외부의 작가가 배치되었으며, 여성성을 구현한 작품이 귀환할 수 있었다. 뿐만 아니라 북한 문학이 한국 문학사라는 무대에 입장하기도 했고, 해외 이주민의 한국어 문학이 조명받기도 했다.[14] 하지만 『문학사 이후의 문학사』는 단순히 '절반'을 극복하는 것을 목표로 두지 않고, 기존의 문학사를 전면 폐기함과 동시에 이전과는 전혀 다른 완전히 새로운 문학사를 구성하는 것을 목표로 한다. 이러한 시도는 대단히 도전적이면서도 도발적이다. 어쩌면 그 동안 문화연구가 축적해온 성과가 있었기에 가능한 일이었을지도 모른다.

그런데 여기에는 몇 가지의 위험요소가 잠복해 있다. 우선 『문학사 이후의 문학사』가 그리는 전체적인 상이 있는가, 혹은 있을 수 있는가 하는 점이다. 『문학사 이후의 문학사』는 수많은 문학을 귀환시키지만 그것들을 적극적으로 재구성하거나 재배치하지는 않는다. 기존의 문학사가 그린 계보학에서 누락된 작가나 경향, 개념을 찾아 나서고 이를 기반으로 기존의 문학사를 공격하지만 그것이 전부다.[15] 무엇인가를 해체한 후 재구성할 때, 즉 무질서하게 흩어진 대상을 다시 (위계)질서화할 때, 선택과 배제가 되풀이될 수밖에 없다. 상징질서의 폭력성이 또 다시 강력하게 작동하는 것이다. '문학사 이후의 문학사'가 꾸준하게 제창됨에도 불구하고, 이와 같은 이율배반은 곧 '문학사 이후의 문학사' 서술을 끊임없이 유보시키고 있다.

게다가 "'문학사 이후의 문학사'는 이전의 문학사보다 보다 승화되고 진

---

14 류보선, 앞의 논문, 142쪽.
15 위의 논문, 148쪽.

화한 계보학적 실천이기보다는 그것보다 퇴행한 하위문화의 조악한 나열에 그칠 가능성이 농후"[16]하다. 문학이라는 기존의 제도 혹은 형식을 믿지 않는 이들은 문학이 서발턴의 목소리를 잘 들어주지도 못했고, 그것을 잘 표현해내지도 못했다고 주장한다. 이러한 관점 하에 "근대를 형성하는데 결정적인 역능을 행사하고, 그 이후에는 타락한 근대에 대한 가장 적극적인 비판자 역할을 담당했던 문학은 근대적 통치성의 가장 적극적이고도 음험한 공모자"[17]로 전락해 버리고 만다.

현재의 상징질서가 폐기하거나 배제한 작품은 그 자체로 현재의 상징질서에 내재된 구조적인 폭력과 억압을 상징적으로 보여주는 좋은 사례가 된다. 허나 그것들 자체가 기존의 문학을 넘어서는 혁신성을 담보하는 것은 아니다. 따라서『문학사 이후의 문학사』는 문자 그대로 기존의 문학사를 대체할 수 있고, 현재의 통치성에 대항할 수 있는 문학들을 선별해야 한다. 그렇지 않으면 '문학사'라는 개념 자체가 성립할 수 없을 것이고, 더 나아가서는 "그나마 구조적으로 견고한 근대적 통치성과 맞설 수 있었던 가장 강력한 무기였던 문학이라는 제도와 형식을 스스로 버리"[18]는 형국이 되고 말 것이기 때문이다. 류보선은『문학사 이후의 문학사』가 새로운 문학사를 구축하는 단계의 작업까지는 착수하지 못한 것 같다고 평가하며 글을 마무리한다.

기존 연구 방법론의 한계를 극복하기 위해 활성화된 문화연구는 분명 문

---

16 위의 논문, 153쪽.

17 위의 논문, 150쪽.

18 위의 논문, 154쪽.

예사 연구를 보다 다채롭게 함과 동시에 문학 연구의 외연을 확장했다. 한 사회학자는 문학계에서 문화사 연구가 폭증한 상황을 두고 "국문학의 침공"[19]이라는 표현을 사용하기도 했다. 그 결과 국문학계는 '인문학의 위기'와 '통섭'의 흐름 속에서도 명맥을 유지할 수 있었다. 그런데 박헌호에 따르면 타 분과학문에 대한 '침공'은 곧 국문학 자신에 대한 '내파'이기도 했다.[20] 그 결과는 앞서 살펴본 바와 같다. 현재까지도 "문학 '사(史)' 없는 시대의 문학 연구"[21]는 여전히 주소불명인 상태로 남아 있다.[22]

그렇다면 이러한 사례를 기반으로 한국 영화사 연구의 현 상태를 진단해 본다면 어떨까. 김소연은 2020년 발표한 논문에서 다음과 같이 서술하고 있다.

과거의 한국영화 비평담론이 리얼리즘에 의해 과잉결정되어 있었다면 최근의 한국영화 비평담론은 그 과잉결정을 해소시키는 쪽으로 급선회하고 있다. 포스트모더니티/포스트모더니즘의 도래 이후 영화비평 담론의 큰 축은 작가주의 예술영화로부터 대중적 장르 영화로 이동했고, 영화 자체도 창조나 예술

---

19 조형근, 「비판과 굴절, 전화 속의 한국 식민지근대성론: 구조, 주체, 경험의 삼각구도를 중심으로」, 『역사학보』 203호, 역사학회, 2009, 315쪽.

20 박헌호, 앞의 논문, 163쪽.

21 박헌호, 「문학 '史'없는 시대의 문학연구: 우리 시대 한국 근대문학 연구에 대한 어떤 소회」, 『역사비평』 75호, 역사비평사, 2006, 92~112쪽.

22 기실 이와 같은 현상은 타 분과학문에 있어서도 마찬가지다. 김현돈에 따르면 문학뿐만 아니라 "미술에서도 형편은 크게 다르지 않다. 일천한 한국의 현대 미술사를 돌이켜 볼 때, 숱한 시행착오와 혼란을 겪고 진정한 근대성의 이념에도 이르지 못한 상황 속에서 한국미술은 이제 90년대의 한복판에서 포스트모더니즘이란 또 하나의 낯선 사조와 마주하고 있다. …(중략)… 이항대립의 극복이라는 이름 아래 신화와 주술, 과학과 역사, 전통과 현대 등 온갖 대립적 가치가 공존하는 복합매체의 설치미술이나 퍼포먼스, 페미니즘미술은 중심의 해체를 통한 '억압된 것의 복귀'를 지향한다." 김현돈, 「미학적 범주로서의 전형성과 총체성: 게오르그 루카치를 중심으로」, 『시대와 철학』 7권 1호, 한국철학사상연구회, 1996, 244쪽.

보다는 소비나 문화와 더 잘 계열화되는 현상으로서 이해되기 시작했다.[23]

즉, 한국 영화사 연구의 동향 역시 앞서 살펴본 문학계의 흐름과 대동소이한 상황이다. 1990년대 이후부터 문화연구라는 방법론이 새롭고도 강력하게 부상했고 오늘날에는 그 결실과 한계가 동시에 가시화되고 있다. 그런데 문학계의 경우와는 달리, 영화학계는 '거대담론의 와해'와 '학제의 소멸'이라는 두 가지 문제에 더해 또 한 가지의 근본적인 문제를 내포하고 있다. 정전으로서의 한국 영화사 서술이 과연 존재했는가 하는 점이다. 달리 말하자면, 한국 영화사 연구에서 김현·김윤식의 『한국문학사』와 같은 성과가 존재했던가 하는 의문이 제기된다.[24]

물론 한국 영화사를 구축하려는 시도는 그 동안 꾸준히 존재해 왔다. 특히 1960년대에는 노만의 『한국 영화사』[25], 안종화의 『한국영화측면비사』[26], 이영일의 『한국영화전사』[27]등 다양한 서적이 발간되었으며, 그 중 『한국영화전사』는 2004년 개정·증보판으로 재발간되어 지금까지도 연구자들에게 적지 않은 영향을 끼치고 있다. 출판사의 서평을 인용해 보자면, "1969년 초판

---

23 김소연, 「한국 영화사에서 모더니즘의 탈존이라는 문제: 1990년대 코리안 뉴 웨이브 영화의 단독성을 해명하기 위한 노트」, 『영화연구』 85호, 한국영화학회, 2020, 404쪽.

24 심광현은 한국 영화사 서술이 "매우 빈곤한 형편"이라고 진단하면서 "『한국영화측면비사』(안종화)라든가 『한국영화전사』(이영일), 『한국영화발달사』(유현목)과 같은 선구적인 연구들이 있기는 하지만, 이 초기 연구들은 감독과 제작자의 인생역정에 대한 해설과 작품에 대한 짧은 논평, 제작배경에 얽힌 이야기, 시대적 배경에 대한 부분적인 해설 등을 연대기 순으로 묶어낸 자료집의 성격이 강하다고 보아야 할 것"이라 언급한다. 심광현, 「한국 영화사 연구의 새 차원: 근대와 전근대가 만나는 유령같은 '역공간'의 생산성」, 『한국음악사학보』 26권, 한국음악사학회, 2001, 151쪽.

25 노만, 『한국 영화사』, 한국배우전문학원, 1964.

26 안종화, 『한국영화측면비사』, 춘추각, 1962.

27 이영일, 『한국영화전사』, 한국영화인협회, 1969.

본이 나온 이래 한국 영화사 연구 분야에서 『한국영화전사』의 위치는 확고한 것이었다. 이후 대부분의 영화사 서술은 『한국영화전사』를 기반으로 하였으며, 영화사의 쟁점을 다룬 연구 논문들 또한 이영일 선생의 『한국영화전사』로부터 출발했다."[28]

이처럼 이영일의 『한국영화전사』는 오랜 기간 동안 한국 영화사 연구를 대표하는 사례로서 존재해 왔다. 그러나 다수의 학자가 이미 지적한 것처럼 『한국영화전사』에는 몇 가지 단점이 존재한다. 우선, 다루고 있는 시기가 협소한 편이다. 『한국영화전사』는 초판본이 나온 시점인 1969년까지를 대상으로 서술이 이루어져 있다. 2001년 이영일이 작고한 이래로 1970년대 이후의 서술은 영원히 채워질 수 없는 공백으로 남아 있다. 〈의리적 구토〉가 개봉한 1919년을 기점으로 본다면 한국 영화의 역사는 100년이 넘은 상황인데, 그 중 절반의 역사가 서술되지 못한 채 남아 있는 것이다.

또 다른 문제는 해방-분단-전쟁을 겪으며 대다수의 사료가 유실되었다는 한계에서 기인한다. 이영일은 "『한국영화전사』를 쓸 당시 방법론을 배제하고 팩트(fact)에 기초한 통사를 구축하는 것을 목표로 삼았"[29]다고 한다. 그러나 자료가 부재한 상황에서 그가 기댈 수 있었던 '팩트'라 함은 곧 냉전 이데올로기 하에서 선별된, 살아남은 자들의 기억과 기록일 따름이었다.[30] 그렇기 때문에 부정확한 서술, 이념적인 편향 등 여러 가지 한계가 노정될 수밖

---

28 「한국영화전사 (개정증보판): 출판사 서평」, 교보문고, 〈http://www.kyobobook.co.kr/product/detailViewKor.laf?mallGb=KOR&ejkGb=KOR&barcode=9788990626172〉 (검색일: 2021.09.24.)

29 한국예술연구소 편, 『이영일의 한국 영화사 강의록』, 소도, 2002, 59쪽.

30 이화진, 「『한국영화전사』, 그 이후-최근 식민지 말기 영화 연구의 성과와 한계」, 『사이』 11권, 국제한국문학문화학회, 2011, 241쪽.

에 없었다.

마지막으로, 체계적인 학문적 성과를 보여주지 못한다는 점이 『한국영화전사』의 가장 치명적인 단점이다. 『한국영화전사』는 개인의 학술적 기획에서 출발한 것이 아니라 '한국영화 50주년(1969년)'을 기념하기 위해 '한국영화인협회'에서 간행한 것이다. 「저자 서문」[31]에서 확인할 수 있듯이 이영일은 기존의 자료와 함께 여러 원로 영화인의 증언을 종합·정리하는 '편저자' 역할을 자처한다. 즉, 사료는 방대하지만 이를 하나로 꿰뚫는 관점과 주장이 예리하지 못하다는 점에서 『한국영화전사』는 문제적이다. 김소영은 2004년 『한국영화전사』 개정증보판 발간을 기념하며 다음과 같이 언급한다.

영화사가로 비평가로 그리고 시나리오 작가로 영화에 헌신했던 저자의 글쓰기는 제도화된 학계 외부에서 담론을 생산하는 저술가로서의 에너지와 준열함이 넘친다.[32]

제도화된 학계 외부에서 담론을 생산했다는 평가는 어떠한 측면에서는 장점이 될 수 있겠지만 어떠한 측면에서는 단점이 되기도 할 것이다. 물론 『한국영화전사』는 그전까지의 어떠한 저작보다도 체계적이었고, 자료의 양 또한 방대했다는 점을 인정하지 않을 수 없다. 원로 영화인의 기억을 비롯한 많은 사료가 망실되어가는 상황이었기 때문에 일차적으로 정보를 취합

---

31 이영일, 『한국영화전사(개정증보판)』, 소도, 2004, 5~7쪽.

32 김소영, 「한국 영화사 연구의 '새로운' 출발, 〈한국영화전사〉 개정증보판」, 씨네21, 2004.07.02. 〈http://www.cine21.com/news/view/?mag_id=25014〉(검색일: 2021.09.10.)

하고 정리하는 것 외에 정밀한 학술적 성취를 기대하는 것이 무리일 수도 있을 터다. 하지만 이러한 점을 모두 감안하더라도 『한국영화전사』는 다방면에서 아쉬움을 남긴다. 이를테면 이영일은 '민족'이라는 키워드를 통해 '한국(남한)' 영화사의 계보를 쓰려 했는데, 실제 식민지 조선의 영화사는 일본인과 월북 영화인 등 다양한 주체가 함께 어우러지며 전개된 탓에 '민족' 혹은 '한국'이라는 단일 요소만으로는 서술되기 힘든 성질의 것이었다.[33]

또한 이영일은 '리얼리즘'이라는 용어를 중요하게 다루고 있으나, 실제 이를 정의하는 방식은 상당히 모호하다. 그는 리얼리즘이 한국 영화사를 지탱하는 근간 가운데 하나라고 말한다. 하지만 동시에 그것이 "석연찮고 불만족스러운" 틀이며, 종국에는 리얼리즘을 초극해야 한다고 말하면서 양가적인 태도를 드러낸다.[34] 그렇다면 과연 그가 초극하고자 하는 것의 실체는 무엇이었을까. 이영일에게 있어서 리얼리즘은 '저항'을 의미했는데, 여기에 계급적인 관점이나 급진적인 방식이 내포되어 있지는 않았던 것으로 보인다. 그의 표현을 빌자면, 리얼리즘이란 예술가가 그 시대에 대해서 접근하는 저항의 정신이며, 시대의 소용돌이 속에서 숨길 수 없는 진실을 고발하는 것이

---

33 이영일은 지극히 '내셔널'적인 키워드를 통해 1919년부터 1969년까지 약 50년에 이르는 영화 역사를 기술하려 했다. 이러한 관점 하에 '트랜스내셔널'적인 영화의 역동적이고 복잡다단한 모습은 포착되지 못하거나 의도적으로 소거되었다. 비교적 최근의 연구에서는 이러한 한계를 지적하며 극복하려는 모습이 관찰된다. 이를테면 '한국영화'라는 용어 대신 '조선영화'라는 당대의 용어를 사용해야 한다는 주장이 그것이다.

34 "만약 한국 영화사를 연구하고 가르치는 내가 한국영화의 리얼리즘-그 석연찮고 불만족스러운-의 틀을 부수어버린다면 한국영화는 밑도 끝도 없게 된다. 리얼리즘만이 유일하게 옹호될 수 있는 대상이기 때문이 아니라 한국영화인들의 피와 땀, 비애, 육체적 고통과 기쁨이 오직 여기에 모여 있기 때문에 불가피하게 옹호되어야 하는 것이다." 이영일, 『한국영화전사(개정증보판)』, 앞의 책, 14쪽.

었다.[35] 이는 당시 한국 영화계가 취할 수 있는 '최대치의 저항'을 의미하기도 했다.[36] 비단 이영일뿐만 아니라 당시 비평 담론 전반에서 이와 같은 모호한 태도를 감지할 수 있다. 이는 당시 한국 영화가 처해 있던 전근대적 상황에서 기인한 것이라고 볼 수 있다. 제작 여건이나 정치적인 환경 등 물질적인 상황의 한계를 타파하기 위한 방편으로 창작가의 '정신'과 같은 관념적인 요소에 몰두했던 것이다.

문재철이 "상상적 판타지로서의 리얼리즘"[37]이라는 용어를 통해 당시 비평 담론의 경향성을 설명한 바 있듯이, 비평가들은 정신적인 측면을 강조함과 동시에 물질적인 요소를 절실하게 갈망하는 이중적 태도를 취했다. 자연스럽게 리얼리즘이라는 용어 역시 이중적이고 자기모순적인 태도 하에 사용될 수밖에 없었다. 리얼리즘은 사회적 모순을 폭로하거나 진실을 드러내기 위한 수단이라기보다는, 이탈리아 네오리얼리즘의 사례처럼 전세계적으로 인정받을 만한 우수한 상품을 생산하기 위한 수단으로서 제창되었다. 그러한 태도는 사회 전반에 팽배한 근대화에 대한 욕망을 투영한 결과이기도 하였을 것이다. '1세대' 평론계가 창조한 한국 영화의 역사는 끊임없이 해체되고 재구성될 필요가 있다.

이를테면 이영일은 유현목의 영화가 '근엄과 황폐의 리얼리즘'이라고 하면서 이것이 한국의 독특한 리얼리즘이라고 평가했는데, 이효인은 이와 같

---

35 이영일, 『영화개론』, 한진출판사, 1980, 321쪽.

36 문재철, 「한국 영화비평 담론의 타자성과 콤플렉스: 50년대 후반에서 70년대까지 리얼리즘 담론의 '상상성'을 중심으로」, 연세대 미디어아트센터 편, 『한국영화의 미학과 역사적 상상력』, 소도, 2006, 50쪽.

37 위의 책, 49~53쪽.

은 시각에 대해 비판적 견해를 제시한 바 있다. 이영일은 이효인의 주장을 다음과 같이 반박한다. "이효인은 유현목이 서구 리얼리즘의 어느 파에도 속하지 않으므로 리얼리즘의 가치가 의문시된다고 하였다. 그렇다면 서양의 각 리얼리즘은 서양의 어느 파에 속하는가?"[38] 이영일의 주장은 탈서구중심주의라는 관점에서는 분명 되새겨볼만 한 것이다. 그러나 보다 세밀한 기준에서 '한국'적인 리얼리즘의 실체가 무엇인지 제대로 논의되어 오지 못한 것 또한 사실이다.[39] 즉, 한국 영화에 대한 통사 서술은 '팩트를 나열하는' 조야한 수준으로 진행되어 왔고, 그것의 주춧돌이 된 리얼리즘 개념 또한 부실하기는 마찬가지였다. 한국 영화사는 아직까지 '영화사 이후의 영화사'를 논할 형편이 되지 못하는 것이다.

따라서 본고는 한국 영화에 대한 통사 작성, 그리고 리얼리즘 작품/담론에 대한 논의가 여전히 활발하게 이루어질 필요가 있다고 본다. 식민지 시기 '조선영화'의 리얼리즘에 대해서는 상대적으로 활발하게 연구가 이루어진 편이며, 후속 연구를 통해 그 실체 또한 구체화되고 있다. 그러나 해방 이후 시기는 보완 작업이 이어지지 않고 있다. 강성률이 지적하듯이 현재 '리얼리즘' 또는 (1950년대) '코리안 리얼리즘' 담론에 주목하는 사례는 거의 찾아볼 수 없다.[40] 일부 학자가 2000년대 중·후반에 남겨 놓은 결과물이 오늘날

---

38 한국예술연구소 편, 앞의 책, 62쪽.

39 이러한 본고의 문제의식은 한상언의 지적과도 맞닿아 있다. 과거 월북 예술인에 대한 해금이 일제히 이루어졌을 때, 영화계의 경우는 해금을 할 만한 필름 자체가 존재하지 않았다. 뒤늦게 텍스트가 발굴되었을 때에는 오랜 시간이 지난 후였기 때문에 해금에 대한 관심 자체가 한 차례 식은 상태였다. '(한국)영화학의 위기'라는 조건까지 더해지면서 이러한 과제는 여전히 완전하게 해결되지 않고 있다. 한상언, 「해금할 수 없는 것을 해금하기: 월북영화인 해금 30년의 여정」, 『구보학보』 20호, 구보학회, 2018.

40 강성률, 「코리안 리얼리즘, 한국영화의 길찾기」, 매일경제, 2019.07.18. 〈https://www.mk.co.kr/news/

까지도 최신의 연구 사례로 존재하고 있을 뿐이다. 해방 이후 한국 영화는 과연 어떠한 현실을 어떠한 방식으로 '리얼'하게 그려 온 것일까. 본 연구는 이러한 물음에 대한 해답을 찾기 위해 시작되었다.

지금까지 본고는 거대담론의 실종, 정전의 부재, 학제의 소멸이라는 세 가지 측면에서 본 연구의 문제의식과 목표를 서술했다. 이러한 문제들은 서로 유기적으로 연결되어 있기 때문에 종합적으로 해결해나가야 할 사안이라 할 수 있다. 과거 영화는 사회 내부와 개인 내부의 모순을 변증법적 통일의 맥락 속에서 드러내고, 사회 발전 각각의 새로운 단계에 적합한 새로운 유형학을 발전하는 능력을 지닌 대표적인 매체로 여겨졌다. 정치적으로 리얼리즘이 중요했던 시기 영화는 항상 선봉에 위치하고 있었다. 그러나 소위 '현실사회주의'가 붕괴해 버린 오늘날, 리얼리즘을 통한 현실 변혁의 가능성을 믿는 사람은 그리 많지 않아 보인다. 이민호가 지적한 바와 같이 "언제부턴가 영화는 세계에 대해 말하는 것이 아니라 영화 속의 세계만을 이야기하며 비평 또한 세계가 아닌 영화 자체를 대상으로 삼기 시작했다."[41] 그렇다면 이제 영화가 재현하는 현실은 어떤 의미를 지닌다고 할 수 있을까. 더 나아가서 분과 학문으로서 (한국)영화학을 전공한다는 것은 어떠한 의미를 지니는 것일까. 영화가 재현하는 '리얼'함의 의미가 극도로 축소된 오늘날이기에 이와 같은 점들을 끊임없이 자문해 보아야 할 것이다.

권영민이 언급한 것처럼, 일반적으로 문예사를 서술한다는 것은 지난한

---

culture/view/2019/07/538536/〉 (검색일: 2021.10.27.)

41 이민호, 「비판적 영화의 재구성을 위하여: 앙드레 바쟁의 지표성 논의를 중심으로」, 중앙대학교 석사학위논문, 2015, 1~2쪽.

작업이 될 수밖에 없다. 통합된 미적·역사적 관점 하에 모든 개별 작품을 대상으로 연구가 수행되어야 하기 때문이다. 수집된 자료를 바탕으로 역사적 상호 관련성을 보이는 작품을 선별하고, 작품의 성패 여부를 파악하면서, 하나의 연속적인 의미를 포착해 내는 작업은 실로 간단하지가 않다.[42] 그러나 완결된 한국 영화사 서술은 여전히 계속해서 시도될 필요가 있다. 앞서 언급한 바와 같이 '정전의 부재'라는 문제는 곧 '학제의 소멸'이라는 문제와 맞닿아 있으며, 궁극적으로 '거대담론의 실종'이라는 현 시대가 직면한 문제와도 직결되어 있기 때문이다. 물론, 랑시에르가 지적했듯이 분과 학문의 분할은 기존의 지적 지배 질서를 강화하기에 비판의 여지가 있다.[43] 그러나 현재 한국이 처한 상황은 서구의 그것과는 다르다는 점을 염두에 두어야 한다. 한국 사회에서는 자본을 필두로 하는 지배 질서가 구조조정식으로 학제를 통·폐합해 나가고 있기 때문이다. 어쩌면, 학제 자체가 존재하지 않는 상황에서 탈학제를 외치고 있었던 것은 아닌 것인지 되돌아볼 필요가 있을 것이다.

뿌리를 잃어버린 채 부유하고 있는 한국 영화사 연구에 대한 고민은 오늘날까지 지속되고 있는 듯 보인다. 함연선은 과거 한국영화 비평/담론계를 주도했던 '86세대'를 언급하면서 현재 자신이 겪고 있는 막막함을 털어 놓는다.[44] 그의 견해에 따르면 86세대는 영화계에 광범위한 영향력을 끼쳤다. 민

---

42 권영민, 『한국현대문학사 2』, 민음사, 2002, 17쪽.

43 자크 랑시에르, 양창렬 역, 『정치적인 것의 가장자리에서』, 도서출판 길, 2013, 30쪽.

44 함연선은 86세대 연구자들이 '대안'에서 '주류'가 될 수 있었던 배경으로 크게 세 가지 요인을 제시한다. 첫째, 1990년대 초 동구권이 붕괴한 이후 맑스주의에 입각했던 비판커뮤니케이션 연구가 문화연구로 방향을 급선회했고, 이에 (대중매체로서의) 영화가 학문적 연구대상 및 대중 담론 영역에서 급부상했다.

주화 투쟁은 영화의 자율성 확보를 견인했고, 충무로는 이들로 인해 새로운 활기를 공급받을 수 있었다. 영화 문화의 성장이 폭넓게 이루어진 것 역시 이들의 업적에서 기인한다고 평가해 볼 수 있다. 하지만 그들의 활동에 대해 비판적인 시각이 제기되기도 하는데, 이를테면 본인 역시 86세대에 속하는 이효인은 "1990년대 중반 이후 개별적인 활동에 매몰됨으로써 애써 추구했고 그나마 구축하였던 정신적 비평 공동체 유지라는 책임을 방기하고 말았다."[45]라고 하면서 자성적인 비판을 수행한 바 있다. 함연선의 표현을 빌자면, 오늘날 "읽을만한 글은 별로 없고, 대다수는 운동성을 잃은 정자(精子)같다. 아직까지 우리 젊은 비평가들에게 허락된 자리는, '선생님들'이 어렵사리 마련해준 지면의 한 구석이거나, '인디'의 자리이거나, 혹은 몇 안되는 '등단'의 자리이다."[46] 함연선은 이것이 '세대적 불운'이라고까지 표현하고 있다.

이와 같은 오늘날의 부정적인 상황을 조금이나마 타개해 보고자, 본고는 한때 영화의 원초적 속성으로 여겨졌던 리얼리즘으로 다시금 돌아가 논의를 전개하려 한다. 본고는 한국 영화 역사의 총체적 지형도를 그리는 것을 궁극적인 목표로 설정하며, 특히 제1권에서는 해방 이후 시기부터 일반적으로 리얼리즘적 경향이 퇴색한 것으로 여겨진 1960년대 중반까지를 대상

둘째, 3저호황으로 인한 중산층의 증대로, 여러 중앙 일간지가 문화 지면을 대폭 확대하면서 86세대에게 발언대를 제공했다. 끝으로, 영화 산업에 대거 자본이 투입되기 시작하면서 새로운 기회가 창출되었다. 86세대는 새로운 인정투쟁의 장, 즉 영화제 기획자, 관련학과 교수, 연구자 등으로 각자의 길을 걷게 된 것이다. 이에 비해 현재 세대의 연구자가 처한 상황은 열악하기만 하다. 함연선, 「어떻게 나아갈 것인가: 한국 영화비평계의 86세대에 대해 반추하며」, 마테리알, 2019.09. 〈https://ma-te-ri-al.online/86〉 (검색일: 2021.10.29.)

45 이효인, 「한국 독립영화 2세대의 영화미학론」, 『영화연구』 77호, 한국영화학회, 2018, 207쪽.

46 함연선, 앞의 글.

으로 분석을 수행할 것이다. 이어지는 장에서는 한국 영화사 속 리얼리즘에 대한 기존의 연구 사례를 보다 자세히 살펴보면서 논의를 이어 나가도록 한다.

2. 선행 연구 검토

앞서 언급한 바와 같이 한국 영화와 리얼리즘의 관계에 대한 인식적 전환이 이루어진 것은 1980년대 무렵부터였다. 이 시기 '2세대' 연구자들은 나운규, 이규환 등에 비해 상대적으로 주목받지 못한 카프 영화인의 활동에 관심을 가졌다. 1988년 7월 19일부터는 월북 예술인에 대한 해금이 시작된다. 이러한 시대적 흐름을 반영하기라도 하듯 1990년대에 접어들면서부터는 다양한 학술적 성과물이 학위 논문과 단행본으로 발표된다. 몇 가지 사례를 언급해 보면, 변재란은 석사 학위 논문 「1930년대 전후 프롤레타리아 영화활동 연구」(1990년)[47]를 발표했고, 이효인은 단행본 『한국 영화사강의 1』(1992년)[48]을 통해 '카프 영화운동의 논리와 실천'이라는 내용을 다루었다. 이들의 연구는 민족주의적 틀에는 포섭되지 않았던 리얼리즘 영화 담론의 다양한 활동 궤적을 그려냈다는 점에서 가치를 지닌다.

이외에도 일제 강점기 리얼리즘 영화(인)에 대한 연구 사례를 일부 언급해 본다면, 이효인은 카프 영화인의 전향 논리, 카프 영화와 프로키노의 전

---

47 변재란, 「1930년대 전후 프롤레타리아 영화활동 연구」, 중앙대학교 석사학위논문, 1990.

48 이효인, 『한국 영화사강의 1』, 이론과실천, 1992.

개과정 비교 등에 관한 논문을 지속적으로 발표했다.[49] 한상언은 개별 영화인의 활동에 초점을 두고 주인규와 적색노조 영화 운동, 서광제와 프롤레타리아 영화 운동 등에 관한 연구를 진행했다.[50] 국문학계에서도 연구가 활발하게 진행되었다. 백문임은 카프 활동 시기를 중심으로 조선 사회주의 영화 담론의 전개 방식을 살펴보았으며,[51] 김상민은 일제 강점기에 리얼리즘 담론이 각 시기별로 서로 다르게 전개되었다는 사실에 주목했다.[52]

이처럼 일제 강점기 '조선영화' 속 리얼리즘에 대한 연구는 비교적 최근까지 활발하게 진행되어 온 편이다. 그러나 해방 이후 시기를 대상으로 한 연구는 절대적인 편수가 부족한 상황이다. 해방 이후 한국영화의 리얼리즘에 대한 연구는 주로 2000년대 초·중반에 집중적으로 생산되었는데, 개별 사례를 상세히 살펴보면 다음과 같다.

우선, 한국의 리얼리즘 담론사(史)에 대한 관심을 지니고 연속성 있는 연구를 수행한 김소연을 언급해 볼 수 있다. 그는 「전후 한국의 영화담론에서 '리얼리즘'의 의미에 관하여」[53]이라는 글을 통해 일제 강점기에 '비판적 리얼리즘', '프롤레타리아 리얼리즘' 등을 표방한 영화가 대두된 바 있으나, 1950년대에 생겨난 리얼리즘 영화는 이들과 전혀 궤를 달리 한다고 분석한

---

49 이효인, 「일제하 카프 영화인의 전향 논리 연구: 서광제, 박완식을 중심으로」, 『영화연구』 45호, 한국영화학회, 2010; 이효인, 「카프영화와 프로키노의 전개과정 비교연구」, 『한민족문화연구』 41권, 한민족문화학회, 2012.

50 한상언, 「주인규와 적색노조영화운동(1927~1932)」, 『현대영화연구』 3권, 한양대학교 현대영화연구소, 2007; 한상언, 「프롤레타리아 영화운동과 서광제」, 『예술논문집』 54집, 대한민국예술원, 2015.

51 백문임, 「조선 사회주의 영화담론의 전개」, 『대중서사연구』 37호, 대중서사학회, 2016.

52 김상민, 「한국 '영화적 리얼리즘'의 계보: 근대 영화/문학 비평사 연구」, 연세대학교 박사학위논문, 2020.

53 김소연, 「전후 한국의 영화담론에서 '리얼리즘'의 의미에 관하여: 〈피아골〉의 메타비평을 통한 접근」, 김소연 외, 『매혹과 혼돈의 시대: 1950년대의 한국영화』, 소도, 2003, 17~59쪽.

다. 1940년대 리얼리즘 담론이 대체로 1930년대의 논의를 전승·발전한 것인 반면, 1950년대의 리얼리즘 담론은 이념적으로나 개념적으로나 이전 시기로부터의 단절을 기초로 한 것이었다.[54] 리얼리즘이라는 용어는 때로는 고전적 할리우드 시네마의 형식을 설명하기 위해 사용되기도 했지만,[55] 대다수의 경우에는 해방 이후 새로운 영화사적 전통을 세우기 위한 방편으로서 사용되었다. 김소연에 따르면 이때의 '리얼'함에는 '현실의 문제를 정직하게 다룬다'는 것 이상의 의미는 존재하지 않았다. 당시 비평 담론은 이탈리아 네오리얼리즘을 모범적인 경향으로 제시했다. 그러나 '현실직시의 정신', '인간성의 회복'이라는 표현에서 확인해 볼 수 있듯이 그들이 언급한 리얼리즘은 다분히 추상적이고 관념적인 차원에 머물러 있었다. 이러한 경향 하에 급기야 대표적인 반공 영화 〈피아골〉(1955)이 리얼리즘을 대표하는 작품 목록에 올랐고,[56] 이를 만든 이강천 역시 일제 강점기로부터 이어져 내려오는 '민족주의 리얼리즘' 영화 감독의 계보에 포함되었다.[57]

김소연은 후속 연구에서 대표적인 리얼리즘 작품으로 추대되었던 〈오발

---

54 위의 책, 26쪽.

55 이봉래, 〈건전(健全)한오락작품(娛樂作品)「왕자호동(王子好童)과낙랑공주(樂浪公主)」-〉, 《조선일보》, 1956.06.16., 4면.

56 이영일은 일제 강점기의 리얼리즘이 "언어와 땅과 국가를 빼앗기는 현실에 대한 최대한의 저항정신으로서의 의미를 가지고 있었다"고 말하면서, 1950~1960년대에 계승된 전후(戰後) 리얼리즘은 제2차 세계대전과 한국 전쟁으로 인한 폐허, 그리고 당시의 부정적인 사회 현실을 배경으로 이루어졌다고 분석한다. 그러면서 〈피아골〉, 〈지옥화〉, 〈십대의 반항〉, 〈오발탄〉, 〈잉여인간〉, 〈비무장지대〉 등을 리얼리즘 영화의 대표작으로 언급한다. 이영일, 『영화개론』, 상구문화사, 1976, 416~417쪽.

57 "그이강천는 8.15 해방 이전 나운규, 이규환이 확립한 민족적 레지스탕스에 입각한 리얼리즘을 6.25 전쟁 이후 최초로 맥을 이은 감독이었으며, 그 맥은 1960년대로 넘어와 유현목과 이만희에게 전통의 끈으로 이어졌다." 변인식, 〈마지막 지사(志士)형 감독 - 이강천〉, 《웹진 영상포럼》 5호, 한국영상자료원, 1997년 가을호; 김소연, 앞의 책, 43쪽 재인용.

탄〉의 정전화 과정을 다양한 문헌 자료를 통해 비판적으로 검토한다.[58] 〈오발탄〉은 개봉 이전부터 '리얼리즘적'이라는 측면에서 주목을 받았다. 하지만 당시 평단의 기대를 완벽하게 충족시키지는 못했고, 이내 사람들의 기억에서 잊혀 갔다. 〈오발탄〉의 리얼리즘적 면모가 새로이 주목받게 된 것은 20년이 가까운 세월이 훌쩍 지난 1980년대부터였다. 1983년 11월 영화평론가협회 주최로 〈오발탄〉의 공개 시사회가 열렸다. 이듬해인 1984년 5월 11일에도 시사회가 개최되면서 여러 매체가 〈오발탄〉을 재조명하기 시작했다. 이후 대학가에서는 〈오발탄〉의 상영 붐이 일기 시작했고, 각종 비평문 및 학술 담론을 통해서 〈오발탄〉에 대한 재평가가 이루어졌다. 요컨대 "〈오발탄〉에 대한 평가는 '문제작'에서 '리얼리즘의 전형'으로, '최고의 리얼리즘 영화'에서 '한국 최고의 영화'로"[59] 거듭나게 되었다. 양윤모와의 대담에서 유현목 스스로가 밝혔듯이 〈오발탄〉에는 (네오)리얼리즘적인 경향을 의식적으로 위배하는 대목이 존재하기도 한다.[60] 그러한 탓에 〈오발탄〉을 둘러싸고 다양한 논쟁이 촉발되기도 했는데, 이효인은 "리얼리즘 일반론에 유현목 영화를 대입하기 곤란"하며, 따라서 〈오발탄〉을 모더니즘적 측면이 혼재된 형태라고 보아야 한다고 주장했다.

이처럼 김소연은 해방 이후부터 비평 담론이 형성해 온 리얼리즘이라는 개념의 실체에 주목하면서, 여태껏 정전으로 간주되어온 작품에 대한 재해

---

58 김소연, 〈《오발탄》은 어떻게 "한국 최고의 리얼리즘 영화"가 되었나?〉, 《계간 영화언어》, 2004년 봄호; 김소연, 『환상의 지도』, 울력, 2008, 63~100쪽.

59 위의 책, 75쪽.

60 위의 책, 82쪽.

석을 시도한 바 있다. 하지만 아쉽게도 그러한 시도가 〈피아골〉과 〈오발탄〉 이외의 여타 작품으로까지 확장되지는 않았던 것으로 보인다. 『한국 영화사: 개화기(開化期)에서 개화기(開花期)까지』에는 김소연의 「한국 리얼리즘 영화담론사」라는 비교적 짧은 분량의 글이 수록되어 있다.[61] 이 글은 식민지 시기부터 당시(2006년 무렵)까지의 리얼리즘 담론을 개괄적으로 서술하는데, 장과 장 사이(식민지 시기 무성영화/발성영화)를 이어주는 '쉬어가는 코너'로서의 성격이 큰 탓인지 앞서 언급한 두 글에 비해 심도 깊은 논의가 전개되지는 않는다.

이외에 주목할 만한 선행 연구로는 문재철과 이선주의 글을 들어볼 수 있다. 문재철은 「한국 영화비평 담론의 타자성과 콤플렉스」를 통해 1950년대 후반에서 1970년대 사이에 영화계에서 생성된 리얼리즘 담론을 비판적으로 검토한다.[62] 앞서 언급한 바와 같이, "당시의 비평가가 네오리얼리즘에 환호했던 것은 사회 변혁이나 정치 실천에 관심이 있어서가 아니라 서구 영화 못지않은 수준 높은 영화를 만들어야 한다는 변방 의식 때문이었다."[63] 따라서 이 시기 리얼리즘이라는 개념은 굉장히 광범위하고도 모호하게 사용되었는데, 때로는 민족 영화를, 때로는 작가 영화를, 그리고 어떤 때에는 예술 영화를 의미했다. "한마디로 이 당시 한국 영화 비평에서 운위되는 리얼리즘은 그 어떤 내재적 규정성을 갖고 있지 못"했다.[64] 문재철의 견해에 따르면 "당

---

61 김미현 편, 『한국 영화사: 개화기(開化期)에서 개화기(開花期)까지』, 커뮤니케이션북스, 2006, 67~73쪽.

62 연세대 미디어아트센터 편, 앞의 책, 37~55쪽.

63 위의 책, 11쪽.

64 위의 책, 41쪽.

시 비평은 구체적인 현실에 발을 딛고 그 현실의 재현을 논의하기보다는 추상적 차원에서 당위론적 주장을 무한히 반복"[65]했다. 비평계는 정신적인 측면을 강조하는 선언적 주장을 통해 끊임없이 새로운 영화를 생산할 것을 주문했는데, 돌이켜 보면 그것은 애초에 달성할 수 없는 목표였다. 즉 당시의 리얼리즘은 현실을 인식해야 한다는 관점을 택하고 있었지만 결국에는 정신적인 측면만을 강조할 수밖에 없었고, 작가주의와 예술성을 강조했으나 현실적인 한계로 야기된 완성도 낮은 장면에는 애써 침묵할 수밖에 없었다. 뿐만 아니라 서구 근대 영화에 대한 열망을 드러냄과 동시에 한국이라는 로컬리티 또한 놓쳐서는 안 된다는 이중적인 태도를 보이기도 했다.

다음으로 확인해 볼 글은 이선주의 「1950, 60년대 한국영화의 리얼리즘 비평사 연구」다.[66] 이 논문에서 이선주는 네오리얼리즘이라는 개념이 한국으로 수입·변용된 과정을 추적한다. 전후(戰後)라는 상황하에 만들어진 네오리얼리즘 영화는 한국의 영화계에 충격과 경외심을 불러일으키기에 충분했다. 한국 역시 전쟁을 겪은 탓에 영화를 만들어낼 물질적인 토대가 와해되었기 때문이다. 그런데 당시 비평 담론에서 지적하고 있듯이 네오리얼리즘은 초창기의 경향으로부터 많은 변화를 보이고 있었으며,[67] 1954년 무렵에는 '작년(1953년)을 기점으로 초기의 모습이 완전히 자취를 감추어버렸다'는 인식이 통용되기도 했다.[68] 그럼에도 한국에서는 네오리얼리즘을 모범적

65 위의 책, 48~49쪽.

66 이선주, 「1950, 60년대 한국영화의 리얼리즘 비평사 연구」, 『대중서사연구』16호, 대중서사학회, 2006.

67 이정선, 〈이태리영화의 특질〉, 《신영화》, 1954.11., 51쪽; 위의 논문, 201쪽에서 재인용.

68 유두연, 〈영화기법(映畵技法)의신경향(新傾向)-「네오·레아리즘」에관(關)하여-〉, 《조선일보》, 1954.05.10., 4면.

인 창작 방식으로 추종하고 있었다. 이선주에 따르면 네오리얼리즘은 (주로 지식인이었던) 비평가들의 무의식적 욕망을 충족시켜 주는 '이상적 담론'에 지나지 않았다.[69]

즉 한국과 이탈리아는 전쟁을 겪었다는 측면에서 유사한 상황에 처해 있었고, 이로 인해 한국은 네오리얼리즘을 가장 적절하면서도 모범적인 창작 방법론으로 채택했다. 그러나 한국만의 특수한 상황으로 인해 네오리얼리즘은 결국 왜곡된 형태로 발현될 수밖에 없었다. 네오리얼리즘의 미학적 성취는 누벨바그 등 인접 국가의 예술 사조로 계승되었다. 뿐만 아니라 남미를 비롯한 제3세계 국가에서는 네오리얼리즘이 정치적 실천과 저항의 사조로서 영향을 끼치기도 했다. 하지만 한국에서의 양상은 다소 달랐다. 1960년대 한국 영화 산업이 부흥하기 시작하면서 자연스럽게 (네오)리얼리즘에 대한 태도 역시 달라졌다. 네오리얼리즘은 지향해야 할 목표가 아니라 극복해야 할 대상이 되었다.

이처럼 문재철, 이선주의 연구 역시 김소연과 동일한 문제의식을 공유하고 있는데, 다양한 종류의 자료를 검토해나가며 담론 분석에 초점을 맞추고 있음을 확인해 볼 수 있다. 이외에 주목해 볼 만한 개별 연구 사례로 조윤주[70]와 김성희[71]의 석사 학위 논문이 있다. 조윤주는 두 편의 텍스트(〈오발탄〉, 〈삼포 가는 길〉)를 분석 대상으로 설정하여 한국 영화의 리얼리즘 담론에 대한

---

69 이선주, 앞의 논문, 202쪽.

70 조윤주, 「한국영화의 리얼리즘 비판: 영화담론과 두 편의 텍스트를 대상으로」, 서강대학교 석사학위논문, 1997.

71 김성희, 「1950년대 코리안 리얼리즘 담론 연구」, 중앙대학교 석사학위논문, 2009.

비판적인 연구를 수행했고, 김성희는 1950년대로 시기를 한정하여 '코리안 리얼리즘' 담론의 특수성을 심층적으로 분석했다.

지금까지 검토한 기존 연구는 본고가 제기한 문제의식과 유사한 측면에서 기존의 한국 영화사를 비판적인 시각으로 분석했다. 그러나 개별 작품과 리얼리즘 담론을 종합적으로 분석해 나가면서 해방 이후 한국 영화사의 거시적인 양상을 파악하려는 시도는 아직까지 확인되지 않는다. 김소연은 〈피아골〉과 〈오발탄〉을, 조윤주는 〈오발탄〉과 〈삼포 가는 길〉을 분석 대상으로 설정하고 있지만 그 외의 작품으로까지 연구의 범위가 확장되지는 않고 있다. 해방 이후 한국 영화사의 리얼리즘적 지형도는 여전히 전체적인 모습을 파악하기가 쉽지 않은 것이 현실이다. 이에 본고는 다음과 같은 세 가지 측면에서의 보완책을 제시하며 본 절을 마무리한다.

첫째, 기존 연구가 주목하지 않은 해방기와 전쟁기를 보다 상세히 살펴볼 것이다. 기존의 연구는 주로 1950년대 이후의 시기를 연구 범위로 설정하여 분석을 진행했다. 이에 1945년부터 1953년까지 창작되어 리얼리즘 계열로 분류된 다수의 영화가 연구 대상에서 제외되어 왔다. 이 시기의 리얼리즘 담론 또한 여타 시기에 비해 잘 알려지지 않았다. 상당수의 자료가 유실되었다는 현실적인 한계가 있겠으나, 다양한 사료를 종합적으로 검토해봄으로써 1950년대 이전 한반도 이남에서 전개된 리얼리즘 영화(담론)사를 보다 면밀하게 확인해 볼 필요가 대두된다.

둘째, 연구 대상 작품의 범주를 확장할 것이다. 앞서 살펴본 바와 같이 리얼리즘 영화사에 방점을 찍은 일부 대표 영화가 연구의 대상으로 선정된 바 있다. 그러나 이들 작품만으로는 거시적인 영화 역사의 흐름을 파악하기가 어렵다. 기존의 연구에서 다루어지지 않았던 작품을 포함한 보다 광범위한 분석이 요구된다. 즉, 담론 분석과 더불어 개별 작품의 서사적·스타일적 분석 작업을 병행하여 한국 영화의 리얼리즘에 대한 지형도를 완성할 필요가 있다. 그러한 작업이 선행된 후, 역으로 개별 작품과 담론에 대한 공시적·통시적 차원에서의 가치평가가 가능해질 것이다.

마지막으로, 영화계 내부에서 통용된 리얼리즘 개념과 여타 문예계에서 통용된 리얼리즘 개념을 비교·분석할 것이다. 영화계가 인식한 리얼리즘이 당시 문화·예술계의 흐름과는 어떠한 연관성을 지니고 있었는지, 그렇지 않다면 어떠한 측면에서 괴리를 보이고 있었는지를 구체적으로 확인해 볼 필요가 있다. 이러한 작업을 통해 해방 이후 한국 영화사의 리얼리즘적 전통이 어떠한 특수성을 지니고 있었는가를 보다 종합적으로 판단해 볼 수 있기 때문이다.

3. 연구의 시기적 범위

앞서 문제 제기한 내용을 바탕으로 하여 본고는 해방 이후부터 1965년 무렵까지를 연구 범위로 설정한다. 대한민국식 리얼리즘의 초창기라고 할 수 있는 이 시기는 강성률이 언급했듯이 일제강점기의 리얼리즘과 1970~1980년대 사회운동의 분위기 속에서 형성된 리얼리즘 사이의 가교 역할을 한다는 측면에서 대단히 중요하게 여겨져 왔다. 본고는 그러한 기존의 관점을 종합적·비판적으로 재검토해 볼 것이다. 이를 위하여 '리얼리즘적'인 것으로 정전화되어 온 영화 작품과 그에 대한 비평 담론을 중심적으로 분석을 진행할 것이다. 만일 기존 담론에서 주목하지 않았던 작품이 있다면 해당 작품이 지니는 의의가 무엇인지, 그것이 정전 목록에 포함되지 않았던 이유가 무엇이었는지에 대해서도 함께 살펴보도록 한다.

본고는 '한반도 이남의 정치·경제적 상황'과 '국내외 영화사의 동시대적 경향'이라는 두 가지 층위를 근거로 연구 범위를 설정한다. 해방 이후가 연구의 기점이 되는 것은 다음과 같은 이유에서다. 첫째로, 1945년 8월 15일 조선이 공식적으로 일본의 식민지로부터 해방되면서 한반도의 정치·경제적 조건이 이전 시기와 확연하게 구분될 만큼 뚜렷하게 변화하기 때문이다. 상술하였듯이 1920년대를 기점으로 조선 영화계에서는 민족주의적, 혹은 비판적/사회주의적 계열의 리얼리즘이 대두되었다. 그러나 이와 같은 리얼리즘적 경향은 일제강점기 말기로 가면서 굴절된다. 일제강점기 말기의 리얼리즘은 〈집없는 천사〉(1941)의 사례와 같이, 어두운 사회적 현실을 보여줌과 동시에 군국주의 지배체제를 강화하는 방식으로도 기능하였다. 해방 이후 '한국영화'가 '조선영화'의 리얼리즘적 특수성을 수용(혹은 극복)한 과정을 알아보기 위하여, 1945년이라는 역사적으로 매우 중요한 분기점에 주목해 보아야 할 것이다.

둘째로, 1945년 제2차 세계대전이 종료되고 이탈리아의 네오리얼리즘적 경향이 전세계적으로 부상하기 시작하는데, 이러한 경향이 한국 영화사에서도 관찰되기 시작하기 때문이다. 최인규의 〈파시〉(1949), 신상옥의 〈악야〉(1952), 민경식의 〈태양의 거리〉(1952)와 같은 작품을 대표적인 사례로 언급해 볼 수 있다. 여러 문헌이 이들 작품을 네오리얼리즘적 경향의 영화라고 기록한다. 허나 이들은 1950년대 중·후반 '코리안 리얼리즘' 담론이 본격적으로 대두되기 이전 시기에 창작된 작품이기에 기존의 연구에서는 본격적으로 다루어지지 않았다. 본고는 어떠한 요소로 인해 이들 작품이 '네오리얼리즘적'인 작품이라고 호명될 수 있었는지를 구체적으로 확인해 보고자 한다.

이어지는 절에서 보다 상세히 서술하겠으나, 한국 영화사를 리얼리즘적 계보 하에 정돈한 글 대다수가 1960년대 중반까지를 분기점으로 설정하고 있다. 정영권은 "나의 자료 조사의 한계일지도 모르지만 사실, 1965년에서 1975년에 이르는 시기에는 사회적 리얼리즘이라고 부를만한 영화를 거의 찾아보기 힘들다. 굳이 찾으라면 자본주의 사회에서도 여전히 뿌리깊게 남아 있는 신분(양반과 천민)의 문제를 다룬 이성구의 〈일월 日月〉(1967) 정도가 있을 것"[72]이라고 언급하기도 했다. 물론, 1965년 이후에 '사회적 리얼리즘' 경향이 실제로 퇴조하였는지는 추후에 별도의 연구를 통하여 검증해 볼 필요가 있을 것이다. 다만 본고는 기존에 이루어진 논의들을 되짚어보기 위하여, 그들과 동일하게 1960년대 중반까지를 연구 범위로 설정하였다. 이에 대한 이유를 보다 상세하게 서술해보자면 다음과 같다.

첫째로, 출발점을 구분한 기준과 마찬가지로 정치·경제적인 상황의 변화에 주목하기 때문이다. 주지하다시피 1961년 발생한 5·16 군사 정변은 한국 정치사뿐만 아니라 문예사적으로도 주목할 만한 분기점이 된다. 〈오발탄〉(1961)의 상영 금지 조치는 이러한 시대적 변화를 상징적으로 보여주는

---

72 정영권, 「한국 영화사에서 사회적 리얼리즘의 전통 1945-2001」, 『씨네포럼』 5권, 동국대학교 영상미디어센터, 2002, 25쪽.

사건 가운데 하나였다. 뿐만 아니라 홍기선은 1960년대 한국영화의 가장 특징적인 사건이 1962년 제3공화국에 의한 영화법의 제정·공포였으며, 이것이 오늘날(1983년)까지 한국영화의 리얼리즘적 성향을 억제하는 중요한 요인으로 작용한다고 언급했다.[73] 즉 1960년대 초반을 기점으로 하여 영화계 내외로 점진적인 변화가 일어나기 시작했고, 1960년대 중반부터 리얼리즘의 단절이 이루어졌다고 보는 견해가 일반적이라 할 수 있다.[74] 이에 본고는 기존의 리얼리즘 영화사가 정전화한 1965년 무렵까지의 작품을 일차적인 분석 대상으로 선정한다. 이들의 전반적인 경향성과 당시 비평 담론의 흐름을 종합적으로 살펴보도록 할 것이다.

두 번째로, 네오리얼리즘에 대한 열기가 한 차례 사그라든 후 1960년대에 접어들면서 이른바 '정치적 모더니즘'[75]의 시기가 찾아오기 때문이다. 이러한 사조는 전세계에 영향을 끼쳤으며, 국내의 영화 담론에도 적지 않은 반향을 일으켰다. 국내 비평계의 경우, 한편으로는 리얼리즘적 전통을 꾸준하게 강조하였으나, 또 다른 한편으로는 모더니즘적인 방식의 창작 태도를 새로이 요구하기 시작하였다.[76] 이를테면 1965년 창간한 《영화예술》은 '리얼

---

73 홍기선, 「한국영화의 리얼리즘」, 서울영화집단 편, 『새로운 영화를 위하여』, 학민사, 1983, 298~299쪽.

74 이에 대해서는 다음의 서술 역시 참고해 볼 만하다. "1960년대 예술로서의 본격적인 모습이 드러나는 것 역시, 1960, 1961년의 정치·사회적 사건이 터진 직후가 아닌, 거의 1960년대 중반에 다다라서이다." 한국예술종합학교 한국예술연구소 편, 『한국현대예술사대계 II』, 시공사, 2005, 13쪽.

75 데이비드 노먼 로도윅에 따르면 정치적 모더니즘은 1960~1970년대의 복잡한 정치·문화사(특히 68혁명)를 기반으로 하여 대두된 경향이다. 단 하나의 정리된 '이론'으로서의 정치적 모더니즘은 존재하지 않지만, 할리우드 영화의 리얼리즘적 형식이 환영임을 비판한다는 점과, 모더니즘의 기호학적 대항 전략을 북돋운다는 점에서 공통점을 확인해 볼 수 있다. 뿐만 아니라 정치적 모더니즘 영화(이론)는 이데올로기 비판에 주안점을 두었으며, 유물론적이고 비이데올로기적인 대항 영화 생산을 지향하였다. 데이비드 노먼 로도윅, 김수진 역, 『현대 영화 이론의 궤적: 정치적 모더니즘의 위기』, 한나래, 1999, 15~22쪽.

76 이는 세계적인 경향을 따라잡기 위한 (네오리얼리즘에 이은) 또 하나의 방편이기도 했으나, 기실 국내

리즘의 초극'을 화두로 제시하였으며, 이후 "시네포엠, 국제주의, 전위영화, 현대영화론, 시네클럽 운동, 시나리오 운동 등 '국내 유일의 영화전문지'로서 비평적 아젠다를 제시"[77]하였다. 김수용의 〈안개〉(1967) 등을 통해 확인해 볼 수 있듯이 실제적인 창작 경향 역시 유의미하게 바뀌어나가기 시작한다. 즉 국내의 정치·사회적 상황이 크게 변화하였다는 점과 더불어, 비평 담론과 개별 영화 텍스트와 경향성이 크게 달라졌다는 점 역시 시기 구분을 가능하게 만드는 중요한 요인이라 할 수 있다.

이처럼 본고는 1945년 해방 무렵부터 1965년을 전후로 하는 시기까지를 대한민국식 리얼리즘의 정체성이 새롭게 형성된 시기로 보고, 이 시기 리얼리즘의 경향성을 개별 영화 작품과 비평 담론을 통하여 확인해보고자 한다. 당시 리얼리즘이 구체적으로 어떠한 의미로 사용되고 있었는지, 여타 시기(혹은 여타 국가)의 리얼리즘 담론과는 어떠한 연속성과 단절을 보이고 있었는지 등을 종합적으로 파악해 볼 것이다.

의 정치·경제적 상황과 긴밀하게 연동된 것이었다고도 볼 수 있다. 흥미롭게도, 과거(1976년) 이영일 역시 1960년대 중반부터 리얼리즘의 흐름이 끊어졌다고 진단한 바 있다. 그는 세 가지 이유를 들고 있는데, 첫째로는 현실 고발적인 영화가 정부에 의해 기피되었다는 점, 둘째로는 전쟁 이후 비참한 사회 현실이 차츰 자취를 감추고 도시가 눈에 띄게 근대화되어 시민의 생활현실이 대폭 달라졌다는 점, 마지막으로 리얼리즘의 정신을 새롭게 전환(트랜스폼)하는 노력이 부족했다는 점이다. 이영일, 『영화개론』, 상구문화사, 1976, 417쪽.

77 이선주, 「〈영화예술〉의 뉴 시네마(New Cinema) 담론들: 1960년대 영화비평의 전문화와 영화학의 제도화」, 『대중서사연구』 47호, 대중서사학회, 2018, 41쪽.

4. 연구 대상 작품 및 연구 방법론

연구의 시기뿐만 아니라 대상 역시 구체적으로 정리해 볼 필요가 있다. 연구의 중심 대상이 되는 것은 개별 영화 작품, 그리고 비평이 수록된 문헌 자료이다. 우선 영화 텍스트의 경우, 그간 비평계 및 학계에서 중요하게 다루어 온 작품을 분석 대상으로 선정해 볼 수 있을 것이다. 한국영화와 리얼리즘의 관계에 대해서는 그 동안 산발적이고 광범위한 논의가 전개되어 왔는데, 나름의 기준을 가지고 리얼리즘 작품을 선별하여 '정전화'에 힘써왔던 1세대 평론가의 글을 먼저 검토해보도록 한다.

이영일은 1959년《씨나리오문예》를 통해 〈한국 리얼리즘 영화의 계보〉라는 글을 발표하였다.[78] 전후 리얼리즘 영화사를 계보화한 최초의 시도라고 할 수 있다. 여기서 이영일은 이강천 감독의 〈피아골〉, 유현목 감독의 〈인생차압〉과 〈잃어버린 청춘〉, 백호빈 감독의 〈꿈이여 다시한번〉, 김묵 감독의 〈나는 고발한다〉에서 공통적인 '애토모스피어(atmosphere)'가 느껴진다고 하면서, 이들을 대표적인 리얼리즘 작품으로 선정한다. 또한 '작품으로서의 성과'는 거두지 못했지만, 김기영 감독의 〈초설〉과 김성민 감독의 〈어디로 갈까〉 역시 같은 범주에 추가해 볼 수 있다고 언급한다.

이후 이영일은 지속적으로 자신의 리얼리즘 영화 목록을 수정·보완해나간다. 이를테면 『영화개론』을 통해서, 이영일은 일제강점기 각 시기를 대표하는 감독으로 나운규(1920~1930년대), 이규환(1930년대), 최인규(1940년대)를 선

---

78 이영일, 〈한국(韓國)「리얼리즘」영화(映畫)의 계보(系譜) (1): 그 성격(性格)과 내용(內容)과 전망(展望)과……〉,《씨나리오문예》3집, 1959, 13~16쪽.

정한다. 그리고 이들로부터 시작된 일제 시대의 저항 정신이 유현목, 신상옥, 김기영 등에 의해 '차분한 리얼리즘'으로 계승되어 동시기 한국영화의 예술적인 흐름을 이루고 있다고 분석한다. 이이서 이영일은 〈피아골〉, 〈지옥화〉, 〈십대의 반항〉, 〈오발탄〉, 〈잉여인간〉, 〈비무장지대〉와 같은 작품을 대표적인 리얼리즘 작품으로 거론한다.[79] 구체적인 이유까지는 확인할 수 없으나, 1950년대 말에 선정한 작품 목록과는 다소 차이를 보이고 있음을 확인해 볼 수 있다.

1986년 2월 7일에는 '한국영화의 현단계와 그 전망'이라는 주제로 좌담회가 개최되었는데 유현목, 이장호, 장길수 감독과 더불어 이영일이 사회자로 참석하였다. 여기서 이영일은 다음과 같이 말하였다.

> 유현목 감독의 〈오발탄〉, 〈잉여인간〉으로 대표되는 해방 이후의 리얼리즘 계통의 작품들은 같은 무렵의 김기영 감독의 〈10대의 반항〉, 신상옥 감독의 〈지옥화〉, 이어서 박상호 감독의 〈비무장지대〉, 이만희 감독의 〈흑맥〉, 〈시장〉같은 작품으로 계속 이어져오다가 영화사적으로 보아서는 유현목 감독의 〈막차로 온 손님〉[80]으로 일단 종지부를 찍었다고 볼 수 있어요.[81]

『영화개론』에서 언급한 내용과 비교해본다면, 이강천 감독의 〈피아골〉이

이영일, 『영화개론』, 상구문화사, 1976, 416~417쪽.

〈막차로 온 손님들〉의 오기(誤記)

이어서 이영일은 한국 영화사의 리얼리즘적 경향이 1970년대 말 이원세의 〈난장이가 쏘아올린 작은공〉에서 잠시 시도되었다가, 1980년대에 와서 한국영화의 한 기조로 되살아났다고 말한다. 대학문화사 편, 『레디고 (1)』, 대학문화사, 1986, 48쪽.

제외되었고 이만희 감독의 〈흑맥〉(1965), 〈시장〉(1965) 등이 추가되는 등 약간의 변화가 있었다. 그러나 대다수의 작품은 『영화개론』에서 언급한 것과 유사하므로, 그가 생각하는 리얼리즘 작품 목록의 기본적인 골조는 크게 변화하지 않았음을 확인해 볼 수 있다.

이영일 이외에 변인식의 사례에도 주목해 볼 만하다. 그는 이영일 등과 함께 대표적인 1세대 영화 평론가로 거론되는데, 여러 매체를 통해 리얼리즘에 대한 자신의 생각을 글로 남긴 바 있다. 우선 〈영화현실과 포오토제니〉(1965)[82]라는 글을 확인해보면 다음과 같다.

유현목의 〈잃어버린 청춘〉, 〈오발탄〉, 〈잉여인간〉, 김기영의 〈초설〉, 〈10대의 반항〉, 이강천의 문제작이였던 〈피아골〉, 그리고 신예 이성구의 데뷰작 〈젊은 표정〉, 강대진의 〈마부〉 등에서 단편적이나마, 한국적인 바탕 위에서 리얼리즘을 기도해 보려는 어떤 움직임만은 엿볼수 있었다.[83]

위의 인용문에서는 〈젊은 표정〉(1960), 〈마부〉(1961)와 같은 작품을 새롭게 찾아볼 수 있다. 그러나 전체적으로는 이영일이 선정한 작품 목록과 대동소이하다.

변인식의 리얼리즘 영화 목록은 이후에도 변하지 않는다. 1974년 12월 5일 '현대영화비평가그룹'(회장 변인식) 창립 2주년을 기념하여 비토리오 데 시

---

82 변인식, 《〈신인영화평론·본지추천(新人映畵評論·本誌推薦)〉 영화현실(映畵現實)과 포오토제니: 이태리언·리얼리즘과 한국영화(韓國映畵)》, 《영화예술》, 1965.06., 82~85, 75쪽.

83 위의 글, 82쪽.

카(Vittorio De Sica, 1901~1974)를 추모하는 '영화논단'이 마련되었다. '비토리오 데 시카는 우리에게 무엇을 남겨주었나?'라는 주제로 변인식이 대표 발제를 맡았다. 토론자로는 유현목, 김기영, 이성구, 하길종, 정일성, 유영길, 김승옥, 백결, 권옥연이 선정되었다. 토론의 대상이 된 작품은 유현목 감독의 〈잃어버린 청춘〉, 〈오발탄〉, 〈잉여인간〉, 김기영 감독의 〈초설〉, 〈10대의 반항〉, 이성구 감독의 〈젊은 표정〉이었다.[84] 얼핏 이강천의 〈피아골〉과 강대진의 〈마부〉가 제외된 듯 보이지만, 발제문을 확인해보면 위에서 언급한 〈영화현실과 포오토제니〉의 내용이 그대로 재인용되어 있다.[85]

이듬해인 1975년 변인식은 《중앙일보》에 〈해방 삼십년의 문제작·문제 작가〉라는 글을 싣는다. 여기서 그는 여전히 〈피아골〉을 〈아리랑〉과 〈임자 없는 나룻배〉의 "바통"을 이은 작품으로 평가하고 있다.

> …(중략)… 이러한 「이데올로기」의 대립을 더욱 선렬한 영상으로 고발한 영화가 55년에 발표 된 이강천의 『피아골』이었다. 지리산 「로케」를 감행, 「빨치산」들의 생사를 「리얼리즘」수법으로 처리한 이 영화는 춘사 나운규의 『아리랑』, 이규환의 『임자 없는 나룻배』 등 해방 전 작품의 주조를 이루었던 「리얼리즘」의 「바통」을 이은 작품이었다.[86]

---

84 변인식, 『영화를 향하여 미래를 향하여』, 공간미디어, 1995, 485쪽.

85 위의 책, 491쪽.

86 이외에도 본고의 연구 대상 시기에서는 벗어나 있지만, 변인식은 다음과 같은 리얼리즘 작품을 추가로 거론한다. "…(중략)… 한국영화의 보이지 않는 전통의 맥을 지닌 「리얼리즘」의 「패턴」이 어떤 「베어리에 이션」을 겪었는가 하는 문제에서 이성구의 『장군의 수염』, 최하원의 『독짓는 늙은이』, 하길종의 『화분』, 그리고 신예 이장호의 『어제 내린 비』를 꼽을 수 있다. 변인식, 〈해방 삼십년의 문제작·문제 작가〉, 《중앙일보》, 1975.01.15., 4면.

끝으로, 변인식은 2005년에도 한국영화의 리얼리즘적 전통에 관한 글을 발표하였다. 이를 통해 그가 생각한 한국 영화사의 리얼리즘적 계보를 다시금 정리해 볼 수 있다. 이 글에서는 〈박하사탕〉(2000)까지의 작품을 다루고 있는데, 본고의 연구 대상 시기까지를 한정하여 본문을 인용해보면 다음과 같다.

이제 85년의 연륜을 맞은 우리영화의 전통 속에서 리얼리즘의 맥은 어디에서 부터 찾을 수 있을까.

그 첫째의 맥은 〈아리랑〉(1926년), 〈오몽녀〉(1937년)를 만든 나운규와 이를 계승한 〈임자없는 나룻배〉(1932년), 〈나그네〉(1937년)의 이규환 그리고 〈자유만세〉(1946년), 〈파시〉(1949년)를 통해 서정주의를 구가한 최인규에서 찾을 수 있다. 이러한 맥은 1950년 발발한 6.25 한국전쟁으로 인해 잠시 중단되었다가 전쟁의 상흔 속에서 다시 이어졌다.

신상옥의 〈악야〉(1952년), 〈지옥화〉(1958년)와 이강천의 〈피아골〉(1955년)이 이때의 산물이다. …(중략)… 나운규의 〈아리랑〉과 이규환의 〈임자없는 나룻배〉에서 표방한 민족저항 의식에서 바탕을 둔 전통적 리얼리즘은 유현목의 〈오발탄〉(1961년), 김수용의 〈혈맥〉(1963) 등에서 계승 발전되었고, …(후략)…[87]

위의 인용문에서 확인할 수 있듯이 변인식은 나운규, 이규환, 최인규를 대한민국 리얼리즘의 뿌리를 형성한 최초의 '맥'이라고 평가한다. 그는 이러한

---

87 변인식, 「우리영화-전통적 리얼리즘에의 접근, 또는 진화를 위하여」, 『영화 평론』, 한국영화평론가협회, 2005, 53~54쪽.

전통이 전쟁의 상흔과 함께 〈악야〉, 〈지옥화〉, 〈피아골〉과 같은 형태로 표출되었고, 이후 유현목의 〈오발탄〉과 김수용의 〈혈맥〉 등으로 계승되었다고 주장한다.

이외에 안병섭 역시 「이만희에 있어서의 리얼리즘」[88]과 같은 글을 통해 한국 영화사의 리얼리즘적 전통에 대해 고찰한 바 있다. 이 글에서 안병섭은 최인규의 〈파시〉, 신상옥의 〈악야〉, 〈지옥화〉, 김기영의 〈초설〉, 김수용의 〈혈맥〉과 같은 작품을 '사회적 리얼리즘(social realism)'이라고 규정한다. 그리고 1965년부터는 김수용, 이만희, 박상호 등이 〈흑맥〉, 〈시장〉, 〈저 하늘에도 슬픔이〉, 〈안개〉, 〈비무장지대〉와 같은 작품을 등장시키며 '제2기'에 해당하는 또 하나의 리얼리즘 시대를 열었다고 평가한다. 〈마부〉와 〈박서방〉 역시 짧게 언급되고 있는데, "하나의 개량된 홈드라마적 리얼리즘"으로 "소박하나 유치한 것이었다"는 평가가 이어진다.

소위 '1세대' 평론가 이외에도 한국 영화사의 리얼리즘적 지형도를 그려보려고 시도한 사례를 확인해 볼 수 있다. 대표적인 사례를 들자면 홍기선은 1983년도에 '서울영화집단' 소속으로 「한국영화와 리얼리즘」이라는 글을 발표하였고,[89] 정영권은 2002년 20대 신진 연구자의 시각으로 「한국 영화사에서 사회적 리얼리즘의 전통 1945-2001」이라는 논문을 발표한 바 있다.[90] 이들은 1세대 평론가의 '보수적 민족주의'와는 다소 다른 관점을 채택하고 있다. 그러나 두 사람은 자신의 글에서 '영화를 직접 보지 못한 채 몇 가지의

---

88 안병섭, 「이만희에 있어서의 리얼리즘」, 이중거 외, 『한국영화의 이해』, 예니, 1992, 375~387쪽.

89 서울영화집단 편, 앞의 책, 289~304쪽.

90 정영권, 앞의 논문.

기초자료를 토대로 작성된 것'이 한계임을 공통적으로 밝혀두고 있는데,[91] 그러한 연유에서인지 작품 목록이 기존의 논의에서 크게 벗어나지는 않는다. 홍기선은 〈오해마세요〉(1957), 〈곰〉(1959), 〈육체의 길〉(1959)을, 정영권은 〈돈〉(1958), 〈돌아오지 않는 해병〉(1963)을 목록에 추가하고 있을 따름이다.

'리얼리즘적'인 개별 작품을 언급한 평론 및 연구 사례는 무수히 많다고 할 수 있을 것인데,[92] 본고는 그 중에서도 한국 영화사의 역사적 맥락 하에서 다양한 작품을 체계화하고 정전화하려 시도한 사례를 중심적으로 살펴보았다. 이상에서 언급된 영화들을 본 연구의 일차적인 분석 대상으로 설정해 볼 수 있을 것이다. 단, 이들을 연구 대상으로 선정한 것과 이들의 실제적인 리얼리즘적 성취 여부는 전혀 별개의 문제라는 것을 미리 밝혀 둔다. 본고는 이들이 리얼리즘 영화로 여겨지게 된 원인과 과정에 주목한다. 목록에 포함되지는 않았지만 당시 한국 사회의 현실을 사실적으로 표현하고 있는 리얼리즘적 경향의 작품이 있다면 그러한 작품이 어떠한 특징을 나타내고 있는지, 기존 비평 담론에서 그들을 배제해 온 까닭은 무엇인지 등에 대하여 종합적으로 고찰해보도록 한다.

영화 텍스트와 더불어 당시의 리얼리즘 담론을 파악할 수 있는 다양한 종류의 문헌 자료를 검토해나가도록 한다. 연구 범위에 속하는 기간 내에 발간된 단행본 및 신문·잡지 자료가 주된 분석 대상이 될 것이다. 이외에도

---

91 서울영화집단 편, 앞의 책, 289쪽; 정영권, 앞의 논문, 11쪽.

92 일례를 들자면, 김수남(1999)은 기존의 '비판적 사실주의' 대열에서 밀려나서 주목받지 못했던 김기영의 '표현주의적 사실주의', 김수용의 '모던한 양식의 사실주의' 등에 주목해야 한다고 말한다. 그러면서 한국 영화사의 맥을 보다 다양한 차원에서 정립해야 할 필요성을 역설한다. 김수남, 「비판적 리얼리즘과 한국 영화미학에 대한 논의」, 『공연과 리뷰』 21권, 현대미학사, 1999, 46~47쪽.

《현대영화》(발행인 홍찬, 주간 허백년, 편집장 이영일)의 경우와 같이 기존의 연구에서 주목하지 않았던 새롭게 발굴한 자료를 병행하여 살펴보도록 할 것이다.

마지막으로, 영화 비평에서의 리얼리즘 담론이 당시 전반적인 지성사 하에서 어떻게 독해될 수 있는지를 보다 거시적인 시각 하에서 파악해보고자 한다. 이를테면 김종원과 이영일의 경우, 대표적인 1세대 영화 평론가인 동시에 한편으로는 문인이기도 하였다. 김종원의 경우 《학원》 창간호에 응모한 시가 조지훈에 의해 당선된 바 있으며, 1959년 《사상계》의 시 부문에서 신인으로 추천되기도 하였다. 이영일의 경우에도 '현대평론가협회'에 가입하여 『문학평론』의 편집위원에 이름을 싣는 등 문인으로서 활동한 이력이 있다. 뿐만 아니라 1950~1960년대에는 명동이라는 공간을 중심으로 다양한 문화·예술계 인사가 직·간접적으로 교류하고 있었는데,[93] 본고는 이와 같은 사실 역시 함께 주목해보고자 한다.

---

93 한상언, 「명동 다방 순례」, [매거진] 김종원의 영화평론 60년, 2021.03.03. 〈https://brunch.co.kr/@sangeonhan/55〉 (검색일: 2021.11.25.)

5. 이론적 배경

1) 리얼리즘의 일반적 정의

본론에 들어가기에 앞서 '리얼리즘'이라는 용어 자체에 대한 개념 정의가 선행되어야 할 것이다. 문예계에서 '리얼리즘(realism)'은 '사실주의', 또는 '현실주의' 등으로 번역되어 왔는데 1970년대 이전에는 '기법적 사실주의(寫實主義)'로 활용 범위가 한정되기도 하였고, 1980년대 말에는 '민족해방파, 주체사상파'라는 낙인을 피하기 위한 '현실주의'라는 표현이 혼용되기도 하였다. 결과적으로는 이러한 모든 사항을 중립적으로 아우르는 용어인 '리얼리즘'이 우세를 차지하였다.[94] 리얼리즘을 대상으로 하는 연구 전반에서도 초기에는 '사실주의'라는 번역이 사용되었으나 이제는 '리얼리즘'이라는 원어를 그대로 사용하고 있는 추세다.[95] 본고 역시 보다 포괄적인 의미로서 '리얼리즘'이라는 용어를 채택하여 사용하고 있다. 추가로, 과거 영화 비평계에서는 '레알리즘', '레아리즘' 등의 표기가 혼용되기도 하였는데, 혼란을 방지하기 위하여 인용문이 아닌 본문 내에서는 특별한 이유가 존재하지 않는 한 '리얼리즘'으로 표기를 통일해서 사용하도록 할 것이다.

리얼리즘이라는 용어는 시기와 장소에 따라 여러 가지 서로 다른 뜻으로

---

94 김성수, 「남북한의 리얼리즘(사실주의)문학비평 개념 비교」, 『현대문학의 연구』 72호, 한국문학연구학회, 2020, 442쪽.

95 김응준, 『리얼리즘』, 연세대학교 출판부, 2009, 8쪽.

사용되어 왔으며, 많은 논란을 불러일으킨 개념이기도 하다.[96] '자연주의'와
의 관계 설정을 통해 그러한 경향성을 간접적으로 확인해 볼 수 있다. 과거
막심 고리키(Максим Горький) 이래로 사회주의권에서는 자연주의를 리얼
리즘에 비해 퇴보된 형태로 인지해왔다. 이에 반해 아르놀트 하우저(Arnold
Hauser)는 『문학과 예술의 사회사』를 통해 자연주의를 리얼리즘의 상위 개념
으로 사용하기도 하였으며, 프랑스에서는 자연주의를 리얼리즘의 진화형으
로 개념화하기도 하였다.[97] 이처럼 리얼리즘은 시대를 거듭하며 다양한 개
념과 관계를 맺으며 변화·확장되어 왔으며, 많은 이들이 지적한 바와 같이
실제 용례 또한 광범위하다. 본고는 리얼리즘의 기본적인 정의와 더불어 그
것의 역사적 변천사를 짚어볼 것이며, 이를 기반으로 하여 한국 영화사에서
의 리얼리즘에 관련된 문제들을 논의해보도록 할 것이다.

우선 영어 단어 'realism'의 경우, 한국어 '리얼리즘'에 비해 보다 포괄적인
의미를 지닌다. 사전적인 의미는 크게 세 가지로 나누어지는데 첫째로는 '감
정이나 잘못된 희망으로부터 영향을 받지 않고 상황을 있는 그대로 보고,
받아들이고, 다루는 방법', 둘째로는 '(소설, 그림, 영화 등에서) 현실의 삶과 아주
비슷한 품질', 셋째로는 '예술 또는 문학에서 사람이나 사물을 실제 모습대
로 보여주는 스타일'이다.[98] 이 중 본고가 다루고자 하는 개념은 현실주의적

---

96 리얼리즘이 다양한 용법으로 사용되어 온 것은, 달리 말하자면 "인간 삶의 복잡한 얽힘을 그 현실적 운
동과정 속에서 꿰뚫어 봄으로써 더 참된 삶의 가능성을 찾으려는 예술적 실천과 그에 따른 이론적 작업
이 19세기 이래 오늘까지 꾸준히 시도되어 왔다는 것을 알려"주는 것이기도 하다. 스테판 코올, 여균동
역, 『리얼리즘의 역사와 이론』, 한밭출판사, 1982, 7쪽.

97 김성수, 앞의 논문. 439쪽.

98 「realism」, Oxford Learner's Dictionaries, 〈https://www.oxfordlearnersdictionaries.com/definition/
english/realism?q=Realism〉 (검색일: 2021.11.22.)

태도와 관련된 첫 번째를 제외한 나머지에 해당한다고 할 수 있을 것이다. 이는 한국에서 외래어로 사용되는 '리얼리즘'의 의미상 범주와도 유사하다. 국립국어원에서 발간한 『표준국어대사전』을 통하여 '리얼리즘'이라는 단어의 의미를 검토해보면 다음과 같다.

① (예체능 일반) 일반적으로 현실을 있는 그대로 묘사·재현하려고 하는 창작 태도. 19세기 중엽에 유럽에서 일어난 예술 사조로, 현실을 존중하고, 주관에 의한 개변·장식을 배제한 채 객관적으로 관찰하여 그 개성적 특질을 있는 그대로 그려 내려고 하는 경향 또는 양식이다. (=사실주의)

② (철학) 인식론에서, 인식의 대상을 사람의 의식이나 주관으로부터 독립하여 존재하는 것으로 보고 이들을 객관적으로 파악하는 것이 참다운 인식이라고 하는 이론. 대상이 되는 실재의 규정에 따라 과학적·이성적·비판적 실재론 따위가 있다. (=실재론)[99]

이처럼 국내에서 리얼리즘은 '현실을 객관적으로 반영하고자 하는 창작 태도'를 지칭하는 데 사용되기도 하고, 인식론적인 차원에서 현실과의 관계를 설명하기 위한 수단으로 사용되기도 한다. 즉 외래어로서 사용되는 단어 '리얼리즘'은 (정치)현실주의적인 측면을 소거한 채, 주로 예술적·철학적 측면에서 사용되고 있음을 확인해 볼 수 있다. 리얼리즘에 대한 이와 같은 두

---

[99] 「리얼리즘」, 국립국어원 표준국어대사전, 2018.07.19. 〈https://stdict.korean.go.kr/search/searchView.do?pageSize=10&searchKeyword=%EB%A6%AC%EC%96%BC%EB%A6%AC%EC%A6%98〉(검색일: 2021.11.22.)

가지 정의는 실은 완전히 별개의 것이 아니며, (특히 영화 이론에서는 더더욱) 서로 밀접하게 연관된다. "리얼리즘이란 결국 예술의 인식론"[100]이라는 표현을 통해서도 그러한 사실을 확인해 볼 수 있다.

그렇다면 이번에는 '인식'이 어떠한 의미로 사용되고 있는지를 파악해 볼 필요가 있다. 인식은 곧 '현실(객관적 실재)이 인간의 의식 안에서 정확하게 반영되는 것'을 의미한다.[101] 즉, 인식한다는 것은 표층적인 현상을 파악하는 것이 아니라 사물의 본질을 파악하는 것을 전제로 하며, 단순히 '안다'는 것 이상의 의미를 지닌다. '단순한 겉모습'에 반대하며 '진실한 리얼리티'를 추구해 온 것은 서구 사상의 한 주류를 이루는 오랜 철학적 전통이기도 하였다.[102]

여기서, 인간의 감각기관이 현상에 대한 정확한 인식을 가로막는 요인이 되기도 한다는 점에 주목해 볼 필요가 있다. 이를테면 인간의 의식 속에는 상상의 산물도 존재할 수 있으며, 그러한 것들은 현실의 정확한 반영이라고 보기 어렵다. 그렇다면 어떠한 방식으로 인간은 객관적인 진실에 다가설 수 있는 것일까. 여기서 예술의 역할이 중요하게 대두된다. 헤겔은 예술과 현실(리얼리티)의 관계에 대해 다음과 같이 언급한다.

진정한 리얼리티란 우리들이 매일 대하는 대상과 직접적인 감각 너머에 있다. 즉자적으로 존재하는 것만이 진실하다. …(중략)… 정신으로부터 생긴, 더

---

100 이토우 츠토무, 서은혜 역, 『리얼리즘이란 무엇인가』, 세계, 1990, 5쪽.

101 G. 루카치 외, 이춘길 편역, 『리얼리즘 미학의 기초이론』, 한길사, 1985, 14~15쪽.

102 린다 노클린, 권원순 역, 『리얼리즘』, 미진사, 1992, 17쪽.

높은 리얼리티를 가진 이런 사건들과 현상에게 옷을 다시 갈아 입히기 위해 예술은 한편으로는 이 악하고 저주받은 세계의 겉모습이나 환상과 한편으로는 사건들의 내용 사이의 심연을 파헤친다. 일상적인 리얼리티의 단순한 겉모습과 묘사를 떠나서 예술은 한층 높은 리얼리티와 더욱 진실한 존재를 표현한다.[103]

헤겔은 현실을 묘사하려는 예술의 태도가 단순히 일상의 겉모습에 대한 묘사를 떠나, 한층 높은 리얼리티와 더욱 진실한 존재에 대한 표현으로 이어진다고 보았다. 여기에 더해서 문학 비평가 비사리온 벨린스키(Виссарион Белинский)는 다음과 같이 말하고 있다.

철학자는 3단논법으로 말하며, 시인은 형태와 형상으로 말한다. 그러나 이 양자는 동일한 것을 말하는 셈이다. …(중략)… 철학자는 증명하고 시인은 명시한다. 그러나 양자 모두 사람을 납득시킨다. 다만 전자는 논리적 추론을 통해, 후자는 여러 형상을 통해 납득시키는 것이다. 그런데 전자의 말을 듣고 이해하는 사람은 적지만 후자의 경우는 많은 사람이 듣고 이해한다.[104]

이처럼 (리얼리즘적) 예술은 인간이 평소 감각기관을 통해 감지할 수 있는 현실 이면의 실재를 보다 용이하게 파악하도록 해주기도 한다. 익히 알려진 바와 같이, 프리드리히 엥엘스(Friedrich Engels)는 1888년 4월 초 영국의 소설

---

103 위의 책, 18쪽.
104 이토우 츠토무, 앞의 책, 23쪽.

가 마가렛 하크니스(Margaret Harkness)에게 보낸 편지에서 오노레 드 발자크 (Honore de Balzac)의 문학을 '리얼리즘의 승리'라고 표현하였다. 발자크는 절대 왕정주의자를 자처한 인물이었지만 창작 방법론으로는 리얼리즘적 입장을 택하고 있었다. 엥엘스는 발자크가 귀족 계층의 몰락에 대한 필연성을 문자 그대로 '보았'으며, 이것이 작품으로 반영된 점이 리얼리즘의 가장 위대한 승리이자 발자크의 가장 위대한 특징이라고 언급하였다.[105] 리얼리즘 예술이 작가의 사상이나 인식(감각기관)을 초월하여 현실의 객관적이고 과학적인 양태를 정확하게 그려내기도 한다는 점을 보여주는 사례가 될 것이다.

이와 같은 차원에서 리얼리즘은 단순히 '현실을 똑같이 묘사한다'는 의미만으로 국한되지 않는다. 리얼리즘은 "예술가의 체험을 기초로 한 사회적 현실의 생활형태에 대한 형상적 인식"[106]을 전제로 하며, 현실 너머의 실재를 정확하게 파악하는 것을 목표로 한다고 할 수 있을 것이다.

2) 문예 사조로서의 리얼리즘

이와 더불어, '리얼리즘'의 스타일적 측면에 집중해본다면, 예술 사조로서 리얼리즘의 일반적인 경향성을 서술해 볼 수 있을 것이다. "문예사조사적인 측면에서 보면, 리얼리즘은 시기적으로 19세기에 널리 퍼져 있던 예술사조

---

105 카를 마르크스·프리드리히 엥겔스, 박종철출판사 편역, 『칼 맑스 프리드리히 엥겔스 저작 선집 6』, 박종철출판사, 1997, 481~484쪽.

106 이토우 츠토무, 앞의 책, 119쪽.

와 현실의 정확한 재생가능성에 대한 예술적 숙고들을 의미한다."[107] 그러나 아르놀트 하우저가 주장한 바와 같이 인간은 오랜 과거부터 예술을 통해 현실(자연)을 재현하고자 노력해 왔으므로,[108] 리얼리즘의 역사성을 파악하기 위해서는 그보다 앞선 시기부터를 살펴볼 필요가 있다.

예술과 현실의 관계를 고찰한 사람은 많다. 문헌상으로 확인 가능한 가장 오래된 사례는 플라톤(Plato)이다. 고대 그리스 시기에 플라톤은 '미메시스(Mimesis)', 즉 모방을 예술의 본질적인 원리로 파악하였다. 이에 그리스 시기에는 사물의 본질적이고 이상적(idealistic)인 형태를 표현해내고자 하는 리얼리즘이 대두되었다. 이와 같은 '이상적 리얼리즘'은 중세에 접어들면서 기독교의 상징주의로 대체되며 점차 자취를 감추었다. 리얼리즘이 다시 대두된 것은 고딕 말기와 르네상스 시기에 이르러서였다. 이때의 리얼리즘은 근대적 세계관, 즉 자연과 자아의 재발견을 토대로 형성된 것이었다.[109]

이후 리얼리즘은 바로크와 로코코 시대로 이어져 내려오면서 물질주의와 합리주의 정신의 발달과 함께 성장한다.[110] 특히 19세기 무렵부터는 그러한 경향이 더욱 가속화된다. 19세기 초 회화에서는 신고전주의와 낭만주의

---

107 김웅준, 『리얼리즘』, 연세대학교 출판부, 2009, 61쪽.

108 예술은 현실을 지배하고 통제하기 위한 수단이기도 했으나, 한편으로는 사물을 있는 그대로 파악하고 재현하려는 노력의 일환이기도 했다. 아르놀트 하우저는 후자에 해당하는 '자연주의'적 계열이 예술활동의 최초의 형태였다고 주장하였다. 아르놀트 하우저, 백낙청 역, 『문학과 예술의 사회사 1』, 창비, 2016, 19~20쪽.

109 르네상스 시기 예술 작품 중 가장 대표적인 사례로 레오나르도 다 빈치(Leonardo da Vinci)의 회화 〈수태고지〉(Annunciation, 1472~1475)를 들어볼 수 있을 것이다. 이 작품은 정면에서 감상할 경우 인체의 비례가 맞지 않는 등 다소 부자연스럽게 보인다. 그러나 원래 그림이 걸려있던 장소를 고려하여 측면에서 작품을 감상한다면 불균형이 모두 해소되는데, 더욱 '사실'에 가깝게 보이도록 하기 위한 방편으로 원근법이 사용되었기 때문이다.

110 정진연, 「쿠르베(Gustave Courbet)의 리얼리즘 회화연구」, 동아대학교 석사학위논문, 1999, 11쪽.

가 대두되었는데 이들은 현실보다는 상상, 혹은 고전 속에서 작품의 주제를 찾고자 하였다. 이에 대한 반발로서, 눈에 보이는 현실에 주목하여 그 자체에 가치를 부여하고, 있는 그대로를 사실적으로 그려내고자 하는 리얼리즘이 주창되었다. 이를테면 1861년 귀스타브 쿠르베(Gustave Courbet)는 "그림은 본질적으로 구체적인 예술이다. 그러므로 그림은 현실적으로 존재하는 것을 표현할 수밖에 없다. 그것은 완전히 물리적인 언어이며 눈에 보이는 모든 사물로 만들어진 말들이다. 추상적인 것, 보이지 않는 것, 존재하지 않는 것은 그림의 영역에 놓을 수 없다."[111]라고 선언하였다. 당시 리얼리즘의 경향성을 읽어볼 수 있는 사례라고 할 수 있다.

19세기 무렵의 리얼리스트들은 대부분 같은 인식을 공유하고 있었는데, 이는 당시 눈부시게 발전하던 자연과학을 기반으로 하고 있었다. 자연과학은 리얼리티의 실체 속에 있는 환상의 껍질을 벗겨내거나, 정신적 형이상학적 허위의 경험을 폐기시키는 선례를 제시해주는 듯했다. 귀스타브 플로베르(Gustave Flaubert)는 "아름다움을 추구하는 시대는 끝났다. 예술은 발전할수록 더욱 과학화될 것이니, 마찬가지로 과학은 예술적으로 될 것이다. 처음에는 독립적이었던 두 분야가 절정에 이르게 되면 다시 하나로 합쳐질 것이다."[112]라고 말하기까지 하였다.

자연과학의 발전과 더불어 시민사회의 성장과 자본권력의 강화 역시 리얼리즘을 태동하게 한 중요한 요인이었다. 당시의 대다수 리얼리즘 예술에는 계급에 대한 성찰과 묘사가 담겨 있었다. 이러한 경향은 비단 주제적 차

---

111 린다 노클린, 권원순 역, 『리얼리즘』, 미진사, 1992, 27쪽.
112 위의 책, 49쪽.

원에만 국한되지 않고 형식적 차원에도 동일하게 적용되었다. 문학의 경우를 예로 들어본다면, 19세기 이전부터 이미 일상어와 구어를 사용하는 경향이 감지되기 시작하였고, 고상한 문체와 일상의 저급한 문체 사이의 혼합이 생겨나기도 하였다.[113] 이는 앞서 언급했던 플로베르와 발자크, 그리고 스탕달(Stendhal)에 이르러 만개한다. 이들은 모두 주제적 차원뿐만 아니라 (사실적인)문체 등 형식적인 차원에도 관심을 기울이면서 리얼리즘적인 작품 세계를 완성해 나갔다.

이처럼, 1830년부터 1880년 무렵까지 약 50년에 이르는 시기 동안 다수의 대표적인 미학자와 예술가가 스스로를 '리얼리스트'라고 느꼈다. 이 시기에 리얼리즘에 있어서 중요한 여러 요소가 논의되고, 공식화되고, 실행되었다.[114] 당시 리얼리스트에게 리얼리즘이란 허위주의에 대한 반대였으며, 그들에게 중요한 것은 바로 그 시대의 모습 자체였다. 그러나 단순히 현실을 사실적으로 묘사한다고 해서 리얼리스트가 되는 것은 아니었는데, 그들에게는 인식론적, 미학적 측면에서뿐만 아니라 윤리적인 측면에서 "오직 완전한 진실만을 말하는데 충실"[115]할 것이 요청되었다.

그런데 앞서 언급했듯이, 예술가가 자신의 감각기관으로 파악한 뒤 재현하는 현실이 객관적 실재로서의 현실이라고 할 수 있는지에 대해 의문을 제기해 볼 수 있을 것이다. 샹플뢰리(Champfleury)는 리얼리즘이 "자연을 진지하게 연구하고 가능한 한 최대한의 진실을 창조물 속에 넣으려는 노력"이라고

---

113 김웅준, 『리얼리즘』, 연세대학교 출판부, 2009, 64쪽.

114 스테판 코올, 여균동 역, 『리얼리즘의 역사와 이론』, 한밭출판사, 1982, 82쪽.

115 린다 노클린, 앞의 책, 40쪽.

보며, "인간에 의한 자연의 재현은 결코 단순히 기계적인 재현이나 모방이 아니라, 언제나 하나의 해석(interpretation)일 것"이라 하였다. 그의 견해에 따르면 "인간이 자연을 엄격하게 모사하려고 애를 써도 언제나 그를 사로잡고 그가 자연에서 받는 인상에 따라서 그것을 재현하도록 강요하는 자신의 특정한 기질(temperament)에서 벗어날 수 없다."[116] 이와 같은 인식은 사진이 발명되면서 중요한 변곡점을 맞이한다. 인간이 아닌 기계가 재현해내는 사진에는 동일한 견해를 적용할 수 없었기 때문이다. 사진과 영화 발명 이후 리얼리즘은 보다 새로운 차원에서 논의될 수밖에 없었다.

3) 영화와 리얼리즘

수전 손택(Susan Sontag)이 언급한 바와 같이, 1839년 카메라가 발명된 이후 모든 것을 사진으로 촬영할 수 있게 되었고 동굴 속에 갇혀 지내던 인간들의 세계 역시 변하게 되었다.[117] 사진의 발명은 인식론적인 차원에서 큰 충격을 안겨다 준 사건이었다. 앙드레 바쟁(Andre Bazin)은 사진적 이미지가 시간의 우연성으로부터 사물을 해방시킨다고 보았으며, 시간을 방부 처리하여 부패로부터 구제한다고 보았다. 그는 인류가 오래된 '미라 콤플렉스'로부터 해방되었다고 말하면서 영화에 대한 낙관적인 인식을 드러냈다.[118]

---

116 진인혜, 『프랑스 리얼리즘』, 연세대학교 출판부, 2003, 33쪽.
117 롤랑 바르트·수전 손택, 송숙자 편역, 『사진론: 바르트와 손택』, 현대미학사, 1994, 123쪽.
118 앙드레 바쟁, 「사진적 이미지의 존재론(1945)」, 이윤영 편역, 『사유 속의 영화: 영화 이론 선집』, 문학과지성사, 2011, 185~195쪽.

사진과 매체적 특성을 일부 공유하고 있는 영화는 자연스럽게 많은 이들의 관심이 될 수밖에 없었다. 영화 역시 사진과 마찬가지로 '카메라'라는 기계의 눈을 통해 현실을 필름에 채록하였다. '기계적'으로 재현된 현실을 '객관적'이라고 볼 수 있는가에 대해서는 영화 역사의 초창기부터 다양한 의견이 있었다. 이를테면 뮌스터베르크(Hugo Munsterberg)는 관객이 객관적 현실을 보는 것이 아니라 사진들을 결합하는 자기 자신의 정신적인 산물을 보는 것이라고 주장하였고,[119] 벨라 발라즈(Bela Balazs)와 루돌프 아른하임(Rudolf Arnheim) 역시 영화가 현실의 단순한 복제품이 아님을 주장하였다.[120] 이와 같은 주장은 모두 영화의 예술성과 독자적인 가치를 확립하고자 하는 과정에서 대두된 것이었다.

1968년 무렵부터는 영화가 사물의 있는 그대로를 재현하며 진리를 밝힌다는 주장에 대해 보다 집중적으로 비판이 가해지기 시작하였다. 영화는 지극히 환영주의적인 매체로 여겨졌으며, 그것이 재현해내는 현실 역시 비판적으로 검토해야 할 대상이 되었다. 영화가 재현하는 현실이 '객관적'인지에 대해서는 분명 재고의 여지가 있다. 그러나, 영화의 기본적 속성을 리얼리즘적인 것으로 전제하든 반-리얼리즘적인 것으로 전제하든 영화가 현실의 이미지와 긴밀한 관계를 맺고 있다는 사실 자체는 변하지 않는다. 특히 본고가 집중적으로 확인하고자 하는 제2차 세계대전 이후부터 1960년대 중반까지, 영화와 현실의 관계에 대한 믿음과 기대는 대단히 굳건하게 유지되었다.

---

119 유현주, 「전환기의 영화이론: 후고 뮌스터베르크 영화이론의 이해」, 『헤세연구』 38집, 2017, 298쪽.

120 이상면, 「초기 영화이론에서 영화와 예술의 관계: 발라즈, 아른하임의 이론을 중심으로」, 『미학』 25호, 1998, 99쪽.

앞서 언급했던 현실 재현과 관련한 서구 지성사·문학사의 맥락에서, 영화는 다른 어떤 매체보다도 현실을 효과적으로 재현할 수 있는 수단으로 여겨졌다. 이와 같은 시대적 분위기 하에 이내 영화 사조에서도 여러 종류의 리얼리즘적 경향이 대두되기 시작하였는데, 당시의 역사적 맥락에서 볼 때 매우 자연스러우며 당위적인 현상이었다고 할 수 있을 것이다. 특히 그 중에서도 제2차 세계대전 이후부터 전세계적으로 강력한 영향을 미친 네오리얼리즘이 가장 대표적인 사례라 할 수 있다.

네오리얼리즘(이탈리아어: neorealismo, '네오레알리스모')은 1945년부터 1952년 무렵까지 이탈리아에서 지속되었던 영화사적 경향을 일컫는다. 네오리얼리즘은 "이탈리아의 지적 경향인 철학과 자연주의, 사실주의 문학인 베리스모(verismo)"[121]의 전통으로부터 출발한다. 그러나 단순히 그것들을 답습하는 데 그치지 않았다. 네오리얼리즘 영화는 (동명의) 네오리얼리즘 문학과 마찬가지로 파시즘, 전쟁의 비극성과 인간의 본성, 계급·사회적 모순 등을 고찰하면서 혼란에 빠진 이탈리아 사회를 사실적으로 묘사하였다.[122] 동시에 연출되지 않은 장면을 삽입하고, 즉흥적으로 촬영을 진행하였으며, 비전문 배우를 기용하기도 하는 등 영화를 통해서만 적용할 수 있는 다양한 기법을 실험하였다. "인접 예술의 직·간접적인 영향으로 내용과 형식의 불완전한 발전이 지속되었던 영화는 이탈리아 네오리얼리즘의 등장으로 비로소 영화

---

121 정태수, 『세계 영화예술의 역사』, 박이정, 2016, 235쪽.

122 네오리얼리즘 문학의 특징은 "첫째, 전쟁에 참전하거나 반파시스트 운동과 사회주의 운동에 전념하였던 경험을 바탕으로 새로운 문화와 지식인의 유형을 제시하려 하는 것, 둘째, 전쟁에 대한 관념적인 생각을 바탕으로 인간의 내면에 내재되어 있는 양면성, 양가성을 집요하게 추적하는 것, 셋째, 이탈리아의 남부 문제, 사회적 모순, 여성 문제, 계층 간의 갈등, 지역 간의 갈등에 천착하였던 것으로 나누어 볼 수 있다." 외국문학연구소 편, 『세계의 소설가 II: 유럽·북미 편』, 한국외국어대학교 출판부, 2001, 286쪽.

내용의 본질적 특성인 사실성과 형식적 특징인 표현 수법이 일치를 이루게 되는 가능성을 열었다. 그 결과 영화 창작가들과 이론가, 역사가들은 제2차 세계대전 이후 이탈리아 영화에서 완전에 가까운 영화 창작의 새로운 지평을 보게"[123] 되었다.

루키노 비스콘티(Luchino Visconti)가 연출한 〈혼들리는 대지〉(La Terra Trema, 1948)는 네오리얼리즘 영화의 미학과 지향점을 잘 보여주는 대표적인 사례 가운데 하나이다. 이 작품은 조반니 베르가의 소설 『말라볼리아가의 사람들』(I Malavoglia, 1881)을 원작으로 하고 있는데, 조반니 베르가 역시 베리스모를 선언한 대표적인 작가 가운데 하나였다. 〈혼들리는 대지〉는 시칠리아의 한 작은 어촌을 배경으로 이야기를 전개한다. 이 작품은 실제 어촌 사람들을 배우로 등장시키면서 그들의 방언을 영화에 그대로 등장시킨다. 그러면서 어업 과정에서 이루어지는 선주의 노동 착취, 불평등한 사회 구조 등 당시 이탈리아가 마주하고 있었던 현실을 사실적으로 재현해낸다. 마지막 시퀀스에서, 관객은 탐욕스러운 중간 상인들의 등 뒤로 "ANDARE DECISAMENTE VERSO IL POPOLO / MUSSOLINI(인민을 향하여 명확하게 나아가라 / 무솔리니)"라는 표어의 흔적을 보여준다. 비록 무솔리니라는 인물은 물러났지만, 그에게 권력을 쥐어 준 이탈리아 사회의 지배적인 구조 자체는 전혀 바뀌지 않고 있음을 상징적으로 보여주는 장면이다(그림 1).

---

123 정태수, 『세계 영화예술의 역사』, 박이정, 2016, 233~234쪽.

[그림 1]

에릭 홉스봄(Eric Hobsbawm)은 두 차례의 세계대전이 일어났던 1914년부터 1945년 사이를 '파국의 시대'라고 분류한 바 있다.[124] 이탈리아 파시스트와 독일 나치당의 집권, 스페인 내전 등의 사건은 현대 극우의 승리를 대표하는 사건이자 자본주의의 파열을 보여주는 사건이기도 했다. 영국이 개척한 자본주의적 제국주의가 일반화함에 따라 열강 간의 경제적·지정학적 경쟁이 극에 달했고, 이것이 곧 세계대전이라는 파국으로 이어졌던 것이다.[125] 파시즘의 대두와 세계대전의 근본적 원인에는 식민지를 둘러싼 제국주의 열강의 경쟁이 있었고, 그것은 곧 독점자본주의의 심화에 따른 결과물이었다. 루키노 비스콘티는 이와 같은 현실 사회의 구조를 예리한 시각으로 짚어내어 화면을 통해 비판하고 있다.

네오리얼리즘은 이탈리아 사회를 비추는 거울이 되었을 뿐만 아니라 많은 이론가에게 영감을 주었다. 이를테면 앙드레 바쟁과 지그프리트 크라카

124 에릭 홉스봄, 이용우 역, 『극단의 시대: 20세기 역사 (상)』, 까치, 1997.

125 알렉스 캘리니코스, 이원웅 역, 「신자유주의적 자본주의의 파열: 세계적 재앙과 오늘날 극우」, 『마르크스21』 40호, 책갈피, 2021, 16쪽.

우어(Siegfried Kracauer)는 영화 이론 역사에서 리얼리즘 이론을 체계화시킨 대표적 인물이라 할 수 있을 것인데,[126] 이들은 네오리얼리즘이 거둔 반-파시즘적 성취에 영향을 받아 카메라가 본질적으로 지닌 리얼리즘적 속성을 "민주적이고 평등주의적인 미학의 시금석"[127]으로 만들었다.

앙드레 바쟁은 시간의 지속성과 공간의 연속성이 동시에 존중되어야만 영화적 사실성이 보장될 수 있다고 주장하였다.[128] 따라서 그는 롱 테이크와 딥 포커스 등 현실을 보존할 수 있는 촬영 기법을 중요시하였다. 연출자에 의해 훼손되지 않은 영상을 관객이 스스로 독해하는 것이 영화의 바람직한 형태라고 여겼던 것이다.[129] 이러한 조건에서 이탈리아의 네오리얼리즘은 영화적 사실성을 가장 훌륭하게 구현해낸 전형으로 평가받을 수 있었다. 바쟁의 관점에서 네오리얼리즘 영화는 "보기 드문 다큐멘터리적 가치"를 제공하며, "현실에 완벽하고도 자연스럽게 결부"된 채 "혁명적 휴머니즘"을 구현한 사례였다.[130]

지그프리트 크라카우어는 파편화된 주체에 비해 집단화된 주체가 의미를 상실한 세계를 주시할 가능성이 높다고 판단하였다. 이러한 차원에서 영화

---

126 박성수, 「크라카우어의 영화이론에 대한 재해석: 사진적 매체의 특성을 중심으로」, 『영화·이미지·이론』, 문화과학사, 1999, 106쪽.

127 로버트 스탬, 김병철 역, 『영화 이론』, K-books, 2012, 97쪽.

128 김태희, 「앙드레 바쟁의 '영화적 사실성'」, 『트랜스-』 3권, 성균관대학교 트랜스미디어연구소, 2017, 96쪽.

129 바쟁은 '몰입'과 '시각적 쾌락'이라는 요소를 앞세운 채 자본주의적으로 진화해나가는 영화의 모습을 비판적으로 바라보았다. 그는 영화가 관객에게 특정 관점을 미리 제시하는 것보다는, 관객이 나열된 사실을 살펴보면서 그 사이에 존재하는 인과관계를 스스로 깨닫는 것이 바람직하다고 보았다. 이를테면 바쟁은 로베르토 로셀리니의 영화를 중요하게 언급하는데, 이 경우 '줄거리(action)'가 본질로서 미리 존재하는 것이 아니다. '이야기(récit)'가 선행하고, 그것으로부터 나오는 것이 줄거리이자 '총체적인(intégrale)' 현실인 것이다. 김태희, 앞의 논문, 101~102, 104~105쪽 참조.

130 앙드레 바쟁, 김태희 역, 『영화란 무엇인가? IV. 사실성의 미학: 네오리얼리즘』, 퍼플, 2018, 16쪽.

는 집단적 경험을 가능하게 만드는 좋은 수단이 된다. "벤야민에게 영화가 새로운 예술로서 반리얼리즘적으로 대중을 집단적 무의식 속으로 몰아넣어 영원한 움직임인 집단에 대한 꿈의 이미지를 제시"하는 예술이었다면, "크라카우어에게 영화는 이데올로기로서 집단화된 대중적 주체가 '리얼리즘' 관점에서 현실을 파악"할 수 있는 계기를 제공하는 예술이었다.[131]

크라카우어는 사진이라는 매체가 지닌 특성과 비교·대조하여 영화라는 매체를 이해한다. 특히 현실을 '기록'하는 것이 아닌, 현실을 '드러내는' 카메라의 힘에 주목한다. 즉 (리얼리즘)영화의 예술적 가치는 현실을 단순히 모방하는 것이 아니라, "파편화된 현실의 밑바닥에 있는 보다 근본적이고 본질적인 것을 포착하는 데"[132] 있다. 크라카우어는 『영화 이론(Theory of film)』에서 영화의 경향을 크게 두 가지로 분류한다. 하나는 뤼미에르 형제로 대표되는 '사실적인(realistic) 경향'이고, 나머지 하나는 멜리에스로 대표되는 '형식적인(formative) 경향'이다.[133] 크라카우어는 이 두 가지 경향 간의 변증법적 발전을 논하면서도 사실적인 경향에 보다 무게를 싣고 있다. 왜냐하면 그것이 영화의 기본적인 속성과 맞닿아 있기 때문이다. 이에 그 역시 앙드레 바쟁과 마찬가지로 형식적인 경향에 압도되지 않고 현실 세계의 총체적인 모습을 '영화적'으로 드러내는 이탈리아의 네오리얼리즘 작품에 주목한다.[134]

---

131 피종호, 「크라카우어의 영화미학」, 『뷔히너와 현대문학』 14권, 한국뷔히너학회, 2000, 186쪽.

132 박성수, 앞의 책, 118쪽.

133 Siegfried Kracauer, *Theory of film: the redemption of physical reality* (Princeton, NJ: Princeton University Press, 1997), 30-37.

134 이에 대한 보다 상세한 내용은 다음의 두 글을 참조하라. Ibid., 221; Siegfried Kracauer, "*Paisan* (1948)," in *Siegfried Kracauer's American Writings: Essays on Film and Popular Culture*, ed. Johannes von Moltke, Kristy Rawson (Berkeley: University of California Press, 2012), 150-156.

이상에서 살펴본 바와 같이, 리얼리즘의 역사는 다양한 시공간적 조건과 맞물리며 전개되어 왔다. 특히 영화가 재현하는 '리얼'함에 대한 논의는 영화라는 매체가 탄생한 이래로 항상 중요한 비중을 차지하고 있었다. 영화의 본질적 속성에 대한 고찰과 더불어 주제적·형식(스타일)적 차원에서의 쇄신이 곧 영화에서의 리얼리즘 개념을 형성해왔다고 할 수 있을 것이다.

이탈리아의 네오리얼리즘은 영화가 현실 이면에 존재하여 보이지 않는 존재를 가시화할 수 있음을 확인시켜 주는 사례였다고 할 수 있다. 그렇다면, 과거 한국 영화사에서 대두된 '(네오)리얼리즘적' 경향의 실체는 과연 무엇이었을까. 혹은, 한국 영화사에서 리얼리즘적 전통은 어떠한 과정을 거치며 구축되어 온 것일까. 해방 이전 일제의 탄압이 심화하기 이전까지 조선의 리얼리즘은 '민족주의'[135]와 '사회주의'라는 두 가지 세계적인 시류와 깊게 연관되어 있었다. 그것은 조선 리얼리즘의 특수성과 보편성을 동시에 보여주는 사례였다. 이에 비해 해방 이후의 리얼리즘 영화 역사는 아직 총체적으로 구명되지 못한 상태로 남아 있다. 앞서 논의한 내용을 바탕으로 본고는 과거 한국의 '리얼리즘'적인 영화가 동시기 지성사·예술사와 어떠한 방식으로 조응하고 있었는지를 문헌 및 영화 자료를 검토해나가면서 구체적으로 확인해 볼 것이다.

---

135 "민족적 자의식이 일어나 제국과 제국주의에 저항하는 것을 무시할 수 없었던 레닌은 민족적 자결의 자유가 부르주아의 역사적 승리의 효과였음에 동의할지라도 임시방편으로 자결을 옹호하는 전략을 취했다." (이택광, 〈민족의 질문에 관하여〉, 《옵.신》 9호, 작업실유령, 2021, 29쪽.) 미국은 이와는 다소 다른 이해관계에서 민족(자결)주의를 독려하였다. 식민지가 기존 열강 국가로부터 해방하며 전세계적으로 힘의 균형이 유지되는, 평화적으로 국제 질서가 유지되는 상태를 구상했던 것이다.

제2장

—

리얼리즘 개념을 이용한 왜곡된 계보화 작업
(1945~1953)

1. 해방 직후 영화계의 풍경

1945년 8월 15일, 일본의 무조건 항복 선언 방송과 함께 해방이 찾아왔
다. 영화인들은 여러 가지 과업과 마주하게 되었다. 당시 국내의 영화 산업
은 '사단법인 조선영화사'로 일원화된 채 제국 일본의 영화권에 완전히 편입
된 상태였는데,[136] 이를 새롭게 재편할 필요성이 대두되었다. 외국에 뒤떨어
지지 않는 설비의 영화 제작소, 영화 기술 연구소, 영화 학교 등의 건립이 시
급하게 요청되었으며 영화의 수입 및 배포 문제, 국내·외 제작 자본의 조절
문제 등도 중요하게 논의되었다.[137] 이러한 문제를 체계적으로 해결하기 위
하여 영화인 단체가 조직되기도 하였다. 가장 먼저 생겨난 것은 '조선영화건
설본부'[138]였는데, 여기에 참가하지 않은 소장파 영화인은 '프로영화동맹'을

---

136 이화진, 『소리의 정치』, 현문서가, 2016, 230쪽.

137 안석주, 〈[문화] 건국과 문화제언(5): 민족영화의 창조(하)〉, 《중앙신문》, 1945.11.24., 2면.

138 1945년 8월 18일 임화와 김남천 등을 주축으로 '조선문화건설중앙협의회'가 창립되었다. 해방 이후 생겨
난 첫 문화예술 조직이었다. 조선문화건설중앙협의회 산하에는 여러 단체가 존재하고 있었는데, '조선영
화건설본부' 역시 마찬가지였다.

조직하였다.[139]

산업적·시스템적인 차원에서의 개편과 재건도 중요하였지만, 무엇보다도 새로운 '민족영화' 자체에 대한 갈증이 컸다. 이병일은 해방 당시의 감격에 대해 다음과 같이 회상하고 있다.

"8월 16일 아침부터 조선영화사 창고를 부수고 카메라를 끄집어내어 우리나라 해방 뉴스를 찍기 시작했다. 서대문형무소 앞, 서울역광장, 종로가두의 행진, 휘문고보 운동장 건준대회 등 우리나라의 독립 뉴스를 빼지 않고 찍었다. 이때 처음 영화인으로서의 보람을 느꼈다."[140]

이처럼 이병일은 우리나라와 관련된 영상을 주체적으로 카메라에 담아냈던 첫 순간을 '처음 영화인으로서 보람을 느꼈다'고까지 표현하고 있다. 민족영화의 전통을 새롭게 수립하는 것은 창작가와 관객 양자 모두에게 절실하게 요구되는 사항이었다. 극장에서는 '왜색'을 걷어내는 작업이 이어졌다. 명치좌(明治座)는 "종래의 일본적인 이름을 해탈"하기 위하여 명칭을 국제극장(國際劇場)으로 변경하였는데, 영화 "상영전에 관중에게 애국가를 제창시켜 국민의식을" 높이려 하였다고 한다.[141] 이외에도 조일좌(朝日座)는 장안극

---

139 이러한 영화 조직은 '조선영화동맹'으로 통합되는데, 신탁통치안을 두고 영화인들이 좌/우익으로 분열하며 조직 내부에 존재하고 있었던 갈등이 곪아 터지게 되었다. 범 영화인의 조직 구성은 결국 실패로 돌아가고 말았다. 한상언, 『해방 공간의 영화·영화인』, 이론과실천, 2013, 50쪽.

140 이병일, 〈나의 영화편력〉, 《월간영화》, 1977.10·11., 30쪽.

141 〈국제극장으로 명치좌 개명〉, 《중앙신문》, 1946.01.06., 2면.

장(長安劇場)으로 이름을 변경하였으며,[142] 일제 강점기때 대륙극장으로 개명되었던 단성사는 원래 명칭을 되찾았다.[143] 부산에서도 일본인이 경영하고 있던 여러 극장을 "우리의 오락기관명"으로 바꾸려는 작업이 이어졌다.[144]

세상을 먼저 떠나간 '민족' 영화인에 대한 추모가 이루어지기도 하였다. 1946년 1월 20일 오전 11시, 남대문통 조선영화사 시사실에서 조선영화동맹의 위원장이었던 안종화의 집행 하에 '조선영화사상에 찬란히 빛나고 있는 나운규, 왕평, 김유영, 심훈, 현순영 등 작고한 영화인의 영혼 앞에 해방의 꽃다발을 바치는 추도회'[145]가 열렸다고 한다.

또한, 《중앙신문》은 '우리 민족의 천년대계'를 위하여 각 문화계를 선두하는 인사가 포부와 염원을 밝히는 자리를 마련하였다. 다양한 예술분야 중 '영화편'이 첫 번째로 기획되었는데, 아래의 예문을 통해서 '민족영화'를 절실하게 주창하던 당시 영화계의 전반적인 분위기를 확인해 볼 수 있다.

3천만의 영화로: 영화감독 이규환

영화도 역시 우리 민족이 자주독립하는 길로 다름질해야 할 것입니다. 민족이 사는 것 우리의 문화를 빗내는것을 위해서도 영화를 맨드러야 할 것입니다. 우리가 맨든 영화는 3천만 민족이 다 보고 거기서 새생활을 발견할 수 잇게 해야 하겠습니다. 그리고 예술가를 사회적으로나 나라가 대우를 해서 자유분방하게 민족과 나라를 위하야 영화를 맨들 수 있는 생활과 모든 점에 잇서서 여

---

142 〈장안극장으로 개칭: 조일좌의 새출발〉, 《동아일보》, 1946.01.16., 2면.

143 〈단성사로 부활〉, 《동아일보》, 1946.01.31., 2면.

144 〈일색(日色) 영화관명을 일소(一掃) 변경〉, 《중앙신문》, 1946.01.22., 2면.

145 〈물고(物故)영화인 추도회 집행〉, 《중앙신문》, 1946.01.20., 2면.

유를 주어야 할 것입니다.

아름다운 표현에: 영화감독 전창근

아프로의 우리 영화는 왜놈이 강제한 국책영화식으로 민중을 채죽질하는 영화는 맨들 수 없습니다. 어데까지든지 우리 민족의 행복을 위한 영화 아름다운 우리 강토에서 찰란한 우리 문화의 거룩한 유산 속에서 맨든 영화로 그속에서 우리 민족의 생의 약동이 잇서야겟슴니다. 지금 우리가 사는 가난한 생활상□를 외국인이 어떠케 보앗는지 모름니다. 우리를 바로 알 사람은 우리이며 고로 우리의 영화 속에 우리는 아름다웁게 표현될 것입니다.

영화기술자 양성: 영화감독 안종화

영화는 원컨대 기구라든지 기술적인 점에도 아조 새롭게 뜨더고첫스면 함니다. 그리고 지금 영화 기술자만으로는 너무도 사람이 적으니 다량으로 급속히 양성해서 하로 밧비 민족을 위하야 영화를 만히 만드럿스면함니다.

계몽운동에 영화: 영화감독 이병일

우선 우리는 영화로써 민족계몽운동에 참가해야 할 것입니다. 다만 도시 사람만을 위해서 맨드러서도 안될 것이요 섯불리 외국에 보낸다고 맨든다는 것은 아즉 그런 시기도 안되에엿거니와 경솔한 것입니다. 먼저 우리가 보고 거기서 애국심을 더욱 붓도드고 거기서 피로한 령혼을 어루만저줄 영화를 만히 맨드러야하겟슴니다.[146] (□: 식별 불가)

---

146 〈예술의 신구상(新構想): 문화건설인의 제일성(第一聲) (영화편)〉, 《중앙신문》, 1946.03.10., 4면.

이처럼 당시의 영화인 대다수는 새롭고 자주적인 '민족영화'를 수립해야 한다는 목표의식을 공유하고 있었다. 하지만 그러한 포부와는 달리 현실은 어두운 방향으로 전개되고 있었다.

해방 직전, 소련군은 1945년 8월 9일부터 중국 서북부, 남사할린, 만주, 쿠릴 열도 등으로 일제히 공격을 개시하였으며 일부는 한반도 동북지역으로 상륙을 준비하고 있었다. 이에 비해 미군 병력은 한반도로부터 1천 킬로미터 떨어진 오키나와 섬에 진주해 있었다.[147] 일본은 8월 10일 포츠담 선언을 수락할 용의가 있다는 뜻을 미국에 전달하였다. 데이비드 딘 러스크(David Dean Rusk)의 회고에 따르면, 당시 미국은 수도 서울을 관할 지역으로 둘 수 있으면 좋겠다고 생각하였지만 지리적으로 뚜렷한 경계를 찾지 못하고 있었다고 한다. 그러다가 때마침 위도 38선을 발견하였고, 그것을 토대로 작성한 분할안이 3성 조정위원회에 제시되었다.[148] 단 하룻밤만에 완성된 보고서였다.

그 결과 한반도는 눈에 보이지 않는 38선과 함께 해방을 맞이하였다. 사람들은 해방의 기쁨을 노래하고 있었으나, 엄밀하게 말한다면 그것은 또 다른 억압의 시작을 의미하고 있었다. 한반도의 이북 지역에는 소련군이, 이남 지역에는 미군이 진주하게 되었다. 38선은 미국과 소련 양측 모두에게 만족할만한 결과였다. "미국은 소련이 분할안을 순순히 받아들인 것에 대해 놀

---

147 하리마오, 『38선도 6.25한국전쟁도 미국의 작품이었다!』, 새로운사람들, 1998, 30~31쪽.

148 「38선 분단 결정하는 데 30분」, KBS, 1990.06.18. 〈https://news.kbs.co.kr/news/view.do?ncd=3695585〉 (검색일: 2021.12.05.)

랐고, 소련은 위도가 그토록 후하게 남쪽으로 내려간 데 대해 놀랐다."[149] 두 강대국의 이해타산과 합의 하에 분단 상황은 고착화되기 시작하였다.

한반도 이남에서는 시간이 지날수록 미국의 영향력이 확대되었다. 1946년 2월 말부터 3월 초에 이르기까지, 독립선언 기념일(3·1절)을 맞이하여 조선영화동맹에서는 "제2차 세계대전에서 촬영한 미·소 양국의 역사적 기록영화"[150]를 일반에 공개하였다. 하지만 얼마 지나지 않아 38선 이남에서 소련영화의 상영은 전면적으로 금지되었다.[151] 그리고 4월 12일 발효한 군정 법령 제68호에 의거하여 국내에서 상영되는 모든 영화가 공보부의 검열을 받게 되었다.[152] 김원봉이 귀국하며 가지고 온 기록영화 〈조선의용대〉는 세간의 기대에도 불구하고 8월 29일 "이유를 밝혀주지도 않고 돌연 상영 불허가" 판정을 받았다.[153] 이에 영화동맹은 "일제시대 이상으로 가혹한 영화검열제도를 철폐하라는 성명서를 발표하였다."[154] 같은 해 10월 8일에는 군정 법령 제115호가 만들어진다. 입장료의 유무와 상관없이 15인 이상을 대상으로 하는 영화 상영은 반드시 사전 허가를 받아야만 했으며 이를 위한 수수료가 징수되었다. 규정을 위반한 자는 '육군점령지재판소'의 판결에 의해 즉시 처단되었다. 이처럼 미군정은 한반도 이남의 영화 산업, 혹은 영화 예술의 발전에 대해서는 별다른 관심이 없었다. 미국이 원하는 것은 한반도

---

149 강준만, 『한국 현대사 산책 1940년대편 (1)』, 인물과사상사, 2004, 47쪽.

150 〈조선영화동맹 삼일(三一)기념행사〉, 《중앙신문》, 1946.02.23., 2면.

151 〈삼팔이남선 소(蘇)영화상영금지〉, 《자유신문》, 1946.03.12., 2면.

152 〈군정법령으로 영화는 검열〉, 《동아일보》, 1946.04.19., 2면.

153 〈기록영화 "조선의용대" 검열 불허가로 상영 불능〉, 《자유신문》, 1946.09.01., 2면.

154 〈"조선의용대" 상영중지: 영맹서 검열 철폐 요구〉, 《서울신문》, 1946.09.01., 3면.

이남을 공산주의 이념의 저지선으로 활용하는 것이었는데, 영화 정책 역시 그러한 목적을 달성하기 유리한 방향으로 수립되는 모습을 나타냈다.

일본인이 소유했던 극장(조일좌, 제일극장, 명치좌, 신부좌, 성남극장, 대륙극장, 도화극장, 약초극장, 우미관, 영보극장)을 처리하는 과정에서도 문제가 불거졌던 것으로 보인다. 당시 극장은 "민족계몽에 유일한 기관"[155]이 될 것으로 여겨지고 있었는데, 군정청은 이를 새롭게 대여입찰할 것이라는 계획을 발표하였다. 이와 같은 갑작스러운 변화는 '일본인이 9할 이상을 소유하던' 때의 폐혜를 답습하는 위험을 초래하는 것으로 여겨졌다. 이익에만 급급한 '모리배'가 문화 발전과는 무관한 방향으로 극장을 경영할 우려가 있었기 때문이다. 영화인이 그토록 염원하였던 '국영화'와는 상반되는 조치였다. 1946년 3월 28일, 연극동맹, 조선무용가일동, 영화동맹, 조선음악가협회, 가극동맹, 국악원, 문학동맹, 미술가동맹이 '악질 모리 방지'를 위하여 군정청에 건의서를 제출하기도 하였다.[156]

이처럼, 초창기까지만 해도 영화인 단체는 미군정이 억압적 태도를 보일 때마다 집단적인 목소리를 내는 모습을 보여주었다. 일례를 들자면, 검열과 관련된 서류를 제출할 때 세부적인 대화까지를 영어로 번역하라는 것은 "일제의 그것"[157], 즉 "식민지 영화정책"[158]과 다름이 없다고 여겨졌기 때문이다. 이는 분명 예리한 통찰이었으나, 당시 예술인은 좌·우익으로 분열되어 있

---

155 〈극장입찰은 모리배 호이(好餌): 문화관계 대표들이 반대 건의〉, 《자유신문》, 1946.03.27., 2면.

156 〈극장을 예술가에게 맛기라: 문화단체서 건의서 제출〉, 《서울신문》, 1946.03.30., 2면; 〈악질 모리 방지를 한성극장서 진정〉, 《서울신문》, 1946.03.30., 2면.

157 〈[문화] 영화법령으로 문화단체서 성명〉, 《자유신문》, 1946.10.24., 2면.

158 〈영화상영허가제 철폐를: 8개 문화단체에서 요구〉, 《조선일보》, 1946.10.24., 2면.

었기 때문에 이와 같은 비판 의식이 하나의 큰 목소리로 이어지지는 못하였
다. "영화법 폐지 운동의 중심이었던 조선영화동맹은 중앙 조직을 축소하고
지부 중심으로 운영 주체를 바꾸어나가는 상황이었는데, 이에 운동 역량은
더욱 약해질 수밖에 없었다."[159]

해방과 대한민국 정부수립 사이의 약 3년 동안을 '해방공간'이라 지칭하
기도 한다. 앞서 살펴본 바와 같이, 이 시기에는 창작에 가해지던 통제와 억
압이 일시에 사라지면서 여러 가지 가능성이 생겨났다. 그 동안 축적되어 온
진보적인 예술 역량이 조직화되기 시작하였고, 일부는 구체적인 성과로 나
타나기도 하였다. 그러나 그와 같은 조직적 역량과 실험적 태도는 미군정과
우익 정치세력의 적극적인 공격으로 인하여 적극적으로 표출될 수 없었다.

탄압이 심해져가는 상황하에, 북측에서는 국립 영화 촬영소가 건립되었
다는 소식이 전해지기 시작하였다. 영화인이 그토록 염원하던 영화 산업의
국유화가 이루어졌던 것이다. 이에 좌익 계열 영화인 대다수는 월북을 택하
였다. 나머지 영화인의 경우, 초기에는 미군정의 통제적인 정책에 반기를 드
러냈으나 그러한 견해가 조직화되지 못하면서 점차 지배 체제에 순응해나
가는 모습을 나타냈다.

---

159 한상언, 앞의 책, 138쪽.

2. 새로운 정전의 탄생

1) 해방과 〈자유만세〉

앞서 살펴보았듯이 해방 직후 영화인들은 한반도의 진실한 모습을 필름에 담아내고, 새로운 민족영화를 수립하겠다는 포부와 이상을 지니고 있었다. 그러나 해방 정국의 복잡한 상황은 그러한 목표가 쉽사리 달성될 수 없음을 시사하고 있었다.

8·15 이후부터 한국전쟁 이전까지 문예계의 주요 동향을 살펴보자면 우선 해방의 기쁨을 노래한 일련의 작품이 관찰된다. 김광섭의 시 「속박과 해방」(1945), 염상섭의 단편소설 「첫걸음」(1946) 등이 여기에 해당한다. 이와 더불어 식민지 체험을 소설적 상황 속으로 끌어들여 비판하는 작품이 중요한 흐름을 형성하게 되었다. 이를테면 "박종화의 「청춘승리」(1949), 박노갑의 「사십년」(1948)은 식민지 시대의 역사와 현실 체험을 서술하고 있으며, 김동인의 「반역자」(1948), 채만식의 「민족의 죄인」(1948.10.~1949.01.), 이태준의 「해방전후」(1946) 등은 식민지 체험에 대한 지식인의 자기비판을 문제 삼고 있다."[160] 이와 같은 경향은 오장환의 시 「공청(共青)으로 가는 길」(1946)을 통해서도 확인해 볼 수 있다. 이 작품에서 "시인이 노래하고 있는 것은 지난 시대의 삶에 대한 감회가 아니라, 자기 성찰에서 오는 약간의 비애와 모멸감 같은 것"[161]이라 할 수 있을 것이다. 또한 이 시기에는 해외로부터의 귀향과 38

---

160 권영민, 『한국현대문학사 2』, 민음사, 2002, 55쪽.

161 위의 책, 81쪽.

선으로 인한 고향 상실 등의 문제가 적극적으로 다루어졌다. 염상섭의 「이합」(1948), 「재회」(1948), 「삼팔선」(1948), 「혼란」(1949), 그리고 계용묵의 「별을 헨다」(1946), 채만식의 「낙조」(1948)와 같은 일련의 단편소설들을 통해 그러한 경향을 확인해 볼 수 있다.[162]

이처럼 시와 소설의 경우, 해방 정국의 감격이 노래되기도 하고 식민지 시기에 대한 자성적인 목소리가 나오기도 하였다. 그런가하면 민족국가 건설과 위배되는 현실의 부정적인 면모에 대한 폭로도 이루어졌는데, 구체적으로는 38선으로 인한 고향 상실과 분단의 문제 등이 주가 되었다.

이에 비해 영화계의 경우는 다소 다른 양상을 나타낸다. 특히 분단과 관련된 사항은 영화에서 직접적으로 등장하기가 어려웠다. 한형모가 연출한 〈성벽을 뚫고〉(1949)의 사례와 같이 분단이라는 문제는 반공영화라는 형태를 통해서만 제한적으로 다루어질 수 있었다. 미군정은 자신의 이데올로기를 전파하기 위하여 할리우드 영화를 비롯한 외국 영화를 대량 살포하기도 하고, 검열과 제작지원 등의 방법을 통해 영화의 주제를 일정한 방향으로 유도하기도 하였다. 이와 같은 상황 하에서 현실을 비판적으로 다루는 작품은 기획 단계에서부터 크나큰 장벽과 마주할 수밖에 없었다. 만일 정상적으로 제작되었다 하더라도, 사전 검열제도 등의 구체적인 제약으로 인하여 일반 대중을 상대로 한 상영은 사실상 불가능했을 것이다.

앞서 언급한 문예사의 경향을 토대로 생각해본다면, 영화인들이 작품화할 수 있는 주제는 크게 두 가지 정도로 추려진다. 하나는 해방으로 인한 「기

---

162 장백일, 『한국리얼리즘문학론』, 탐구당, 1995, 319~326쪽.

뿜과 감격에 대해 이야기하는 것이고, 나머지 하나는 식민지 시기를 자성적인 태도로 되돌아보는 것이다. 안타깝게도 후자에 해당하는 경향은 확인되지 않는다. 오히려 기성 영화인은 자신의 친일 행적을 상호간에 적극적으로 비호 및 은폐하는 모습을 보였다.[163] 당시 "어떤 작가는 '8·15 이전을 취하여 가지고 쓰려면 쉽지만 해방 이후의 현실을 파악해서 쓰려면 매우 힘들다'고 하였고, 어떤 작가는 '8.15 이전과 이후를 어떻게 직결시키느냐'가 매우 어려운 문제라고 고민을 토로하기도 하였다."[164] 해방 전후의 역사에 대하여 정확한 인식이 있어야 할 뿐만 아니라, 구체적인 전망을 제시할 능력이 있어야 하였기 때문이다. 대다수 영화인은 상대적으로 쉬운 방법을 택하였다. 이 시기 영화는 과거의 모습을 선별적으로 재현하거나, 현재의 모습을 왜곡하여 묘사하는 경향을 나타낸다. 일부는 미래 지향적인 방식으로 나름의 전망을 제시하기도 하였는데, 사실적인 기법보다는 주로 추상적이고 우회적인 표현 방식이 사용되고 있음을 확인해 볼 수 있다.

물론 영화계 전체가 현실 인식을 결여하고 있었던 것은 아니다. 안석주는 해방 이듬해 〈영화는 민족과 함께〉[165]라는 글을 발표한다. 이 글에서 그는 "혼란한 사회, 비참한 민중의 생활을 볼 때에 우리 영화인이 속수무책으로 이 역사적인 커다란 과도기를 정관(靜觀)만 할 수는 없다."라고 선언한다.

---

163 이를테면 강성률은 해방 이후 이규환의 친일 행적이 소거되고, 그가 대표적인 '민족영화인'으로 거듭나게 된 과정을 추적한다. 좌익 영화인이 대거 월북하자 이규환은 발빠르게 우익 조직의 중심에 있으면서 남한 영화권력의 중심부가 되었다. 여기에 1세대 영화 역사가들의 적극적인 동조가 더해지며 이규환의 '민족영화' 작가로서의 신화가 완성되었다. 강성률, 「이규환 감독 연구: 이규환에 대한 이중적 평가에 대해서」, 『대학원연구논집: 동국대학교 대학원』 35권, 동국대학교, 2005, 223쪽.

164 한국예술종합학교 한국예술연구소 편, 『한국현대 예술사대계 I』, 시공사, 1999, 66쪽.

165 안석주, 〈[문화] 영화는 민족과 함께 1〉, 《중앙신문》, 1946.01.21., 2면.

그러면서 "민족분열의 도화선"을 해결할 만한 구체적인 길이 제시되지 못하고, 이론만 구구하였던 당시의 상황을 비판한다. 또한 그는 일제 강점기에 민족이 흘린 피를 반드시 기억해야 한다고 말하면서, 그러한 "피의 노호(怒號)를 두려워하는 자가 우리의 참된 지도자일 것이요 참된 우리 민족일 것"이라 언급하기도 한다. 그는 다음과 같이 글을 마무리하고 있다.

> …(중략)… 여기서 금일의 우리 영화의 노선은 결정되리라 생각한다. 우리의 새로운 영화는 이 민족의 피와 함께 나아가는 것이다. 민족영화의 창조다.
>
> 왜 우리는 민족영화를 창조해야만 하는가. 영화는 진실이 잇다. 이 진실은 입체적인 형상에 나타난다. 영화는 사상(事象)에 대한 엄정한 비판이 잇고 작자 자신의 추(醜)까지를 폭로하야 관자(觀者)의 재판을 기다리고도 하는 것이다. 우리들 영화인의 생활의 기본은 이 영화에 둠은 그런 까닭이다. 영화는 족히 민족의 양심을 표현할 수 잇는 우리들의 아름다운 새로운 예술이다. (밑줄: 인용자)

이처럼 안석주는 우리 민족이 스스로의 운명을 주체적으로 결정해야 하며, 영화 창작 역시 그러한 맥락과 결코 분리할 수 없다고 주장한다. 그가 지적한 바와 같이 영화는 현실의 사건과 현상 속에 감추어진 '진실'을 포착할 수 있는 중요한 수단이었다. 영화인은 지나간 자신의 과거를 적극적으로 반성하고, 그러한 방식으로 관객의 성찰을 유도하였어야 했다. 진정한 의미에서의 민족영화는 그러한 지점에서부터 비로소 출발할 수 있었을 것이다. 하지만 아쉽게도 이와 같은 움직임은 일어나지 않았다. 영화인들은 상황을 타개할만한 구체적인 방법론을 확정하지 못하였으며, 지배 구조와 적극적으로 맞서 싸울 의지와 희망 역시 결여하고 있었던 것으로 보인다. 이와 같은 태도는 일제강점기를 통해 학습한 무력감을 관성적으로 반복하는 것에 지나지 않았다.

상업성만을 우선시하는 (당시의 표현을 따르자면)'문화 모리배'들도 이와 같은 현상을 심화하는 데 일조하였다. 1946년 음력 정초 서울극장에서 일제강점기때 만들어진 〈군용열차〉(1938)를 〈낙양의 젊은이〉라는 제목으로 변경하여 상영하는 사건이 발생한다.[166] 〈지원병〉(1941) 역시 〈희망의 봄〉이라는 작품으로 둔갑하여 재상영되었다[167] 두 작품 모두 일제강점기에 제작된 전형적인 국책영화였으므로, 이내 뭇사람의 공분을 사게 되었다. 당시 극장 관리인은 '돈만 벌린다면 무엇이든지 가리지 않고 무대에 올리는' 경향이 있었는데, 이는 민족 문화 건설을 방해하는 중대한 요인으로 인식되고 있었다.[168] 이와 같은 문제를 해결하기 위하여 해방 직후부터 꾸준하게 극장 국영화가 논의되기도 하였다.[169] 그러나 전망은 갈수록 어두워졌다. 앞서 언급하였듯이 예술인들은 '극장을 예술가들에게 맡기라'는 건의서를 군정청에 제출하였으나 큰 소득은 없었던 것으로 전해진다. 1946년 11월, 극장주들이 조직한 '한성극장협회'에서는 당시 문화예술계 탄압으로 악명을 떨치고 있던 수도경찰청장 장택상을 명예회장으로 추대하였다. 일부 예술인들이 이에 항

---

166 〈일제의 국책영화 기만 상영으로 모리/ 관객의 물론(物論)이 자자 / 오욕의 열매로 위안 불원(不願)〉, 《서울신문》, 1946.03.04., 2면.

167 유민영, 『한국 근대극장 변천사』, 태학사, 1998, 296~297쪽.

168 〈민족극장문화는 어디로? "극장불하"를 논의하는 좌담회〉, 《중앙신문》, 1947.07.20., 2면.

169 〈극장은 국영이거나 문화인에게나: 극장은 민중의 학교〉, 《중앙신문》, 1945.11.11., 2면.

의하였으나 미군정은 별다른 반응을 보이지 않았다.[170]

당시 창작된 작품을 구체적으로 살펴보자면, 앞서 언급한 바와 같이 현실을 왜곡하거나, 현실로부터 유리된 이야기를 작품의 제재로 삼는 경향을 쉽게 확인해 볼 수 있다. 〈자유만세〉와 더불어 해방기 정전 가운데 하나로 손꼽히는 이규환의 〈똘똘이의 모험〉(1946)을 예시로 들어볼 수 있다. 이 영화는 "건국의 암(癌)인 모리배를 소탕하는데 과감히 어린이도 싸운다는 것"[171]을 말하고자 기획되었다. 하지만 영화의 마지막 장면에서, 앞서 언급한 수도경찰청장 장택상이 카메오로 출연하여 똘똘이와 친구 복남이에게 표창장을 수여하며 대미를 장식한다. 일제강점기로부터 이어져 내려오는 경찰에 대한 부정적인 이미지를 긍정적인 것으로 바꾸어버리는 연출이었다. 이규환은 이것이 자신의 '아이디어'였다고 회고한다. 장택상을 직접 찾아가 출연을 제안하였는데, 장택상 역시 "좋은 발상"이라 하며 웃음과 함께 기꺼이 제안을 승낙했다고 한다.[172]

〈자유만세〉 역시 이와 같은 기조에서 크게 벗어나지 않는다. 〈자유만세〉는 독립운동과 관련한 내용을 직접적으로 다루었다는 점에서 많은 관객의 관심을 샀다. 극중 최한중(전창근 분)과 동지들은 일본이 전쟁에서 패배하리라는 사실을 알고 있는데, 향후 어떠한 방식으로 대응해야 할 것인가에 대해 상세히 논의한다. '세계에 대한 엄숙한 발언권'을 얻기 위해서라도 투쟁을 감행해야 한다는 주장과, 지난 북간도에서의 사례와 마찬가지로 무모한

---

170 유민영, 앞의 책, 297쪽.

171 〈영화평 똘똘이의 모험〉, 《자유신문》, 1946.09.08., 2면.

172 이규환, 〈남기고 싶은 이야기들(2740): 영화 60년 제67화(40)〉, 《중앙일보》, 1980.02.11., 5면.

희생이 있어서는 안 된다는 주장이 대립한다. 기미년, 간도, 동경에서의 학살과 같은 사태를 미리 막아야 한다는 한중의 주장에 수원(윤봉춘 분)은 오히려 학살의 구실을 만들어서는 안 된다고 반박하기도 한다.

이처럼 〈자유만세〉에서는 독립 운동과 관련된 구체적인 장면과 대사가 매우 중요하게 삽입되어 있다. 해방 이전이었다면 표현될 수 없었을 내용이다. 당시 비평 담론에서도 독립 운동이 '최초'로 그려진 점에 주목하며 적지 않은 의미를 부여하고 있었다. 당시의 평을 인용해보자면, 〈자유만세〉는 〈똘똘이의 모험〉과 더불어 "참 오래간만에 접하는 우리의 희귀한 작품"[173]이라고 여겨졌다. 동방영화회사의 상무 강노향은 〈자유만세〉가 어려운 조건에서 제작되었다는 점을 충분히 고려해야 하며, '조선영화인의 가냘픈 손으로 제작된 가난한 작품'에 대하여 노력을 치하함과 동시에 "비평보다는 애무를 보내"는 것이 명일의 조선영화를 위한 길이라고 언급하기도 하였다.[174] 하지만, 〈자유만세〉의 비판 의식은 일정 부분 한계를 지닐 수밖에 없었다. 일본이 완전히 물러간 뒤에야 한 발 늦게 이루어진 대응이었기 때문이다. 이러한 맥락 하에, 영화 속에서 상세하게 묘사된 투쟁의 의미는 퇴색되고 만다. 현실의 살아있는 권력이 아닌, 과거의 죽은 권력을 대상으로 수행된 것이기 때문이다. 이에 대해서는 이어령의 다음과 같은 지적을 참고해 볼 필요

---

173 단 여기에는 비판적 시각도 담겨있는데, 해당 단락을 인용해보면 다음과 같다. "…(중략)… 그리고 『똘똘이의 모험』과 『자유만세』를 감상한 관객의 태도가 참 오래간만에 접하는 우리의 희귀한 작품이기 때문이라는 단순한 호의적 견지에서 두 작품의 예술적 가치에 대하야는 엄정한 비판을 피하였다는 점을 영화인 더욱히 관계자들은 잘 인지하는지 의문이다. 잘 인지한다면 기획남발을 하기 전에 두 작품의 실패에 비추어 보아 전 영화인 내지 문화인에게 기획심의를 자발적으로 요망하는 성의를 모름지기 가져야 할 것인데도 불구하고 아직 이에 관한 소식을 못듣게 되는 것은 조선영화의 명일(明日)을 위하야 유감된 일이다." 양훈, 〈[영화시평] 「자유만세」 뒤에 오는 문제〉, 《중외일보》, 1946.12.14., 2면.

174 〈영화수감(隨感)〉, 《경향신문》, 1946.10.31., 4면.

가 있을 것이다.

우리 문화의 서부활극은 언제나 전투가 끝나버리고 시체만이 널려있는 폐허
의 전쟁터에 용감히 나팔을 불고 나타나는 그런 기병대였다. …(중략)… 적어도
창조의 언어와, 참여의 언어는 시체에 던지는 돌은 아니다.[175]

게다가, 투쟁에 대한 묘사가 과연 '사실적'인 것이었는가에 대해서도 고려
해 볼 필요가 있다. 현재 〈자유만세〉의 결말 부분은 유실된 상태로, 한중이
혜자(황려희)의 도움을 받아 병실에서 탈출하는 장면까지만을 확인할 수 있
다. 전창근의 회고에 따르면, 일본 헌병에게 추격당하던 한중이 결국 죽음
을 맞이하며 영화가 마무리되는데 시간적 배경이 1945년 8월 15일 동트기
전 새벽이었다고 한다.[176] 다시 말해, 〈자유만세〉는 철저하게 해방 이전 시기
까지만 다루면서 동시대의 복잡한 문제를 회피한다. 문제를 일으킬 만한 요
지가 있는 장면은 소거되거나, 현실과 달리 왜곡되는 모습을 나타냈다. 당
시 비평 담론에는 〈자유만세〉의 그와 같은 '비현실성'을 지적하고 있다. 한
중이 '혁명 투사'로 묘사되고 있음에도 그의 "현실적 조직배경과 이데올로기
적 배경의 명확한 묘사가 없는 점"[177], 그리고 투쟁 방식이 당시의 실제 상황
과 너무 동떨어져 있었다는 점 등이 공통적으로 비판되었다.[178] 서광제의 다

---

175 이어령, 〈누가 그 조종(弔鐘)을 울리는가?〉, 《조선일보》, 1968.02.20., 5면.

176 정종화, 『자유만세 DVD 소책자』, 한국영상자료원, 2004.

177 〈「자유만세」를 보고〉, 《경향신문》, 1946.10.24., 4면.

178 〈신영화평 자유만세〉, 《자유신문》, 1946.10.25., 2면.

음 평론에서도 그러한 견해를 확인해 볼 수 있다.

최한중(전창근 분)이가 감옥을 탈출한지 삼일 만에 그들의 동지 7, 8인 과 백주(白晝) 대가(大家)가 즐비하게 있는 곳에서 일제의 단말마적 발악을 하루라도 속히 문질러 없앨려고 조선 내에 전신, 전화, 철도, 공장 등의 파괴 음모를 대성(大聲)으로 동지끼리 아모 꺼리김 없이 격론하는 것은 왜정 36년간의 쓰라림을 아는 우리들은 혁명가와 혁명투쟁은 이러한 활동사진적인 어린애 장난이 아니고 지하에서 피와 피의 연결인 위대한 투쟁이었든 것을 잘 알므로 오히려 이런 장면을 볼 때의 과거 일제시대의 혁명가와 혁명 투쟁에 대한 모독이라고 분노를 사게 된다. 헌병이라면 보기만해도 몸서리가 처지든 그 당시에 길에서 손쉬웁게 왜(倭) 헌병을 칼로 찔너 죽이고 그리고 관통(貫通) 중상으로 생명 위독이 되어 헌병의 감시하에 입원하여있든 한중이가 간호부가 마취제로 헌병을 잠드려 놓고 한중이가 초인간적으로 병원을 탈출해나가는 것도 황당 무계하지만 밝으면 8월 15일 일제 붕괴의 날인 것을 알면서도 무엇하러 병원을 탈출해서 죽지 않으면 안이 될가?[179]

이처럼, 〈자유만세〉가 재현하는 역사는 당대에도 '리얼'하지 못한 것으로 인지되고 있었다. 시나리오 단계에서는 공습 경보가 울리는 장면, 미군이 원자폭탄을 투하하는 장면 등 사실감을 높이기 위한 장면이 추가로 존재하고 있었다. 그러나 기자재 부족과 검열 등 현실적인 제약으로 인하여 결국 영

---

[179] 서광제, 〈시사평,『자유만세』〉,《독립신보》, 1946. 10. 23., 2면.

상화되지는 못하였다.[180]

해방기에는 〈의사 안중근〉(1946), 〈의사 윤봉길〉(1947), 〈유관순전〉(1948) 등 유명 독립 투사를 주인공으로 하는 영화가 다수 창작되었다. 이들 대다수는 실존 인물인 데 반해 〈자유만세〉의 주인공 한중은 허구의 인물이라는 점에 주목해 볼 필요가 있다. 앞서 언급했듯이 한중은 무리를 해서라도 무장 봉기를 일으켜 제국주의와 맞서 싸워야 한다고 주장하며, 마지막 순간까지 목숨을 내던지며 투쟁한다. 이와 같은 그의 행위는 민족적 자긍심을 고양하기 위하여 인위적으로 만들어진 것이다. 극중 배경이 되는 서울은 (특히 일제강점기 말기에는 더더욱) 영웅적인 인물의 무장 투쟁이 행해지기 힘든 공간이었다. 게다가, 국제 정세를 파악한 상태였다면 해방 이후의 상황을 준비하는 것이 보다 자연스러운 행위였을 것이다.

실제로 여운형은 8월 10일 건국동맹을 통해 해방 이후 상황을 대비하는 모습을 보였다. 이러한 상황을 감안한다면, 한중의 행위는 현실인식에 근거하는 것이 아니라 "선명한 투쟁의지를 과시하고자 하는 강박증"[181]에서 기인한다고 볼 수 있다. 해방 직후 창작된 소설에서는 해방이 스스로 쟁취한 것이 아닌, 연합군의 승리에 주어졌다는 인식을 보편적으로 발견할 수 있다. 하지만 〈자유만세〉는 전혀 다른 전략을 택한다. 최한중은 '탈식민'을 향한 대중의 욕망을 충족시켜주는 인물이었다. 〈자유만세〉를 통해 "해방에 대한 문화적 기억은 '피 한 방울 흘리지 않고 얻은 해방'에서 '피 흘려 얻은 해방'으

180 김려실, 「〈자유만세〉의 탈정전화를 위한 시론(試論): 현존 시나리오와 영화의 차이를 중심으로」, 『한국문예비평연구』 28권, 한국현대문예비평학회, 2009, 10~15쪽.

181 이순진, 「식민지 경험과 해방직후의 영화 만들기: 최인규와 윤봉춘의 경우를 중심으로」, 『대중서사연구』 14호, 대중서사학회, 2005, 118쪽.

로"[182] 전환되기에 이르렀다.

여기에 더해서, 일제 강점기 말기라는 시대적 배경과 어울리지 않게 〈자유만세〉의 "화면 속에서는 혜자 모녀가 사는 집의 안락함, 성도들이 예배를 드리고 나오는 교회의 경건함, 간호사들이 공놀이를 즐기는 병원의 평온함 등이 묻어나고 있"[183]다. 이 역시 사실과는 어느 정도 거리를 둔 묘사라고 할 수 있을 것이다.

스타일적인 차원에서도, 후대의 평가와는 달리 '리얼리즘'적이라고 판단할 만한 논리적 근거를 발견하기 어렵다. 많은 이들이 지적한 바와 같이 〈자유만세〉는 액션영화와 멜로드라마 등 기존의 장르 영화의 관습을 적절하게 녹여내고 있는 영화다.[184] 그렇다면 〈자유만세〉는 어떠한 이유에서 대한민국 '리얼리즘'의 효시가 되어 온 것일까? 이를 이해해보기 위해서는 우선 그동안 '민족영화=리얼리즘'의 도식이 성립되어 왔다는 것을 전제에 두어야 할 것이다. 〈자유만세〉는 분명 새로운 '민족영화'로 호명될 만한 요소를 지니고 있었다. 우선, 한국 영화계의 주축이 되는 주요 인사가 대거 참여하였다. 전창근이 각본과 주연을 맡았으며 최완규는 제작을 담당하였다. 여기에 한형모, 김성춘, 양주남 등이 스태프로 가세하였고 윤봉춘, 김승호 등도 배우로서 이름을 올렸다.

이러한 이유와 함께, 이전 시기까지는 시도할 수 없었던 독립운동이라는

---

182 한상언 외, 『해방과 전쟁 사이의 한국영화』, 박이정, 2017, 108쪽.

183 함충범, 「해방기 한국영화 속 서울의 공간 재현 양상 연구: 현존 극영화를 중심으로」, 『동양학』 70호, 단국대학교 동양학연구원, 2018, 7쪽.

184 오영진은 〈자유만세〉가 "멜로드라마로서는 최고"였다고 평가한 바 있다. 오영진, 〈예술의욕의 감퇴 하(下)〉, 《경향신문》, 1949.12.22., 2면.

소재를 직접적으로 다루었다는 점 역시 '민족영화'로서의 정전화에 힘을 실어 주었다. 게다가 당시 영화 대다수는 완성도가 그리 좋지 못하였는데, 이에 반해 〈자유만세〉는 상대적으로 품질이 우수하다고 평가받았다.[185] '테크닉 챔피언'[186]이라고까지 불렸던 최인규의 연출력이 있었기에 가능한 일이었다. 당시의 평을 조금 더 인용해보자면, 〈자유만세〉는 해방 이후 영화의 수준을 올렸고 최인규 감독의 기법 성숙이 현저히 보이는 작품이었다.[187] "〈자유만세〉가 그래도 해방 후 조선영화의 정점이 되었을 뿐"[188]이라는 서술을 통해서도 이를 확인해 볼 수 있다. 이는 후대의 평가에서도 되풀이되는데, 해방기 여타 작품은 '영화로서' 문제가 있는 경우가 많았으나, 〈자유만세〉만은 '광복영화 가운데 가장 잘 된 것'으로 여겨졌다.[189] 상술한 조건들로 인하여 〈자유만세〉는 관객의 호응을 이끌어내는 데에도 크게 성공하였다. 전창근은 '흥행이 잘 된 정도가 아니라 관객들로 극장이 터져나갔다'고 회상한 바 있으며,[190] 최인규는 1950년 〈자유만세〉의 누적 수입이 일억 원 대를 돌파

185 신상옥 감독은 〈자유만세〉를 보고 연출을 배우기 위해 최인규 감독의 문하로 들어갔다고 회고하였다. 그는 최인규를 '잘 보이고, 잘 들리고, 잘 만들어진 영화'를 위해 온 힘을 다한 한국영화 제1의 엔지니어이자 테크니션이었다고 평가한다. 흥미롭게도, 신상옥은 최인규의 단점을 언급하기도 한다. '영화 작가'라기보다는 테크니션에 가까웠으므로, 좋은 시나리오를 만나면 좋은 작품이 나왔지만 그렇지 않은 경우에는 태작이 나오는 식으로 굴곡이 심했다는 것이다. 이를테면 그가 직접 시나리오에 관여한 〈독립전야〉나 〈파시〉와 같은 작품은 태작에 속했다고 한다. 신상옥, 『난, 영화였다: 영화감독 신상옥이 남긴 마지막 글들』, 랜덤하우스코리아, 2007, 35~41쪽.

186 〈[명작 추억 아리랑·유랑 등: 김정혁〉, 《서울신문》, 1946.05.26., 4면.

187 「『자유만세』를 보고」, 《경향신문》, 1946.10.24., 4면.

188 〈해방4년의 문화족적: [영화] 사이비예술행동: 이태우〉, 《경향신문》, 1948.08.08., 2면.

189 안병섭, 〈'자유만세'와 최인규〉, 《한겨레》, 1989.10.27., 16면.

190 정종화, 『자유만세 DVD 소책자』, 한국영상자료원, 2004.

하였음을 밝히기도 하였다.[191] 개봉 당시의 기록에 따르면 〈자유만세〉의 서울 상영시 "회수(回收) 보율이 10일간 78만 5천환이라는 미증유의 기록적 수자"[192]를 달성하였다고 한다. 비록 외화 공세가 이어지는 상황이었지만, 영화인들은 이를 통해 조선영화로도 흥행을 할 수 있다는 낙관적 견해를 얻게 되었다. 해방 이후 대중이 최초로 열광하였을 뿐만 아니라 조선영화의 가능성을 심어준 작품이라는 측면에서도, 〈자유만세〉는 분명 정전에서 누락되어서는 안 되는 기념비적인 작품으로 여겨졌을 것이다.

〈자유만세〉의 리얼리즘적 성취 여부는 당대에는 실상 크게 중요한 문제가 아니었던 것으로 보인다. 나운규와 이규환의 대를 이을만한 작품이 해방 직후 서둘러 탄생하여야만 했고, 큰 결격 사유가 없던 〈자유만세〉는 해방기를 대표하는 리얼리즘 작품으로서 큰 어려움 없이 족보에 기록될 수 있었다. 〈자유만세〉는 2007년 대한민국 국가등록문화재 제343호로 등록되었다. 문화재청은 여러 가지 사유와 함께 최인규가 광복 후 한국영화의 "아버지"로 자리매김하고 있다는 점을 언급하고 있다.[193]

이와 같은 〈자유만세〉의 정전화 과정에서는 1세대 영화 평론가들의 역할이 지대하게 작용하였다. 이를테면 이영일은 대한민국 영화의 정신적인 맥락을 연속성 있게 서술하기 위한 방편으로 리얼리즘이라는 개념을 택하였는데, 이에 최인규는 (해방 이전)"〈집 없는 천사〉를 통해 세계영화사의 한 조류인 네오 리얼리즘이 조선에 당도하기 전에 이미 그러한 기법의 영화를 선

191 최인규, 〈영화 제작과 흥행의 양립〉,《경향신문》, 1950.01.10., 2면.
192 양훈, 〈[영화시평]「자유만세」 뒤에 오는 문제〉,《중외일보》, 1946.12.14., 2면.
193 문화재청 근대문화재과, 『2007년도 등록문화재 등록조사보고서』, 문화재청, 2008, 133쪽.

보"[194]인, "한국영화의 눈부신 리얼리즘의 맥을 이"[195]은 감독으로 평가되었다. 최인규와 〈자유만세〉에 대한 평가는 후대에도 크게 변화하지 않은 채 오랜 기간 지속되었다. "최인규는 나운규·이규환에 이어 한국영화의 예술적 맥을 이룩한 커다란 봉우리"[196]로서, 〈자유만세〉는 〈아리랑〉의 대를 이어 '사실주의적 접근'법을 보여주는 대표적인 정전으로서 자리매김하였다.[197] 하지만 이와 같은 사항에 대해서는 분명히 재고해 볼 필요가 있다. 앞서 살펴본 바와 같이 〈자유만세〉는 현실을 사실적으로 재현한다기보다는 오히려 현실을 욕망과 바람에 따라 선택적으로 재구성하는 경향을 강하게 드러내고 있기 때문이다.

2) 망각과 기억을 통한 역사 쓰기

과거 청산에 대한 문제가 두드러졌던 해방기에는 '기억'이라는 행위가 대단히 중요했다. 기억은 망각을 전제로 한다. 사람들은 각자만의 방식으로 기억과 망각을 반복하며 국가 건설 주체로서의 정체성을 확립하고자 하였다. 일례를 들어보면, "귀환 학병이 과거를 회고하는 방식 안에서 입신출세의 명예욕이나 목숨 부지를 위한 개인의 욕망들은 모두 '망각'된 채, '민족을 위해 십자가를 등에 진' 용사로서의 '기억'이 재생산"[198]되었다. 이처럼 해방

---

194 이영일, 『한국영화전사(개정증보판)』, 앞의 책, 202쪽.

195 위의 책, 215쪽.

196 안병섭, 〈자유만세〉와 최인규〉, 《한겨레》, 1989.10.27., 16면.

197 김종원·정중헌, 『우리 영화 100년』, 현암사, 2003, 223쪽.

198 최지현, 「학병(學兵)의 기억과 국가: 1940년대 학병의 좌담회와 수기를 중심으로」, 『한국문학연구』 32권,

공간의 인원 대다수는 국가건설이라는 대업과 미래를 위해 과거를 적극적으로 망각할 준비가 되어 있었다. 영화인 역시 예외가 아니었다. 〈자유만세〉가 재현하는 '리얼'함은 바로 그러한 자장 하에 위치하고 있다.

〈자유만세〉의 리얼리즘 신화는 작품이 불완전한 상태로 보존되어 왔기에 비로소 완성될 수 있었을는지도 모른다. 현재 영상으로 확인 가능한 〈자유만세〉는 1975년도에 재편집된 판본으로, 상당 부분이 유실된 상태다. 최인규는 이 작품 전후로도 '리얼리즘적'인 작품을 연출하였으므로, 〈자유만세〉또한 리얼리즘 작품으로 손쉽게 '기억'될 수 있었을 것이다. 1975년 판본은 1946년 원본과 많은 부분에서 차이를 나타낸다. 먼저, 독은기가 등장하는 장면이 대거 삭제된 것으로 추정되고 있다. 독은기는 미향의 배우자이자 한중의 중학교 동창인 경찰(헌병) 역을 맡았다. 당시 기사를 확인해보면, 헌병과 한중은 라이벌 구도를 형성하다가 마지막 장면에서 함께 최후를 맞이한다.[199] 이처럼, 독은기가 맡은 배역은 서사에서 대단히 중요한 비중을 차지하고 있다. 그럼에도 불구하고 월북이라는 사유로 그의 모습은 부득이하게 편집될 수밖에 없었다. 오프닝 크레딧에서 이름이 빠진 것은 물론이고 인력거 신, 총격 신 등에서는 다른 배우가 등장하는 장면이 어색하게 갈음되어있다. 공식적인 차원에서의 망각이 이루어진 것이다.

또한 전창근의 인터뷰[200]와 시나리오 자료를 검토해보면 일본어 대사가 나오는 장면이 다수 존재하고 있었음을 확인해 볼 수 있다. 그러나 이 역시

동국대학교 한국문학연구소, 2007, 460쪽.

199 〈[연예] 지상봉절: 『자유만세』 고려영화작품〉, 《경향신문》, 1946.10.20., 4면.

200 전창근, 〈[수상] 두 어머니〉, 《예술통신》, 1946.11.27., 1면.

후대에 수정되었다. 일제 강점기와 해방기라는 작품 내·외적 시대적 상황을 고려해 볼 때, 일본어를 사용하는 인물이 등장하는 것은 매우 자연스러운 일이었다. 그러나 〈자유만세〉가 대한민국의 정전으로 확립된 1970년대에 와서는 이것이 용납되기 힘든 사실이었다. 극중 '조선'이라는 대사 역시 '한국'으로 더빙되어 상영되었다.[201] 이처럼 1975년 재탄생한 〈자유만세〉는 복원 주체의 목적 의식과 정치적인 입장을 잘 드러내고 있다. 대한민국 역사의 기억과 망각 과정을 적나라하게 노정하고 있다는 측면에서는, 〈자유만세〉(1975)를 '리얼'한 영화라고 평가해 볼 수 있을 것이다.

1949년 최인규는 〈파시〉를 연출한다. 〈자유만세〉와 함께 해방기에 나온 "가장 괄목할 만한"[202] 리얼리즘 작품으로 평가받는 영화다. 필름이 유실된 까닭에 구체적인 줄거리를 파악하는 데에는 제약이 따른다. 당시의 기사와 몇 가지 자료를 통해 대략적인 내용을 유추해 볼 수 있을 따름이다. 〈파시〉는 흑산도 로케이션으로 제작되었는데, "술집 춘선옥의 작부 정국(최지애 분)과 객선 선원 최협(최혜성 분) 사이에 얽혀진 통속적인 인정물"[203]이었다고 한다. 이 작품은 16mm로 제작되었는데,[204] 이영일에 따르면 핸드헬드 기법이 적극적으로 사용되었다고 한다.[205]

〈파시〉에 대한 당대의 전반적인 평가는 상당히 부정적인 편이다. 한 평론의 내용을 인용해보자면, 전창근의 각본은 지리멸렬하고 최인규의 연출은

201 김려실, 앞의 논문, 16쪽.

202 〈해방30년…문화1세대 (7): 외화(外畵)홍수속 칠전팔기 영화〉, 《경향신문》, 1975.08.25., 5면.

203 〈파시: CIK프로작품〉, 《동아일보》, 1949.11.22., 2면.

204 〈신영화:『파시』〉, 《경향신문》, 1949.11.23., 2면.

205 한국예술연구소 편, 『이영일의 한국 영화사 강의록』, 소도, 2002, 149; 160쪽.

만네리즘(매너리즘)에 빠져서 밑바닥을 엿보였다고 한다. 화면의 비약도 심하였는데, 극의 줄거리와는 상관없이 비금도나 흑산도의 풍경이 "아무 연관도 설명도 없이 제멋대로" 튀어나와 "연출자의 두뇌빈곤을 광고"하는 것 같았다고 한다. 또한 〈집없는 천사〉때의 연출 열정이 완전히 식어버린 것 같으며, 촬영과 녹음 또한 "되는대로 식"으로 이루어진 것 같은 작품이었다고 한다.[206]

뿐만 아니라, 아래의 인용문을 통해 확인할 수 있듯이 오영진 역시 〈파시〉를 연출한 최인규를 혹평하고 있다.

> …(중략)… 〈집없는 천사〉로 자타가 공히 전도를 기대하던 최인규 감독이 일련의 십육미리 영화를 제작한 남어지 〈파시〉로 금년의 종지부를 찍은 비통한 사실을 어떤 구실로 수긍하여야겠는가.[207]

'벽지 로케라는 여러 가지 고충을 극복한 최인규 감독의 노력'이 엿보인다는 보다 우호적인 평론에서도, "도서라는 특수한 촬영조건 때문에 현지에서 전창근씨에 의해서 각본이 탈고되었"다는 점, 전체적인 스토리 연계가 부족했다는 점, 마지막 장면에서 자막을 이용한 설명이 이루어진 탓에 이미지를 통한 표현력이 감소했다는 점 등 여러 측면에서의 한계가 언급되고 있다.

이와 같은 평가는 1950년대에 들어와서도 크게 달라지지 않는다. 김소동 감독은 '8·15 해방과 더불어 자유 속에서 한국영화의 활발한 태동이 시작되

---

206 〈파시: CIK프로작품〉, 《동아일보》, 1949.11.22., 2면.
207 〈신영화: 『파시』〉, 《경향신문》, 1949.11.23., 2면.

었다'고 서술하면서, 그와 같은 조류를 대표하는 작품으로 〈자유만세〉가 있었음을 중요하게 언급한다. 그러나 이와 같은 긍정적인 평가에 비해, 이후 최인규가 연출한 〈파시〉 등의 작품에 대해서는 '큰 소득이 없었다'고 평가하는 모습을 보인다.[208]

이를 종합해보면, 〈파시〉의 완성도가 〈자유만세〉의 경우와는 달리 그리좋지 못하였다는 사실을 파악해 볼 수 있다. 김수남이 추측한 바와 같이〈파시〉는 일종의 개인영화 또는 독립영화와 같은 형태를 띠고 있었을 가능성이 높다.[209] 다만, 앞서 언급하였듯이 이 작품이 16mm 필름으로 제작되었다는 점, 핸드헬드 기법을 적극적으로 활용하였다는 점, 남해안의 여러 풍경을 채록하여 화면에 담아내려 노력하였다는 점 등에 주목해 볼 필요가 있다. 즉, 스타일적인 측면에서 〈파시〉는 '날 것 그대로'의 한국적 모습을 재현하기 위하여 여러 가지 노력을 기울였는데, 이것이 〈파시〉가 후대에 긍정적인 평가를 받게 되는 중요한 요인으로 작용하였던 것으로 보인다.

주제적 측면에서 볼 때에도, 〈파시〉는 리얼리즘적 작품으로 해석될 만한여지를 충분히 남기고 있다. 남해안 어촌을 배경으로 하며 그 속에서 살아가는 다양한 인간 군상을 보여 주려 시도하였기 때문이다. 필름이 존재하지않기 때문에 그러한 시도가 성공적인 것이었는가에 대해서는 판단을 유보할 수밖에 없다. 하지만, 적어도 이와 같은 요소는 후대의 비평 담론으로 하여금 〈흔들리는 대지〉(1948)와 같이 '어민의 생활상을 사실적으로 담아낸' 네

---

208 김소동, 〈10년간의 족적: 연출·연기면을 통해서〉, 《서울신문》, 1954.11.07., 4면.

209 김수남, 「"자유만세"의 최인규: 리얼리즘적 한국예술영화의 맥」, 『청예논총』 8권, 청주대학교, 1994, 144쪽.

오리얼리즘 작품을 연상시키기에 손색이 없었을 것이다.

앞서 살펴본 부정적인 평가와는 달리, 후대의 비평 담론에서는 대체로 〈파시〉를 긍정적으로 평가하고 있다. 필름은 유실되었으나, 〈파시〉는 '리얼리즘의 가작'이라는 표현을 통해 여러 시기에 반복적으로 언급된다.[210] 김종원·정중헌은 『우리 영화 100년』을 통해 〈파시〉가 윤용규 감독의 〈마음의 고향〉(1949)과 더불어 해방기에 제작된 작품 중 '가장 예술성이 뛰어난 작품'이라고까지 평가한다.[211] 이영일 역시 『한국영화전사』를 통해 〈파시〉를 "그다지 널리 알려지지는 못했으나 이 무렵에 나온 작품 중 가장 주목할 만하다"고 언급한다. 이처럼 〈파시〉는 시대를 거듭하며 '최인규의 리얼리즘적 영화 성과가 절정을 이룬',[212] 해방기 최고의 작품 가운데 하나로 분류되기에 이른다.

이영일에게 있어서 "최인규의 작가적 위치는 해방직전과 직후를 통해서 뚜렷"하게 연속성을 나타내야만 하였다.[213] 이에 〈파시〉 역시 〈자유만세〉의 뒤를 이어 한국 영화사의 만신전에 입장하게 된 것으로 보인다. 이영일은 〈파시〉에서 "전후의 리얼리즘영화가 출발할 수도 있었고, 시네마 베리테가 모색될 수도 있었다"면서 영화사적 가치를 새롭게 부여하였고, 이에 〈파시〉는 한국 영화사의 리얼리즘에 있어서 "또 하나의 중요한 이정표"[214]로 자리

---

210 〈영화 연륜(年輪)따르지못한 질적향상〉, 《동아일보》, 1975.08.18., 5면; 안병섭, 〈영화단상: '자유만세'와 최인규〉, 《한겨레》, 1989.10.27., 16면.

211 김종원·정중헌, 앞의 책, 227쪽.

212 김수남, 「"자유만세"의 최인규: 리얼리즘적 한국예술영화의 맥」, 『청예논총』 8권, 청주대학교, 1994, 137쪽.

213 이영일, 『한국영화전사(개정증보판)』, 앞의 책, 223쪽.

214 이영일, 『한국영화인열전』, 영화진흥공사, 1983, 224쪽.

매김하게 되었다.

　최인규는 〈파시〉를 끝으로 작품을 남기지 못하였다. 반민특위에 체포되어 공판을 기다리던 중 한국전쟁이 발발하며 납북되었기 때문이다.[215] 만일 그가 자진 월북하였다면 〈자유만세〉와 〈파시〉에 대한 평가도 다소 달라졌을 것이다. 앞서 언급하였듯이 오늘날 〈파시〉의 필름을 직접 확인해 볼 수는 없다. 그와 같은 사실 역시 〈파시〉를 리얼리즘적 작품으로 기억에 남게 만들어준 중요한 요인 가운데 하나였을 것이다. 신상옥, 정창화, 홍성기 등 한국 영화사를 대표하는 감독을 문하생으로 남기고 떠난 최인규는 그렇게 민족-한국-리얼리즘 영화의 가장으로서 기억될 수 있었다.

3. 족보에서 제외된 존재

1) 윤용규와 〈마음의 고향〉

　원로 영화인 박용구는 한국전쟁 이전의 대표작으로 〈자유만세〉와 함께 〈마음의 고향〉을 손꼽은 바 있다.[216] 이영일 역시 〈마음의 고향〉을 "해방공간에서 나온 것 중 최고의 작품"[217]이라고 언급하였다. 이러한 평가는 후대에 와서 새롭게 이루어진 것은 아니었다. 개봉 당시에도 〈마음의 고향〉은 "해

---

215 친일인명사전편찬위원회, 『친일인명사전 3』, 민족문제연구소, 2009, 757~760쪽.

216 정종화, 『자유만세 DVD 소책자』, 한국영상자료원, 2004.

217 한국예술연구소 편, 『이영일의 한국 영화사 강의록』, 소도, 2002, 160쪽.

방 후 조선영화의 최고봉의 신기록을 지은 수작"[218]이라는 평가를 받는 등 세간의 화제를 불러일으켰다. 1949년에는 '서울특별시 제2회 문화상'을 수상하였고, 이승만 대통령이 부인과 함께 경무대에서 작품을 관람하고 좋은 인상을 받았다는 평을 남기기도 하였다.[219] 1946년까지만 하더라도 해외를 겨냥한 영화를 제작하는 것은 시기상조로 여겨졌다.[220] 그러나 〈마음의 고향〉은 해외로의 교류가 적극적으로 타진되었다. 1950년에는 프랑스 영사관의 감수를 받아 '프란시 날프' 영화사의 〈꿈 속의 노래〉라는 작품과 최초로 한불(韓佛) 문화 교류 상영의 대상이 되었다.[221] 또한 당시의 기사를 종합적으로 검토해 보면 대만, 미국, 일본 등으로도 수출이 기획되었던 것으로 보인다.

앞서 살펴보았듯이 당시 영화 비평계에는 일제강점기부터 형성된 신파성을 극복해야 한다는 분위기가 형성되어 있었는데, 〈마음의 고향〉은 노골적인 신파성을 배제하고 산사(山寺)의 고요한 풍경을 담담한 시선으로 포착해내고 있었기에 좋은 평가를 받을 수 있었다. 이를테면 이태우는 〈마음의 고향〉에서 '세트 장면'이 극소수이고, '로케'로 촬영된 장면이 대다수라는 점이 주목을 끈다고 하였다. 또한 "복선묘사의 「몬타쥬」를 전적으로 피하였다"는 점 역시 신선하였다고 평가하는데, 종래의 신파적 수법의 연출에 대한 반발적인 경향으로 해석되었기 때문이다.[222]

---

218 이태우, 〈조선영화의 발전〉, 《경향신문》, 1949.01.06., 3면.

219 〈영화 「마음의 고향」 대통령부인에 감명〉, 《경향신문》, 1949.01.30., 3면.

220 〈예술의 신구상(新構想): 문화건설인의 제일성(第一聲) (영화편)〉, 《중앙신문》, 1946.03.10., 4면.

221 〈영화 「마음의 고향」 파리진출환송공영〉, 《경향신문》, 1950.06.07., 2면.

222 이태우, 앞의 기사, 3면.

이외에, 개봉 당시의 비평들을 추가로 검토해보면 다음과 같다. 우선 살펴볼 것은 개봉 당시 《자유신문》에 기고된 영화평이다.

영화 작품이 기질적 수준의 저하를 보이고 잇는 오늘날 이강수씨 제작에 의한 영화 「마음의 고향」의 완성은 개성 상업주의 영화에 대한 일대 경종이었다. 종래에 잇서서 고도의 진실성을 갓고 「리아지즘」에 성공한 영화 작품이 거이 생겨나지 못햇슴은 첫째로 자본의 □주(□肘)와 둘째로 자본의 압박을 벗어난 지적으로 훌융한 예술적 재능의 소유자가 영화작가로서 업섯다는 것이다. 이 재적(財的) 난관을 조직적으로 돌파하고 신인 윤용규 감독을 등용한 이강수씨의 직감성을 먼저 칭하고 십다. 원작이 희곡이며 희곡의 내용이 영화화에 잇서서 기술적으로 허다한 의구가 상상되스나 윤씨는 원작 정신을 어데까지나 살리워가며 연출의 세계를 전개식히여서 거이 완전히 영화우에 표현식히었다. 배우 중심주의의 연극적인 관습에만 속박된 영화만 보든 우리들에게 윤씨의 작품은 무대 우에서 행해지는 배우주의의 연극을 영화의 공간적 시간적 자유성 가운데 분산식키여 □과 화면의 대립적인 교화에 의해서 심리적인 것을 표현해두엇다. 영화의 표현 능력에 대해서 □의감(□疑感)을 갓고 영화는 문학만치 넓고 깁흔 「리알리틔-」를 갓지 못한다고 단정하든 사람들에게 새로운 긍정을 가능케 하엿다.[223] (□: 식별 불가)

이처럼 〈마음의 고향〉은 '고도의 진실성'을 보여주며 '상업주의 영화에 대한 일대 경종'을 울리는 우수한 리얼리즘 작품으로 여겨졌다. 뿐만 아니라

---

[223] 〈[문화] 신영화평: 「마음의 고향」을 보고서 〉, 《자유신문》, 1949.01.15., 3면.

희곡을 원작으로 삼고 있음에도 '영화적'인 표현을 훌륭하게 수행하였기에, 영화도 문학만큼 넓고 깊은 '리얼리틱(리얼리티)'를 보여줄 수 있다는 가능성을 열어 주는 작품이었다. 이효인이 지적한 바 있듯이 〈자유만세〉에서는 '서구 연극과 영화에서 영향을 받은 듯한' 연극적 톤의 연기 탓에 사실성이 저하되고 있었는데,[224] 이러한 단점 역시 〈마음의 고향〉에 와서는 어느 정도 해소된 것으로 인식되었다.

또한 해방 후 "〈똘똘이의 모험〉"을 비롯하여 〈밤의 태양〉, 〈여명〉 등에 이르기까지 그 대부분의 작품이 전쟁기간중에 익숙해진 선전영화방식의 「만네리즘」에서 조금도 이탈하지 못한 것"으로 여겨졌던 반면, 〈마음의 고향〉은 "조선연극과 영화의 새로운 악수를 하여 이땅 영화예술에 청풍을 가져"오게 된 작품으로 평가받고 있었다.[225]

1949년 8월 15일, 《경향신문》에서는 광복절을 맞이하여 '건국과 함께 자라나는 문화 지상좌담회'를 개최하였다. '민족적 지성'의 방향과 '문화 결실'의 이모저모를 돌아보는 자리였다. 염상섭(소설가), 김진섭(수필가), 배운성(화가), 오영진(시나리오 작가), 박노경(연출가), 하대웅(음악가), 최영해(정음사 주간), 이희재(이화여대 교수), 김광주(경향신문 문화부장) 등 다양한 문화 · 예술계 인사가 참석하여 자리를 빛냈다. 여기에서도 〈마음의 고향〉이 공통적으로 언급되었다.

---

224 이효인, 「최인규와 〈자유만세〉 연구 서설」, 『영화평론』 6권, 한국영화평론가협회, 1994, 72쪽.

225 이태우, 〈[영화시론] 조선영화와 문학 (1)〉, 《경향신문》, 1949.01.27., 3면.

[영화계]

본사: 영화계에 있어서 좋은 수확이라고 생각하시는 작품은 없읍니까

오영진: ① 조선영화의 대한 의견은 삼가고자 합니다

　　　② 형용사「우수한」을 떼고 윤용규의「마음의 고향」과 안종화의「여
　　　명」을 추천합니다

박노경: 첫째 제작자가 양심적이어야 할 것 작가감독은 물론이려니와 기술진
　　　의 질적향상이 있어야 할 것 감명을 준 영화로「마음의 고향」을 들 수
　　　있음

하대응: 요(要) ㅎ건대 한층 더 진지한 태도로 제작하고 움직이었으면(배우)합
　　　니다. 비교적「마음의 고향」이 좋았읍니다[226]

　　이처럼 당시 영화계에서는 〈마음의 고향〉이 여타 작품에 비해서 비교적
'좋은 수확'이었다고 의견을 모았다. 휴머니즘론에 기반한 리얼리즘을 주창
하였던 문학평론가 백철 역시 〈마음의 고향〉을 긍정적으로 평가한 바 있다.
그는 영화계에 "범람하고 있는 천박한 감상성과 저속한 신파성"을 극복해야
한다고 주장하는데, 이를 위해서는 영화 창작가의 "과학정신"이 중요하게
요구된다고 언급하였다. 그러면서 근래에 〈마음의 고향〉과 같은 작품이 나
온 것이 "실로 다행한 일"이라고 소감을 밝혔다.[227]
　　이와 같은 긍정적인 평가에는 윤용규가 신인 감독이었다는 점 역시 중요
하게 작용하였다. 기성 영화인과 비교해 볼 때, 윤용규는 '한 층 더 새로운

---

226 〈건국과 함께 자라나는 문화: 지상좌담회〉, 《경향신문》, 1949.08.15., 4면.

227 백철, 〈[문화] 영화작품의 인상〉, 《조선일보》, 1949.12.29., 2면.

시대의식'과 젊은 관점을 보여주는, 새로운 가능성과 잠재력을 지닌 감독으로 평가되었다. 이러한 연유로 인하여 〈마음의 고향〉은 "개봉 당시 각 지상에 각계로부터 찬사가 자자"하였다고 한다. 한 평론에서는 윤용규를 추켜세우며 '젊은이의 정열과 시대의식'을 따를 만한 용기가 없다면, "모름지기 후배 신인에게 길을 터주어 뒷바라지를 하는 것이 오히려 선배로서 품위를 지킬 수 있으며, 이 땅 영화계를 위한 길"이라는 다소 강한 어조의 표현이 사용되기까지 하였다.[228]

이처럼 해방기 문화·예술계에서 〈마음의 고향〉은 영화의 리얼리즘적 가능성을 보여주는 중요한 작품으로 인식되고 있었다. 하지만 서론에서 언급한 한국 영화사의 리얼리즘 정전 목록에서 〈마음의 고향〉이라는 제목은 발견되지 않는다. 〈자유만세〉의 경우, 당대에는 '리얼'하지 못하다고 평가받았으나 후대에 해방기 리얼리즘의 대표작이 되었는데 〈마음의 고향〉은 정반대의 경우라고 할 수 있을 것이다.

이에 대한 이유를 유추해본다면 다음과 같다. 첫째, 윤용규가 '월북' 감독으로 분류된다는 점이다. 일본의 영화 연구자 몬마 다카시(門間貴志)에 따르면, 윤용규가 〈향토를 지키는 사람들〉(1952)를 연출할 당시, 동북전영제편창(東北電影制片廠) 소속의 '키시 토미코'라는 영화인에게 이북으로 오게 된 경위를 설명하였다고 한다. 한국전쟁이 발발하자 북측 병사가 윤용규가 살던 마을에 찾아왔고, '북으로 가고 싶은 사람은 20분 내로 준비하라'는 지시를 내렸다. 집으로 돌아가 가족을 만날 시간도 없었고, 제대로 준비를 마칠 시

---

228 정용배, 〈[영화평] 여명을 보고〉, 《자유신문》, 1949.03.25., 2면.

간도 없었다. 그러나 윤용규는 월북을 택하였다. 이미 좌익 인사로 낙인이 찍혀 이승만 정권으로부터 미움을 받고 있던 상황이었기에, '어쩌면 북한이 더 좋은 나라가 아닐까.'라는 생각이 머리를 스쳐 지나갔다는 것이다.[229]

1948년 8월 남한에서 단독정부가 수립되며 남로당의 무장투쟁이 벌어졌는데, 이에 미군정과 이승만 정권은 좌익에 대한 대대적인 통제를 가하기 시작하였다. 북측의 자료를 통해서도 교차검증해 볼 수 있듯이, 윤용규 역시 여러모로 탄압을 받고 있던 상황이었던 것으로 보인다.[230] 하지만 그러한 상황에서도 그는 계속해서 새로운 작품을 연출하려고 시도하고 있었다. 예를 들어, 1950년 5월 18일자 기사에 따르면 당시 윤용규는 서울영화사 창립 4주년을 기념하여 〈하얀 쪽배〉라는 작품을 연출할 계획이었다고 한다.[231] 여기에, 20분만에 월북 결정을 내렸다는 증언을 종합해본다면, 정황상 윤용규는 처음부터 월북을 적극적으로 계획하였던 것은 아닌 것으로 보인다. 전쟁 통에 '북으로 가지 않겠다'고 병사에게 통보한다면 어떠한 처분을 받을지 확신할 수 없는 상황이었기에, 가족을 남겨두면서까지 자의 반 타의 반으로 월북이라는 선택지를 택하게 되었다고 해석하는 것이 보다 타당할 것이다.

최인규는 우익 계열로 활동하다가 '납북'되어 아직까지도 정확한 행방을

---

229 몬마 다카시, 「초창기 북한 영화와 일본인」, 조선일보, 2000.12.15. 〈http://cinema.chosun.com/site/data/html_dir/2000/12/15/20001215000093.html〉 (검색일: 2021.12.15.)

230 구체적인 내용은 다음과 같다. "윤룡규는 미제와 리승만을 반대하는 진보적 예술인의 대렬 속에서 진정한 민족 영화의 발전을 위하여 노력하였다. 그러나 미제 강점 하의 남반부에서는 적극적으로 창작활동을 할 수도 없었고 진보적 내용을 가진 영화를 창작할 수도 없었다. 미제와 리승만 도당이 얼마나 야수적인 탄압을 가하였는가는 윤룡규가 《마음의 고향》을 창작했던 때 리승만의 경찰이 항상 촬영 현장을 따라 다니고 녹음실에 도사리고 앉아 영화인들의 일거일동을 감시하였다는 한 가지 사실만으로도 능히 짐작할 수 있다." 박철, 〈서정적 수법이 탁월한 공훈 배우 윤룡규〉, 《조선예술》, 1957.08., 90쪽.

231 〈서울영화사서 「하얀 쪽배」 제작〉, 《자유신문》, 1950.05.18., 2면.

파악할 수 없다. 하지만 윤용규의 사례는 달랐다. 그는 '월북'한 뒤에도 연출력을 인정받아 감독으로서 눈부신 활약을 선보였다. 한국전쟁기에 이북에서는 극영화가 다섯 편밖에 제작되지 않았는데, 그 중 〈소년빨찌산〉(1951)과 〈향토를 지키는 사람들〉(1952) 두 작품이 그의 연출작이다. 이후에도 그는 〈신혼부부〉(1955), 〈춘향전〉(1959) 등 북한 영화사의 한 페이지를 장식하는 굵직한 작품을 연출하였다. 이북에서의 활약상이 돋보이면 돋보일수록 대한민국 영화사에서 그의 이름을 찾아보는 일은 점차 요원해질 수밖에 없었다. 한국 영화계에서 윤용규는 문정복과 함께 한국전쟁때 "최은희를 북으로 데려가려고 가장 집요하게 날 뛴 사람"[232]으로 회고되었다. 〈마음의 고향〉이 후대에 쉽사리 정전화되지 못하였던 것은 바로 이러한 맥락에서였을 것이다. 불온한 감독의 작품이 반공을 국시로 내건 대한민국의 영화 정전 목록에 기록된다는 것은 그야말로 어불성설이 될 수밖에 없기 때문이다.

〈마음의 고향〉이 한국 영화사의 공식 기억에서 오랜 기간 잊힌 두 번째 이유로, 윤용규가 신인 감독이었다는 점에 주목해 볼 필요가 있다. 윤용규는 일제강점기에 일본 영화계에서 활동을 시작하였다. 도호(東宝)영화사 측의 기록을 확인해보면, 〈항구는 바람풍(港は浮気風)〉(1937)에서 '감독보조' 업무를, 〈고지마의 봄(小島の春)〉(1940) 과 〈오히나타 마을(大日向村)〉(1940)에서 '조감독'을, 그리고 〈내 사랑의 기록(わが愛の記)〉(1941)에서 '연출조수'를 담당하였다고 한다.[233] 그러다가 조선영화계로 넘어온 것은 1942년에서 1943년 무

---

232 〈(16)국가훈장받은 문정복〉, 《중앙일보》, 1986.04.08., 11면.

233 「スタッフ キャスト : 春山潤(はるやまじゅん)」, 東宝オフィシャルサイト, 〈https://www.toho.co.jp/library/system/people/?43844〉 (검색일 : 2021.12.15.)

렵인 것으로 추정된다. 일본에서 간행한 1942년 영화연감의 '영화제작 종사자 등록명부' 상에서는 그의 이름을 찾아 볼 수 없는데, 1943년 7월 11일 시점에서는 사단법인 조선영화제작주식회사의 연출 담당 부서에서 일을 하게 되었기 때문이다.[234] 이와 같은 기록을 통하여 확인해 볼 수 있듯이 윤용규는 일제강점기 말기에 와서야 조선영화계에서 활동을 시작하게 된다. 윤용규는 1913년생으로, 1911년생인 최인규와는 두 살밖에 차이가 나지 않는다. 그러나 국내 영화계에서의 영향력은 아주 판이하였다. 최인규의 문하생이었던 신상옥, 정창화, 홍성기 등이 이후 유명 흥행 감독으로서 한국 영화계를 주도한 반면 윤용규는 이렇다할 파벌을 형성하지 못하였다.

실제로, 한국에서 윤용규는 이름과 필모그래피 등 제대로 된 기초 정보조차 정립되지 못한 상태로 남아 있다. 2003년 제8회 부산국제영화제에서는 북한영화 7편을 상영하였는데, 여기에 윤용규가 연출한 〈신혼부부〉(1955)가 포함되었다. 그런데 당시 언론에서는 연출자를 '주동진'이라 표기하였고,[235] 고(故) 김지석 프로그래머 역시 당시를 회상한 글에서 영화의 감독을 '윤룡구'라고 언급하였다.[236] 이외에, 원로 영화인 이강원은 〈하얀 쪽배〉 제작 당시를 회상하며 윤용규 감독이 우치다 도무(內田吐夢) 감독으로부터 7~8년간 연수를 받았고, 대단히 이례적으로 '퍼스트 조감독'까지 올랐다고 말하였

---

234 이에 대한 보다 상세한 내용은 다음의 논문을 참조하라. 이준엽·함충범, 「남한과 북한에서 제작된 윤용규 감독 영화에 대한 비교 연구: 〈마음의 고향〉(1949), 〈소년빨찌산〉(1951)을 중심으로」, 『한민족문화연구』 63권, 한민족문화학회, 2018, 12쪽.

235 〈부산영화제, 북한영화 상영키로〉, 《중앙일보》, 2003.10.06., 4면.

236 김지석, 〈[스무 살 BIFF, 뜨거 웠던 순간들] 19. 또 다른 전쟁 '프린트 반입'〉, 《부산일보》, 2015.05.07., 20면.

다.[237] 그런데 앞서 언급한 바와 같이 윤용규는 주로 도요타 시로(豊田四郎) 감독과 작업을 진행하였으므로, 아마도 타 인물과 혼동이 있었던 것으로 판단된다. 지금까지 살펴본 바와 같이 윤용규는 해방 이전에는 주로 일본에서 활동하였고, 해방 이후에는 〈마음의 고향〉 한 작품만을 남긴 뒤 월북하였다. 그러한 탓에 그를 계속해서 회고해줄 만한 제자가 국내에는 존재하지 않았다. 이러한 점이 그가 한국 영화사에서 보다 쉽게 잊힐 수 있었던 요인 중 하나가 되었을 것이다.

마지막으로, 상술한 요인과 더불어 〈마음의 고향〉 필름 발굴이 1990년대에 와서에 이루어졌다는 사실 역시 중요하게 다루어 볼 만하다. 한국영상자료원은 프랑스 파리에 거주하고 있던 제작자 이강수로부터 필름을 입수하여 1993년 27일 오후 5시에 일반 대중에게 무료로 영화를 공개하였다. 상영에 앞서서 '영상문화재와 영상자료원의 역할'이라는 주제로 세미나가 개최되기도 하였다.[238] 앞선 '선행연구 검토'에서 언급하였듯이, 〈오발탄〉이 본격적으로 재평가될 수 있었던 것 역시 이와 같은 재상영 및 학술 행사를 통해서였다. 만일 〈마음의 고향〉이 한국 내에서 꾸준하게 회자되었다면 재평가 시기 역시 조금 더 앞당겨졌을지 모른다. 하지만 작품 발굴 전까지 그러한 일은 일어나지 않았으며, 지금까지 언급한 다양한 요인으로 인하여 윤용규와 그의 작품은 한국 영화사의 중심에서 오랜 기간 배제되어 온 것으로 보인다.

---

237 〈이강원 1부: 월남, 고학생 연맹, 서울영화사 연구생 모집, 〈하얀쪽배〉(윤용규, 1950)〉(한국영상자료원 제작, 2005)

238 「마음의 고향」 44년만에 27일재공개〉, 《조선일보》, 1993.04.23., 17면.

2) 〈마음의 고향〉의 현실 재현 방식

〈마음의 고향〉이 어떠한 요소로 인하여 당대에 '리얼'한 작품으로 인식되었는가를 구체적으로 살펴보기 위하여, 줄거리를 간략하게 살펴보면 다음과 같다.

주인공인 도성(유민 분)은 사미승으로, 자신을 버리고 떠난 어머니를 기다리고 있다. 어느날 한 서울 아씨(최은희 분)가 아들의 49재를 지내기 위하여 절을 방문한다. 도성은 그녀로부터 어머니의 정을 느끼고 그녀 역시 도성에게 애틋한 감정을 느낀다. 서울 아씨는 도성을 입양하려 하는데, 두 사람이 서울로 떠나가기 직전 큰 사건이 발생한다. 도성이 털부채를 만들기 위하여 살생을 저지른 사실이 발각되고 만 것이다. 이에 주지승(변기종 분)은 입양을 취소해버리고, 도성과 서울 아씨는 헤어지게 된다. 이후 도성은 과거 한 여인(김선영 분)과 교환한 염주를 살펴보다가, 그녀가 바로 자신의 친모였음을 깨닫고 슬퍼한다. 이튿날, 도성은 몰래 절을 빠져나와 어디론가 발걸음을 옮긴다.

해방기 영화는 기자재와 인력 부족, 검열 등을 이유로 기본적인 만듦새 자체가 그다지 좋지 못한 경우가 많았다. 당시 비평 담론에서는 이와 같은 경향을 영화의 '리얼리티'를 저해하는, 일제강점기 영화보다도 못한 퇴보한 형태라고 비판하였다. 반면 〈마음의 고향〉은 윤용규가 처음 감독한 작품임에도 불구하고 일정 수준 이상의 완성도를 보여주었다. 앞서 살펴보았듯이 윤용규는 해방 이전부터 일본에서 다양한 작품을 통하여 연출 경력을 쌓아

왔는데, 그러한 경험이 작품의 완성도를 높이는 데 중요하게 작용하였을 것이다.[239] 즉 〈마음의 고향〉은 영화의 '리얼리티'를 확보할 수 있는 최소한의 기준을 충족하고 있었다. 이는 당대 비평 담론에서 〈마음의 고향〉을 '매너리즘'을 극복하고 '고도의 진실성'을 보여주는 작품으로 판단할 수 있을 만한 좋은 준거점이 되었다.

오프닝 시퀀스에서는 사찰을 둘러싸고 있는 자연 풍경의 고요한 분위기가 묘사된다. 이후에도 윤용규는 비교적 느린 호흡으로 〈마음의 고향〉의 서사를 전개한다. 사찰의 평범한 일과가 반복적으로 포착된다는 점 역시 눈여겨볼 만하다. 카메라는 등장인물이 노동하는 모습을 화면에 담아내는데, 때로는 클로즈업을 통해 그들이 수행하고 있는 행위가 화면을 가득 채우기도 한다(그림 2). 비록 서사적 흐름과는 크게 상관이 없지만, 영화 속 인물이 보여주는 자연스럽고 일상적인 장면은 극적 사실성을 높여주는 장치로 활용된다.

앞서 이태우가 지적한 바와 같이 〈마음의 고향〉은 대다수 장면을 '세트'가 아닌 '로케'로 촬영하였고, '복선을 묘사하는 몽타주' 사용을 지양하였다. 이러한 연출적 특성 역시 〈마음의 고향〉이 기존의 작위적인 신파 작품과는 구별되는, 사실적 경향의 작품으로 독해될 가능성을 열어주었다고 볼 수 있을 것이다.

〈마음의 고향〉은 함세덕의 희곡 〈동승〉(1939)을 원작으로 한다. 함세덕은 〈동승〉 외에도 〈산허구리〉(1936), 〈해연〉(1940), 〈낙화암〉(1940), 〈서글픈 재

---

[239] 한형모가 촬영을 맡았다는 점 역시 중요한 요인이었다. 〈마음의 고향〉은 「렌쓰-」를 비롯한 부속품도 제대로 맞지 않는 헌 「바르보-」를 사용하고 그나마 「모-타-」가 아니고 「핸들」로 촬영하였지만, "훌륭한 성과"를 창출하였다고 평가받았다. 이태우, 〈조선영화의 발전〉, 《경향신문》, 1949.01.06., 3면.

[그림 2]

능〉(1940), 〈심원의 삽화〉(1941) 등의 작품을 남긴 극작가인데, "식민지 시대 말기의 암울한 상황 속에서 낭만적 정서에 기반을 둔 사실주의 극"[240]을 창작한 것으로 널리 알려져 있다. 함세덕의 〈동승〉을 처음 각색한 것은 '곽일 병'이라는 인물이다. 이는 동서영화사 사장 이강수의 필명이었는데, 그가 일차로 완성한 시나리오를 윤용규가 윤색한 후 본격적인 제작이 이루어진 것으로 추정된다.[241] 원작 〈동승〉에서 주인공의 이름은 '도성'이 아닌 '도념'이었다. 다음의 지문을 통하여 '도념'이라는 이름에 내포된 의미를 확인해 볼 수 있다.

---

240 권영민, 『한국현대문학사 1』, 민음사, 2002, 638쪽.

241 이태우, 〈조선영화의 발전〉, 《경향신문》, 1949.01.06., 3면.

주지: (조용히 그러나 엄숙히 문답조로) 내가 언젠가 이 산의 옛 이야기를 들려준 적
　　　이 있었지.

도념: (한 마디 한 마디 똑똑히) 네. 수나라 대군이 고구려를 쳐들어와 을지문덕이
　　　란 장군이 나아가 막던 때였습니다.

…중략…

주지: 그때 화살을 맞구 쓰러져 가면서 종을 치든병사두 이 절 사미승이였구 이
　　　름도 도념이었느니라.[242]

이처럼 원작 희곡에서는 주지와 도념이 '을지문덕'과 관련된 이야기를 주
고 받는 대목이 등장한다. 영화에서는 찾아볼 수 없는 장면이다. '도념'이라
는 이름과 극의 배경이 되는 사찰 모두 을지문덕이라는 요소와 깊게 연관되
어 있다. 신채호가 역사 전기 소설 『을지문덕전』(1908)을 통하여 주목한 바
있듯이, 을지문덕은 외세의 침략을 막아낸 영웅적인 인물이라는 점에서 민
족의식을 고취하는 인물이었다. 이외에, 아래의 지문과 같이 함세덕은 전봉
준을 상징하는 노래 〈새야 새야 파랑새야〉를 삽입하기도 한다.

　초부의 아들 인수, 새 꾸러미를 허리에 차고 느름치기를 들고 소리를 하며 들
어온다.

인수: 새야 새야 파랑새야, 녹두밭에 앉지 마라, 녹두 꽃이 떨어지면 청포 장수
　　　울고 간다. (원내로 들어가려고 한다)

…중략…

---

242 한국극예술학회 편, 『한국현대대표희곡선집 1』, 월인, 1999, 323쪽.

동리 어린애들 한 패가 산문에서 나와 인수의 노래를 따라 부르며 비탈길로 나란히 내려간다. 도념, 나무에 가 기대서서 동리 아이들을 멀거니 바라본다. 무슨 설움이 복바치는지 나무에 얼굴을 파묻고 허희(歔欷)한다.[243]

동학농민혁명 당시 일본군은 푸른색 군복을 입었기 때문에 파랑새는 일본군을, 녹두 밭은 녹두장군 전봉준을, 그리고 청포 장수는 백성을 상징한다고 보는 것이 통념이다.[244] 함세덕은 〈새야 새야 파랑새야〉의 노랫소리와 함께 도념이 한숨을 쉬며 서러워하는 장면을 삽입한다. 즉 〈동승〉은 표면적으로는 낭만적이고 서정적인 색채를 나타내고 있는데, 이와 동시에 을지문덕과 전봉준 등 역사적인 인물과 관련된 요소를 통해 민족주의적인 색채를 가미하고 있음을 확인해 볼 수 있다.[245]

이처럼 원작 희곡에서는 일제강점기라는 상황에서 관객에게 특별한 의미로 다가올 수 있을 만한 여러 가지 요소를 의도적으로 배치하고 있다. 반면 영화는 이와 같은 요소를 대다수 삭제하였다. 이에 〈마음의 고향〉 속 시대적 배경은 당대 관객에게 조금 더 동시대적인 것으로 인식될 수 있었다. '서울'이라는 공간의 의미 또한 변화하였다. 〈동승〉에서 서울은 '대웅보전(大雄寶殿)'이나 '약사당(藥師堂)'보다 수 십배나 큰 '대궐'이 있는 곳으로 묘사된다. 이는 앞서 언급했던 '을지문덕', '도념', '전봉준' 등의 민족주의적 요소와 더불

---

243 위의 책, 305~306쪽.

244 윤일수, 「인문치료적 관점에서 바라본 식민 상황의 "알아차림": 함세덕의 〈동승〉을 중심으로」, 『드라마 연구』 31호, 한국드라마학회, 2009, 168쪽.

245 위의 논문, 149쪽.

어 관객에게 민족의 왕실을 상상하게 만들기도 한다.[246] 하지만 영화에서 묘사된 서울의 이미지에서는 그와 같은 민족적인 의미가 탈각되어 있다. 극중 여인은 도성에게 서울에서 같이 살 것을 제안하는데, '양복', '(대)학교' 등으로 표상되는 서울은 〈동승〉에서의 서울에 비해 보다 현대적이고 세련된 공간으로 재편된다.

서사 말미의 분위기 역시 판이하게 달라진다. 김재석은 〈동승〉의 마지막 대목을 '여운을 위한 떠남의 결말'로 분석한다. 도념이 어떠한 미래를 맞이할지 관객은 상상에 의존할 수밖에 없다. 도념은 눈앞에 두었던 행복을 놓쳤고, 자칫 (새)어머니를 만나지 못하게 될 수도 있으며, 그렇다 하여도 다시 절로 돌아올 수도 없는 형편이다. 도념은 한 번도 절을 떠나서 살아본 적이 없기 때문에, 험난한 세상으로 나아가는 그를 바라보며 관객은 안타까움과 걱정 등등의 감정을 느끼게 된다. 이는 여러 가지 극적 장치, 즉 '초부가 들어본 중에서 가장 슬픈 저녁 종소리', '도념이 떠날 무렵에 내리는 눈', '도념이 선택한 비탈길'이라는 표현을 통해 강화된다.[247] 하지만 〈마음의 고향〉의 도성은 마지막 장면에서 자신이 나아가야 할 세상을 내려다보며 미소를 짓는다(그림 3). 희곡에서 언급한 '초부가 들어본 중에서 가장 슬픈 저녁 종소리' 역시 밝은 분위기의 음악으로 대체됨을 확인해 볼 수 있다.

원작에서는 도념이 한겨울 펑펑 내리는 눈을 맞으면서 무작정 어머니를 찾아나서기 때문에 고독스럽고 서글픈 분위기가 형성된다. 관객으로 하여금 일제강점기라는 특수한 시대적 상황을 깨닫게 하기 위한 연출이라고 볼

---

246 이준엽·함충범, 앞의 논문, 21쪽.

247 김재석, 「〈동승〉이 지닌 대중극적 성격의 의미」, 『어문론총』 32권, 경북어문학회, 1998, 51쪽.

[그림 3]

수 있다. 이에 반해 윤용규는 희망, 설렘 등의 분위기를 강조한다. 도성은 설날에 찾아온다는 어머니를 매 해마다 기다리고 있다. "아직도 다섯 달이나 남았는데……."라는 그의 대사를 통하여 영화의 계절적 배경이 여름이라는 사실을 확인해 볼 수 있다. 원작에서는 겨울이라는 계절적 배경을 통하여 암울하고 쓸쓸한 분위기를 강화하고자 하였으나, 영화에서는 이것이 정반대로 각색되면서 활기찬 분위기가 형성된다.

이처럼 〈마음의 고향〉은 〈동승〉과 많은 부분에서 차이를 보이고 있는데, 윤용규가 왜 이와 같은 연출 전략을 택하였는지 생각해 볼 필요가 있다. 앞서 언급한 바와 같이 해방기에는 일제강점기를 다루는 영화가 다수 제작되었다. 독립 운동과 관련된 사건이나 인물이 영화화되기도 하였고, 민족 의식을 일깨울 수 있을 만한 이야기가 극영화를 통해 다루어지기도 하였다. 그런데 당시는 미군정 체제 하였기 때문에, 영화화할 수 있는 현실 소재는 일부로 국한될 수밖에 없었다. 실제 항일 운동은 복벽주의에서부터 민족주의, 사회주의, 아나키즘 등에 이르기까지 다양한 스펙트럼을 나타내며 전개되었다. 허나 이와 같은 사실은 영화적으로 재현될 수 없었다. 앞서 살펴보았듯이 김원봉이 귀국하며 가지고 온 기록영화 〈조선의용대〉는 많은 사람의 기대에도 불구하고 검열로 인하여 상영될 수 없었다.[248] 영화가 재현하는 과거는 〈자유만세〉의 사례와 같이 재구성된 현실이 대다수였는데, 등장인물의 영웅적 면모를 부각하려다 보니 관객들이 경험하였던 실제 현실과 괴리가 발생할 수밖에 없었다.

이에 윤용규는 〈동승〉에 있었던 (항일적인) 민족 관련 내용을 소거하고 동시대성을 강화하는 방식으로 이를 재가공하였다. 앞서 살펴보았듯이 해방기 일부 작품은 독립과 관련된 내용을 뒤늦게, 그리고 누구보다도 적극적으로 부르짖으면서 현실을 왜곡하였다. 그리고 그것을 자기자신의 면죄부로 삼았다. 반면 〈마음의 고향〉이 택했던 접근법은 다소 달랐다. 비판 의식은 권력이 살아있을 때 비로소 유효한 것이 된다. 따라서 윤용규는 과거에 대한 비판을 삭제하고 대신 현실에 대한 묘사, 미래에 대한 전망을 강조하였다. 그는 이것이 오히려 '현실'적인 묘사에 가까운 것이라고 판단했던 것 같다. 〈마음의 고향〉이 제시하는 희망찬 결말은 당시 관객이 현실 사회에서 느끼고 있었던 감정, 즉 새로운 국가에 대한 기대와 앞으로 다가올 미래에 대한 막연한 설렘 등의 감정과도 부합하는 것이었다. 당시 많은 사람이 〈마음의 고향〉을 '리얼'하다고 여기면서 호평하였던 이유를 여기에서 찾아볼 수 있다.

물론, 당시가 탈이념적인 시대였던 것은 아니다. 주지하듯이 해방기는 그

---

248 이러한 경향은 비단 해방기에만 국한되는 것은 아니었다. 비교적 최근까지, 일제강점기를 배경으로 만들어진 한국영화 대다수가 주로 민족주의적 관점 하에서만 독립운동을 묘사해왔다. 북한이라는 존재로 인해 사회주의, 아나키즘 등의 사상이 금기시되어 온 까닭일 것이다. 진보적 계열의 독립 운동사가 영화를 통해 본격적으로 논의되기 시작하였던 것은 2015년 무렵 이후부터였다. 이에 대해서는 다음의 논문을 참조하라. 이준엽·정태수. 「일제 강점기에 대한 새로운 비판 방식: 이준익 감독의 〈동주〉, 〈박열〉을 중심으로」, 『한국예술연구』 21호, 한국예술종합학교 한국예술연구소, 2018, 149~172쪽.

어느때보다도 정치적인 시대였다. 다만 〈마음의 고향〉이 묘사하는 세계는 깊은 산 속 암자로 국한되어 있기 때문에, 자연스럽게 관객은 해방공간의 정치적인 상황을 연상할 필요성을 느끼지 않게 된다. 북측에서 발간한 자료에 따르면, 주인공 도성이 억압을 받다가 자유를 찾아서 절을 떠나는 장면은 "미제의 압제하에서 신음하는 남반부 인민들의 생활 감정이며 또 당시의 작가 자신의 생활 감정"[249]이 담긴 것이라고 한다. 납북/월북 여부를 정확하게 파악할 수 없는 까닭에, 연출 당시에도 윤용규가 그러한 의도를 명확하게 가지고 있었는지는 확신하기가 어렵다. 다만, 해방을 맞이한 한반도의 민중이 보다 희망찬 길로 나아가야 한다는 점을 암시하였다는 것만은 확실할 것이다.

비교적 최근에는 〈마음의 고향〉 역시 '리얼리즘' 작품이라는 언급이 이루어지기도 하였다. 김종원은 2020년 3월 《월간조선》 인터뷰를 통하여 다음과 같이 말하고 있다.

동승의 어머니에 대한 그리움은 새털부채와 살생, 염주라는 피사체에 의해 주요 모티브로 투영됩니다. 〈마음의 고향〉은 서정적 리얼리즘으로 승화된 해방 후 최초의 문예(文藝)영화로 오래 기억될 만한 가치가 있어요.[250]

《월간조선》의 기자는 김종원에게 고전이 될만한 한국영화 10편을 골라달

249 박철, 〈서정적 수법이 탁월한 공훈 배우 윤용규〉, 《조선예술》, 1957.08., 90쪽.

250 김태완, 〈[김태완의 인간탐험] 한국 영화평론의 산증인 金鍾元: "영화 〈기생충〉은 〈오발탄〉의 사회비판, 〈만추〉의 감각, 〈하녀〉의 속물성 담고 있어"〉, 《월간조선》, 2020.03., 442~458면.

라고 부탁하였고, 해당 목록에 〈마음의 고향〉이 포함되었다. 김종원은 〈마음의 고향〉을 '서정적 리얼리즘'이라는 용어로 설명한다. 기사 제목('영화 〈기생충〉은 〈오발탄〉의 사회비판, 〈만추〉의 감각, 〈하녀〉의 속물성 담고 있어')을 통해 알 수 있듯이, 이러한 분류는 기존 비평 담론에서 이루어졌던 것과 마찬가지로 한국 영화사를 연속적이고 단일적인 것으로 파악하려는 시도의 일환일 것이다. 기자는 이어서 봉준호의 〈기생충〉을 보았는지를 질문하는데, 여기에 김종원은 다음과 같이 대답한다.

예컨대 냉철한 사회비판은 유현목 감독의 〈오발탄〉을 닮았고, 한편으론 신상옥 감독의 〈사랑방 손님과 어머니〉처럼 상업주의를 붙들고 있죠. 〈만추〉의 이만희 감독이 지닌 감각에다 〈안개〉의 김수용 감독의 연금술을 겸비했다고 할까. 〈기생충〉도 김기영 감독이 〈하녀〉에서 보여준 가족 간 관계와 인간의 속물성을 마치 외과의사가 집도하듯 날카롭게 스크린에 옮겼더군요.

기자는 "〈기생충〉 리뷰 속에 한국영화 100년사가 모두 들어간" 청산유수와도 같은 김종원의 답변을 '입이 딱 벌어지는', '대가다운' 것이었다고 표현한다. 그런데 실상 수많은 개별 영화 작품과 감독은 연속적이지가 않다. 실제로 영향관계를 주고받은 일부 사례가 존재할 수 있겠지만, 이를 한국 영화 전체로 확장하여 일반화한다면 오류가 된다. 논리적 비약과 인상비평으로 점철된 계보화 작업으로 인하여 지난 한국 영화사 서술에서 수많은 왜곡과 은폐가 발생해왔다는 사실을 거듭 명심하여야 할 것이다.

이러한 맥락에서 볼 때, 〈마음의 고향〉을 '리얼리즘(혹은 민족영화)'에 속하는지 아닌지를 이분법적으로 판가름하는 것은 지나치게 단순한 행위일 뿐만 아니라 무의미한 행위가 될 것이다. 기존의 한국 영화사 비평 담론에서 반복되었던 '민족영화=리얼리즘=정전'이라는 도식을 답습하고 강화할 우려가 있다는 점에서, 이와 같은 태도는 의식적으로 지양할 필요가 있다. 다만 당시의 비평 담론을 통해서도 확인해 볼 수 있듯이, 〈마음의 고향〉은 리얼리즘으로 정전화된 여타 작품보다 오히려 더 사실적인 작품으로 관객에게 인식되고 있었다. 본고는 그러한 점에 주목할 필요가 있다고 본다. 즉 "리얼리즘의 정치역학을 역사화, 맥락화하는"[251] 총체적인 접근 방식을 택함으로써 기존 영화사 서술의 단점과 한계를 보완할 수 있을 것이다.

윤용규는 초창기 북한영화사 발전에 있어서 지대한 공헌을 하였다. 1955년 '조선문학예술총동맹 중앙위원회'의 후보위원으로 발탁된 후 1964년에는 중앙위원으로 승급하였다. 같은 해인 1964년, 그는 '조선영화인동맹 중앙위원회' 상무위원 및 '조선문학예 술총동맹' 중앙위원을 역임하고, 배우로도 활동을 하며 공훈예술가 칭호를 받는다. 하지만 이를 끝으로 '복고주의자'라는 죄명 하에 오랜 기간 영화계에서 물러나게 된다.[252] 1967년을 전후로 한 갑산파 숙청 시기에 많은 예술인이 자리를 떠나야 하였는데, 윤용규 역시 마찬가지였던 것으로 추정된다. 〈빨찌산처녀〉(1954), 〈신혼부부〉(1955) 등 윤용규가 북측에서 연출한 여러 작품에 등장하였던 문예봉은 자서전을 통하여 이 시기를 다음과 같이 회고한다.

---

251 김소연 외, 『매혹과 혼돈의 시대: 50년대의 한국영화』, 소도, 2003, 12쪽.

252 〈(16)국가훈장받은 문정복〉, 《중앙일보》, 1986.04.08., 11면.

나는 주체58(1969)년 6월부터 촬영소를 떠나지 않으면 안되였다. 그때로 말하면 위대한 장군님의 정력적인 령도밑에 영화부문에서는 영화혁명의 불길이 타오르기 시작하던 시기였다. 위대한 장군님의 현명한 령도밑에 바야흐로 영화혁명의 새로운 전환적시대가 펼쳐지던 그때 촬영소를 떠나야 하는 내 마음은 참으로 괴롭기 그지없었다. 하지만 일단 결정된 일이니 어쩌는수가 없었다.[253]

윤용규가 다시 메가폰을 잡은 것은 1980년 제작된 〈춘향전〉을 통해서였다. 문예봉 역시 이 작품에서 '월매' 역을 맡으면서 스크린에 복귀한다. 이후 윤용규는 1986년 〈가야금에 깃든 사연〉을 연출한 것으로 알려져 있는데, 이후의 행적은 정확하게 파악되지 않고 있다.

한반도 영화사에서가 윤용규가 차지하는 위상은 각별하다. 남·북에서 모두 연출 경험을 지닌 감독은 그가 유일하다. 그러한 만큼, 향후에도 윤용규와 그의 작품을 중요하게 재검토해 볼 필요가 있다. 남·북의 리얼리즘이 어떠한 형태로 분화하였고 변질되었는지를 비교하여 확인해 볼 수 있는 중요한 시금석이 될 것이기 때문이다.

---

253 문예봉, 『내 삶을 꽃피운 품』, 문학예술출판사, 2013, 228쪽.

4. 한국전쟁과 (네오)리얼리즘

1) 〈태양의 거리〉

　분단 상태에 놓여 있던 한반도는 결국 1950년 6월 15일을 기점으로 전쟁의 화마에 휩싸이고 말았다. 3년이라는 시간은 정치, 경제, 사회 시스템을 마비하기에 충분한 시간이었다. 일본이 철수한 후 "우리 손에서는 필님과 현상약품의 사진화학공장 하나없고 보매 앞이 캄캄하고 막다른 골목에 드르선감이 없지 않았다"[254]고 회고될 만큼 해방 직후 영화계는 열악한 상황에 놓여있었는데, 전쟁이 발발하면서 산업적인 토대가 또 다시 와해되고 말았다.

　전쟁이라는 혼란통에 종이, 필름 등의 물자와 더불어 사상의 통제가 엄격하게 이루어졌다. 문예계의 경우를 먼저 살펴보면, "한국의 현대문학에 있어서 한국전쟁은 잃어버린 문학의 시대를 낳"[255]았다. 작품 창작에 있어서 일시적인 공백 상태가 찾아온 것이다. 문학 이전에 생존이 문제가 되는 상황에서 여러 문인이 종군 작가 신분으로 이데올로기 선전에 동원되었다. 영화계에서도 상황은 비슷하였다. 당시 영화인은 극영화 창작보다는 주로 기록영화 창작을 통하여 작품 활동을 이어나갔다. 이구영 감독의 〈아름다웠던 서울〉(1950), 윤봉춘 감독의 〈서부전선〉(1950)과 〈오랑캐의 발자취〉(1951), 방의석 감독의 〈육군포병학교〉(1951), 한형모 감독의 〈정의의 진격〉(1951), 임운학 감독의 〈총검은 살아있다〉(1953) 등의 작품을 예로 들어볼 수 있다. "이들

---

254 안철영, 〈영화의 자재난(資材難) 정치문제와 동시해결(同時解決)〉,《경향신문》, 1946.12.15., 2면.
255 권영민,『한국현대문학사 2』, 민음사, 2002, 104쪽.

의 활동은 전쟁 발발과 함께 미공보원(USIS)과 국방부 정훈국 촬영대, 공보처 등을 중심으로 이루어졌다."[256]

한편 이 시기에는 신인 영화 인력의 약진이 두드러진다. 전쟁기에는 민경식과 신상옥이, 전쟁 직후에는 이강천과 정창화 등이 감독으로 데뷔하였다. 연출뿐만 아니라 스텝과 배우 등 여타 분야에서도 새로운 인력이 활발하게 활동하기 시작하였다. 기존 영화인이 북으로 자취를 감추거나 목숨을 잃는 경우가 많았는데, 그로 인해 생긴 빈 공간을 신진 인력이 채워나가기 시작한 것이다. 전쟁은 남·북 문예사의 본격적인 단절이라는 결과를 낳았으며 혼란과 폐허를 야기하였다. 하지만 그러한 상황이 소장 영화인에게는 오히려 기회로 작용하였다. 젊은 피가 수혈되면서 새롭고 신선한 경향의 작품이 창작될 수 있는 토대가 형성되었다.

서울에 집중되어 있었던 문화·예술적 헤게모니는 대구, 부산 등과 같은 도시로 재배치되었다. 창작과 관련한 물질적 요소와 인적 자원이 강제로 이동할 수밖에 없었기 때문이다. 이를테면 '모든 신파적 요소를 제거하고 진정한 사실주의 연극'을 주창하였던 극단 '신극협의회(新劇協議會, 이하 신협)'[257]는 1950년 9·28 서울 수복 이후 재결성되어 육군 정훈국 문예중대로 편성된 뒤 공연 활동을 이어나가는데, 1951년 1·4후퇴 당시 "군의 힘을 빌어 화물칸을

---

256 김미현 편, 『한국 영화사: 개화기(開化期)에서 개화기(開花期)까지』, 커뮤니케이션북스, 2006, 117쪽.

257 단, 여기서 '신파극'은 '국민연극-좌익연극-연극의 정치 목적성·선동성'과 연결되는 개념이었다. 이해랑은 이에 대비되는 개념으로 '극연-극협-신협의 순수연극·민족연극'의 담론을 구축하였는데, 이것이 그가 생각하는 '진정한 사실주의 연극'과도 맞닿아 있었을 것이다. 이 시기 연극계에서 신협의 위상은 대단히 각별하였다. 신협은 "1950년 국립극단 전속극단으로부터 시작하여 피난지 대구와 환도 후 서울에서 유일하게 연극계의 명맥을 이어갔던 극단이자, 5·16 이후 국가재건최고회의에 의해 정식으로 국립극단으로 통합되어 그 이름을 잃을 때까지 1950년대를 대표하는 극단이었다." 김옥란, 「1950년대 연극과 신협의 위치」, 『한국문학연구』 34호, 동국대학교 한국문학연구소, 2008, 123; 127쪽.

타고 피난길에 나서 대구에 도착하게 된다."[258] 이들은 문예중대의 전폭적인 지원하에 대구키네마 극장을 근거지로 삼고 활동을 이어간다. 이들로 인하여 영화계 역시 어느 정도 활기를 되찾을 수 있었다. 신협에 소속되어 있던 복혜숙, 황정순, 최무룡, 박암 등은 연극배우임과 동시에 영화배우이기도 하였기 때문이다. 복혜숙은 〈삼천만의 꽃다발〉(1951)에서 주인공 최건영의 어머니 역할을, 박암은 〈태양의 거리〉(1952)에서 주인공인 교사 문대식 역할을 맡게 되었다.

상술한 요인과 더불어 임시수도 천도를 따라 이동한 수많은 피란민이 대중문화의 수요층을 형성하게 되면서, 극영화 창작이 미약하게나마 꾸준히 시도될 수 있었다. 한국전쟁 시기 영화인은 다양한 한계와 마주하여야 했다. 하지만 그러한 악조건에는 이전 시기에 비해 보다 새롭고 도전적인 시도를 배태할 수 있는 가능성이 내포되어 있었다. 전쟁이라는 비극적인 상황은 당면한 현실의 문제에 집중할 수 있는 계기가 되기도 하였다. 이 시기 대표적인 리얼리즘 영화로는 민경식 감독의 〈태양의 거리〉와 신상옥 감독의 〈악야〉(1952)가 거론된다. 두 작품 모두 이탈리아 네오리얼리즘과 유사한 경향을 나타낸다고 평가받고 있다.

우선 〈태양의 거리〉의 경우, 사운드 트랙은 유실되었으나 한국전쟁기 제작된 14편의 극영화 가운데 유일하게 필름이 남아있는 작품이다. 당시의 평론과 더불어 남아있는 영상 자료를 기반으로 영화의 서사를 요약·정리해보면 다음과 같다.

---

258 한국예술종합학교 한국예술연구소 편, 『한국현대 예술사대계 I』, 시공사, 1999, 182쪽.

국민학교 교사 문대식(박암 분)이 피난지 대구로 부임해 온다. 기차에서 내린 그는 우연한 계기로 고학생 시절 친하게 지냈던 돌이의 형(전택이 분)과 누이(김혜영 분)를 마주한다.

돌이(김박길 분)의 가족은 피난을 내려와 판잣집에서 힘겹게 생활하고 있다. 노모(노재신 분)는 병으로 인해 몸져누운 상태고, 형은 마땅한 직업 없이 불량배 생활을 한다. 누이 복희는 냉면 집에서 일하고 있다.

돌이는 처음에는 동네 아이들과 사이가 좋지 않다. 그러나 사과 서리, 물놀이 장소에서의 담력 대결 등을 거치며 점차 그들과 친해진다. 문대식 역시 불량소년을 선도하는 등 아이들을 진심으로 보살핀다.

어느 날 돌이의 친구가 수돗가에서 한 교사의 시계를 훔치게 된다. 그는 돌이에게 시계를 건네는데, 노모를 치료하기 위하여 의사를 데려오던 문대식이 그 광경을 본다. 그는 시계를 건네받고 아이의 절도 행위를 용서해 준다.

그러나 안타깝게도, 은행에서 돈을 훔쳐 집으로 가져왔던 돌이의 형은 이형사(강계식 분)에게 체포되고 만다. 돌이는 형사에게 돈다발을 건네고, 형은 잘못을 뉘우치며 호송된다. 문대식은 노모에게 돌이를 돌보겠다고 말한다. 태양이 비추는 거리를 문대식과 아이들이 힘차게 걸어간다.[259]

〈태양의 거리〉는 자유영화사의 첫 번째 작품이었다.[260] 원로 영화인 김대한의 회고에 따르면 전쟁기 대구 자유극장 뒷골목에 있던 '카스바'는 영화인이 즐겨 찾는 만남의 장소였는데, 여기서 〈태양의 거리〉가 기획되었다고 한

259 H생(生), 〈[영화평] 태양의 거리〉, 《매일신문》, 1952.10.17., 2면; 「태양의 거리」, 한국영화데이터베이스, 〈https://www.kmdb.or.kr/db/kor/detail/movie/K/00244〉 (검색일: 2021.12.28.)

260 〈[신영화] 「태양의 거리」〉, 《경향신문》, 1952.10.26., 2면.

다. 당시 자유극장 사장이었던 이후근의 제안으로 1952년 동촌유원지, 신천동 일대 판자촌, 대구역, 동성로, 교동시장 등지에서 〈태양의 거리〉 촬영이 진행되었다. 대구 출신 영화 기획자 변종근이 기획을, 심재홍이 촬영을 맡았다. 연출을 맡은 것은 민경식이었다. 그는 대구 출신으로, 북한에서 초창기 극영화 〈용광로〉(1950)를 연출한 민정식의 형이기도 하다. 자유극장 등지에서 간판 그림을 그리는 일을 하고 있었는데 색채에 대해 뛰어난 안목을 지녔으며, 그림 솜씨 또한 좋아서 광고주로부터 인기가 대단히 높았다고 한다.[261]

〈태양의 거리〉는 피란지 대구의 여러 가지 사실적인 모습을 화면에 그려내고 있다. 영화의 주 무대가 되는 것은 신천 강변이다. 오프닝 시퀀스에서 카메라는 패닝 숏을 통하여 신천 일대를 보여주는데, 전쟁기에 형성된 피란민 판자촌의 전경이 화면에 담긴다(그림 4).

[그림 4] 〈태양의 거리〉 오프닝 시퀀스   [그림 5] 1952년 신천 강변 피란민 판자촌 사진[262]

261 김영수, 〈피란지 대구 전시(戰時)영화의 산실로: 한국영화 어제와 오늘 〈12〉 6·25격동기〉, 《매일신문》, 1999.01.07., 14면; 김대한, 〈"뛰어난 작가주의 정신 소유": 대구 토박이 민경식 감독〉, 《영남일보》, 2004.04.26., 14면.

262 한국저작권위원회(부경근대사료연구소 김한근 소장 제공), 「1952년 대구 신천 강변의 피란민 판자촌 모습_2」, 공유마당, 〈https://gongu.copyright.or.kr/gongu/wrt/wrt/view.do?wrtSn=13152532&menu

이외에도 감독은 한국은행을 비롯한 다양한 시가지의 풍경을 화면에 담아낸다. 어린이가 길거리에서 물건을 파는 장면이 등장하기도 한다(그림 6). 대구 지역 구술사 자료를 참조해보면, '동생과 함께 미군에게 사과를 팔다가 미군 트럭에 치일 뻔 했다'[263]는 증언이 발견된다. 미군을 대상으로 아이들이 물건을 파는 광경은 현실에서도 어렵지 않게 찾아볼 수 있는 이미지였다.

[그림 6]

영화는 주제의식을 함축한 장면으로 마무리된다. 돌이의 집을 방문한 문대식이 희망찬 말을 건네자 일가족의 얼굴에는 웃음꽃이 핀다. 카메라가 서서히 틸트 업 되면서 벽에 걸린 표어가 나타나는데, '자라자 올바로'라는 문구가 보인다. 좌측으로는 환한 태양이 내리쬐는 신천을 그린 풍경화가 걸려 있다. 그림은 이내 실제 풍경과 디졸브 된다(그림 7). 문대식과 아이들이 힘차

No=200018) (검색일: 2021.12.29.)

263 대구광역시 중구 도심재생문화재단 편, 『제2의 고향, 중구를 통해 본 나의 70년 인생: 1941년생 이윤환』, 대구광역시 중구 도심재생문화재단, 2013, 12쪽.

게 거리를 걸어가고, 카메라는 오프닝 시퀀스에서와 같이 패닝으로 대구의 풍경을 보여준다. 이처럼 영화는 전쟁이라는 상황에서도 낙관적인 태도를 유지하고 있으며, 등장인물들이 앞으로 살아갈 희망찬 미래에 대하여 논하고 있다.

[그림 7]

서사적인 측면에서 볼 때, 〈태양의 거리〉는 "1930년대 리얼리즘 경향을 대표할 수 있는"[264] 작품으로 평가받은 〈수업료〉(1940)와 일부 유사성을 나타낸다. 두 작품 모두 어린이가 주인공이며, 집에는 병환으로 몸져누운 사람이 있다. 집세를 독촉받는 듯한 장면이 등장하기도 하는데, 이에 학교 친구와 선생님이 도움을 주려고 노력한다. 이야기가 긍정적인 분위기로 마무리된다는 점 역시 공통점이라고 할 수 있을 것이다. 또한 아이들을 대하는 문대식의 헌신적인 태도에서는 〈집 없는 천사〉(1941)에서 주연을 맡은 방성빈(김일해 분)의 모습이 엿보이기도 한다. 주지하다시피 〈집 없는 천사〉 역시 〈수업료〉와 마찬가지로 일제강점기를 대표하는 리얼리즘 작품으로 평가받은 바

---

264 이영일, 『한국영화전사(개정증보판)』, 앞의 책, 201쪽.

있다. 이와 같은 사항 역시 〈태양의 거리〉가 리얼리즘적인 맥락에서 독해될 수 있는 요인으로 작용하였을 것이다.

〈태양의 거리〉에 대한 당시 기사를 살펴보면, "모든것이 가난한가운데 오직 제작 「스타프」들의 불굴의정신과연 그리고 단결(團結)의결(結)창이라는 것이다 그러므로 국내어느작품에비해서도 부끄럽지않는 우수한결과가 맺어졌다고본다"[265]라는 긍정적인 평가가 확인된다. 이와 더불어 아래와 같이 다소 부정적인 평가도 확인해 볼 수 있다.

이 작품은 피란민 소년과 원주민 소년 사이에 혼히 있는 『질투』와 『싸움』이 신임된 선생에 의하여 해제되고 소년 간의 우정은 범죄행위까지 하면서 피란 소년 가정의 곤경을 돕게 하고 선생이 피란 소년의 형과의 동창이라는 데서 그의 가정을 돕고 소년이 다시 등교하게 된다는 소년의 세계를 그려서 어른들의 세계에까지 발전시켜 볼려는 스토-리와 의도를 가진 작품인데 씨나리오 김소동의 내용의 빈곤인가 소년 심리를 깊이 파고들어가지 못하고 피부에만 『텃취』한 감을 준다. 원주민 소년들이 자기 부모에게 호소한다든가 소년들끼리 모여 합의한다는 자발적인 의도로 이끄러가지 않고 범죄 행위와 직결시킨데 이 작품의 치명적인 결함이 있다. 피란 소년들이 (김박길)에게 그 이상의 연기는 기대할 수 없다 해도 그의 누이 복희(김혜영)의 무감각한 연기와 선생 문대식(박암)의 표정의 부자연성은 대중에의 『애필』을 반감했으며 이형사(강계식)의 기계적 동작은 어색감을 불금(不禁)케 한다.[266]

---

265 H생(生), 앞의 기사, 2면.

266 〈[신영화] 「태양의 거리」〉, 《경향신문》, 1952.10.26., 2면.

위의 인용문을 통하여 확인해 볼 수 있듯이 시나리오 차원에서 아동의 심리를 깊이감 있게 묘사하지 못하였다는 점, 그리고 연기가 부자연스러웠다는 점이 지적되고 있다. 흥미롭게도, 이 글에서는 그러한 부정적인 평가와 더불어 '교육적인 견지에서 학생들에게 보이고 싶은 영화'라는 긍정적인 평가가 공존하고 있다. 이 역시 전쟁이라는 악조건 하에 제작·개봉한 작품이라는 점이 고려된 결과였을 것이다. 뿐만 아니라 영화의 계몽적인 측면이 일제강점기와 마찬가지로 여전히 평가에 중요한 기준으로 작용하고 있었음을 확인해 볼 수 있다.

2) 〈악야〉

다음으로 살펴볼 작품은 〈악야〉로, 이는 신상옥의 장편 극영화 데뷔작이기도 하다. 신상옥은 해방기에 일본으로 다시 돌아가서 일을 할지 말지를 고민하고 있는 상황이었다. 그러던 중 《백민》(白民)지에 수록되었던 김광주의 단편소설 「악야」(1950)를 발견하고 이를 영화화할 것을 결심한다. 제작비는 집안의 재산으로 마련하였다. 일본에 돌아가지 않겠다는 조건으로 집안 어른들을 설득한 것이다. 〈악야〉는 실험적 요소가 강한 16mm 필름 작품이었다고 하는데,[267] 상영 시간은 대략 한 시간 남짓으로 추정된다.[268] 필름은 남아있지 않으나 몇 가지 문헌 자료를 토대로 대략적인 줄거리는 파악해 볼 수 있다. 신상옥이 회고한 〈악야〉의 내용을 옮겨보면 다음과 같다.

---

267 신상옥, 앞의 책, 46쪽.

268 이해랑, 〈[문화] 문예영화 「악야(惡夜)」를 보고 (상(上))〉, 《경향신문》, 1952.03.19., 2면.

한 작가(황남)가 아침에 잠자리에서 눈을 뜨는데 한쪽 눈만 뜬다. 이 눈을 클로즈업으로 잡은 것이 첫 장면이다. 눈을 껌벅거리는데 그것이 마치 성기처럼 보인다. 올려다보니 천장에 매달린 전구가 흔들리고 있다. 집을 나서려는데 아내(문정숙)가 구두를 닦아 놓지 않아 말다툼을 한다. 장면이 바뀌면 작가는 명동에서 구두를 닦고 있다. 그는 오늘 내로 집세를 내지 않으면 쫓겨날 판이다. 밀린 원고료를 받으러 잡지사에 가지만 받지 못한다.

화가 난 그는 자포자기해서 친구와 폭음을 하며 떠들어 댄다. 함께 마시던 친구는 집으로 가다가 미제 물품을 파는 예쁘장한 소녀에게 담배 한 갑을 사고는 그 소녀를 꼬여서 관계를 맺는다. 작가 역시 비틀거리며 집으로 가다가 양공주(이민자)가 탄 지프에 치인다. 그런데 그 양공주인즉 작가가 교사로 근무할 때 가르쳤던 제자다. 부상을 당한 작가는 어쩔 수 없이 그녀의 집으로 가게 된다. 밤이 늦어 잠들려는데 미군들이 드나들고 전남편까지 찾아와 그녀를 끌고 나가는 소동이 벌어진다. 양부인에게는 아이가 하나 있는데, 자꾸 울어대는 통에 잠을 잘 수가 없다. 벽장을 열어 보니 미제 초콜릿 등이 들어 있다. 그것을 꺼내 아이에게 먹이며 울음을 그치도록 달랜다. 다음날 아침, 남편이 집세를 마련해 오기를 기다리던 작가 부인은 집에서 쫓겨나 혼자서 이사를 한다. 작가는 아이 때문에 잠 한숨 못자고 양공주 집에서 나오다가 아내와 마주친다. 공교롭게도 바로 옆집으로 이사를 온 것이다. 작가는 무턱대고 아내에게 화를 내며 다른 곳으로 다시 이사를 가자고 한다. 한편 친구는 비뇨기 병원에서 어색한 자세로 나온다. 어젯밤 함께 잔 소녀한테서 성병이 옮은 것이다. 두 사람이 이삿짐을 실은 수레를 밀고 멀어져 가는 마지막 장면으로 영화는 끝난다.[269]

---

[269] 신상옥, 앞의 책, 47~48쪽.

영화 〈악야〉의 이야기 구조는 비교적 단순한 편이었다. 신상옥 스스로가 언급하듯이 꽁트라고 해도 좋을 만큼 짧은 분량이었고, "드라마적 기복이 거의 없고 사실적인 정황 묘사로 일관"하였으며, "배우들의 연기보다는 편집과 카메라 워킹 위주로 영상미에 주력한 작품"[270]이었다.

〈악야〉가 완성되기까지는 다양한 어려움이 있었다. 우선, 원래부터 귀했던 필름이 전쟁 발발과 동시에 더더욱 희소해졌다. 신상옥은 제작비가 생길 때마다 암시장에서 필름을 사서 후반부 촬영을 진행하였다고 회고한다. 음향 효과의 경우, 진해에서 버려진 가마를 구한 뒤 방음장치를 설치하여 녹음을 진행하였으며, 배경음으로 사용할 만한 마땅한 한국 음악을 구할 수 없어서 조지 거슈인(George Gershwin)의 '랩소디 인 블루(Rhapsody in Blue)'가 테마곡으로 삽입되었다고 한다.[271]

이처럼 〈악야〉는 악조건 하에서 완성된 영화였는데, 평단의 반응은 대체로 호의적인 편이었다. 〈악야〉는 "외국작품과 어깨를 겨눌수있는 우수한 성과를 거두어 각방면에서 호평을 받"[272]았다. 특히 명동, 남대문 시장, 동대문 시장 등을 직접 촬영한 탓에 화면이 아주 '리얼'하게 그려질 수 있었는데, 이해랑을 비롯한 극단 신협 사람들이 시사회에서 이를 보고 아주 좋아했다고 한다.[273] 해외로의 수출이 타진되기도 하였다. 1952년 3월 20일 기사를 확인해보면, "'동흥공사' 영화부를 통하여 뉴욕 '네이픽' 회사의 위촉으로 미국에

---

270 위의 책, 48쪽.

271 위의 책, 48~49쪽.

272 〈한국영화악야 미국으로진출〉, 《경향신문》, 1952.03.21., 2면.

273 신상옥, 앞의 책, 48쪽.

진출하게 되었는데 제작자측에서는 이를 계기로 기자재 부족으로 불비하였던 점을 재편 촬영할 예정"이었다고 전해진다.[274]

이해랑의 평에 따르면, 기자재적 조건으로나 인적 조건으로나 한국전쟁 당시 영화계는 빈사상태에 놓여있다고 해도 과언이 아니었다. 〈악야〉는 그러한 한계를 뛰어넘는 젊고 새로운 시도로 인식되고 있었다.

> …(중략)… 이러한 모든 악렬한 조건을 용패(勇敗)히 극복하고 「육·이오」 전부터 착수하였다가 적귀의 침범으로 좌절당했던 것을 끝까지 굴하지 않고 실로 고투(苦鬪) 이 년여(二 年餘) 남하(南下)한 부산에서 끝끝내 한 편의 영화를 맨드러 오래간만에 은막 위에 우리 시선을 집중시켜 준 신상옥씨 외 여러 제작 동인 제씨에게 위선예술동지(爲先藝術同志)의 한 사람으로서 경의를 표하고자 한다.[275]

위의 인용문을 통하여 확인해 볼 수 있듯이 이해랑은 예술계의 선배이자 동지로서 신상옥의 노력에 대하여 찬사를 보내고 있다. 그의 말에 따르면, 〈악야〉는 원작 소설의 호흡을 성공적으로 재현해낸 문예영화였다. 소설은 "우리들의 적나라한 현실의 한 단면을 대담하고 또 가장 솔직하게 표현하"였는데, 영화 역시 술취한 사람의 하룻밤을 통하여 "우리의 현실의 웃지못할 일면을 묘파(描破)"하였다고 한다.[276] 당시 이해랑은 '연극적'인 기법을 잘

---

274 〈『딸라』빌기에한목 영화「악야」미국에진출〉, 《동아일보》, 1952.03.20., 2면.
275 이해랑, 〈[문화] 문예영화 「악야(惡夜)」를 보고 (상(上))〉, 《경향신문》, 1952.03.19., 2면.
276 위의 기사, 2면.

활용한 작품이 우수한 것이라는 연극관을 가지고 있었다. 이러한 점을 고려해 볼 때 〈악야〉는 단순히 소설을 그대로 재현한 형태가 아니라, 소설의 내용을 '영화적'으로 잘 풀어낸 형태였던 것으로 이해해 볼 수 있다.[277] 필름이 소실된 탓에 "우리의 현실의 웃지못할 일면"이 어떠한 것이었는지를 구체적으로 확인해 볼 수는 없다. 다만, 〈악야〉에서는 성노동자뿐만 아니라 구두닦이, 담배장사, 좀도둑 등 다양한 인간 군상이 묘사되고 있었다고 한다.[278] 당시의 여러 세태를 비교적 사실적·비판적인 태도로 그려내고 있었다는 점을 확인해 볼 수 있는 대목이다.

여기서 한 가지 주목해 볼 사항이 존재하는데, 영화 〈악야〉의 내용이 원작 소설과는 다소 차이를 나타내고 있다는 점이다. 세부적인 논의를 전개하기 위하여 단편소설 「악야」의 줄거리를 간추려보면 다음과 같다.

잡지사에서 일하고 있는 '나'는 어느 날 낯선 천장을 마주한다. 여류시인으로 소개받은 적이 있는 '쏘니아'의 집에 만취한 채로 찾아와 잠들어버린 것이다. 나는 월급날만 아니었어도, 배우자가 잔소리만 하지 않았어도, 잡지사에서 제때 월급을 받기만 하였어도, 비만 내리지 않았어도 이와 같은 실수를 저지르지

---

277 이해랑은 해방 이후 좌익 진영이 주도한 연극단체의 신파적 잔재와, '도식적, 선동적, 혁명적 리얼리즘'에 염증을 느끼고 새로운 신극 운동의 필요성을 주창한 바 있다. 이러한 가치관은 더 나아가 '연극적'인 연극, 즉 연극의 순수성을 지향하는 신념으로 발전한다. 이해랑의 연극관이 큰 변화를 맞이하게 된 것은 1954년 무렵이었다. 그는 서울시 문화상을 타고 같은 해 2월 미국 국무성 초청으로 미국 연극계를 3개월 간 시찰한다. 여기서 엘리아 카잔(Elia Kazan)의 작품과 '스타니슬랍스키(Станиславский) 시스템'을 마주하고 한국에서 수행하였던 연출에 대하여 깊게 반성하였다고 한다. 안장환, 「이해랑의 리얼리즘과 연출 관점에 대한 소고: 텍스트 "햄릿" 공연 연출을 중심으로」, 『공연문화연구』 22집, 한국공연문화학회, 2011, 338~340쪽.

278 아석, 〈「악야」를 보고〉, 《전북일보》, 1952.06.05., 2면; 최은영, 「한국 전쟁기 『전북일보』 영화 기사 연구」, 『한국예술연구』 30호, 2020, 277쪽에서 재인용.

않았을 것이라 생각한다. 나는 정신을 차리고 쏘니아와 이런저런 이야기를 나눈다. 쏘니아는 독립운동가 아버지를 둔 탓에 블라디보스토크에서 태어난 인물이다. 그녀는 부모를 모두 잃고 천진, 북경, 남경, 상해 등지를 떠돌다가 해방을 맞이하여 딸 '미리'와 함께 조선으로 들어왔다고 한다.

이야기를 나누던 중, 별안간 한 사나이가 문을 두드린다. 전처와 이혼한 뒤 대구에서 올라왔다는 그는 쏘니아를 데리고 사라진다. 나는 혹여나 치정 관계로 경찰 조사를 받게 될까봐 걱정한다. 그러던 차에, 얌전히 누워있던 미리가 잠에서 깨어나 울음을 터트린다. 나는 붙박이장 안의 여러 가지 물건 사이에서 초콜릿을 발견하고, 그것으로 겨우 미리를 달래어 재운다. 다시 자리에 누워보지만 잠은 오지 않는다. 아파트에 사는 여러 사람들의 싸움 및 소동 소리를 듣다가 날이 밝는다. 나는 미리와 작별 인사를 하고 아파트를 나선다.

그로부터 며칠이 지난 후, 길을 가다가 우연히 미군 장교의 지프차에 탄 쏘니아와 마주한다. 그녀는 차에서 내려 지난 밤의 일을 사과하고 사라진다. 손을 흔드는 모습이 마치 미리의 모습과 꼭 같아 보인다. 하루는 잡지사 창문 바깥을 통해 거리의 신문팔이 소년들이 미국 기관에서 나오는 여성에게 돌팔매질을 하며 '양갈보'라고 놀리는 장면을 보게 된다. 나는 그녀가 쏘니아임을 알아차리지만, 먼 발치에서 그러한 광경을 바라볼 뿐이었다.[279]

영화와 소설 「악야」의 줄거리를 비교해 보면 몇 가지 중요한 차이점을 발견할 수 있다. 우선, 원작에서 '쏘니아'는 자신을 '전재민'이라고 언급할 만큼

---

[279] 김광주, 〈악야〉, 《백민》, 백민문화사, 1950.02., 93~109쪽을 토대로 요약·정리.

기구한 운명을 지닌 인물로 그려진다. 그의 삶은 식민지와 해방이라는 한반도의 역사적 상황과 밀접하게 연관되어 있다. 반면 영화에서 '양공주'라는 인물은 '작가'의 제자였던 것으로 각색된다. 이러한 과정을 통하여 쏘니아에 삶에 담긴 복잡한 시대적 맥락은 단순화되는 경향이 있다. 또한 소설에서는 남성 주인공의 시선을 통하여 쏘니아라는 인물을 관찰하는 것에 집중하는 반면, 영화에서는 남성 주인공이 서사 전개에 있어서 보다 중심적인 인물이 된다. 이와 같은 차이는 신상옥 개인의 경험에서 기인하는 것이라고 할 수 있다. 신상옥은 "남들이 잘 모르는 스캔들거리"를 하나 털어놓는다. 피난 시절에 북적이는 집을 피해 밖으로 나돌다가 한 양공주를 만나 6개월 간 동거를 하였다는 것이다. 그는 그 때의 경험이 〈악야〉의 완성에 상당한 도움을 주었노라고 밝힌다.[280]

원작자 김광주는 일제강점기 재중(在中) 유학생이었는데, 그러한 체험과 경험이 어느 정도 소설에 반영되었다고 볼 수 있다. 반면 신상옥은 그러한 부분을 상당량 소거하고 자신의 체험에서 기반한 내용을 영화에 추가하였다. 요컨대, 원작이 한반도의 역사적 배경을 거시적인 시각에서 다루면서 문제의식을 드러냈다면, 영화 〈악야〉는 그러한 고민의 밀도를 다소 낮추되 소소한 일상의 풍경을 '영화적'인 표현 방식으로 재치 있게 묘사하는 데 보다 집중하였다. 이에 대한 적절한 예시로 키스 장면을 들어볼 수 있을 것이다. 신상옥의 회고에 따르면, 주인공 부부 간의 키스를 직접 표현할 수 없었기에 발돋움한 여성의 발만 화면에 담았는데 이러한 '영화적' 연출이 꽤나 좋

---

280 신상옥, 앞의 책, 49쪽.

은 반응을 이끌어냈다고 한다.[281]

또 한 가지 주목해 볼 사항은 한국전쟁 이전부터 〈악야〉의 촬영이 진행되고 있었다는 점이다. 조명을 맡았던 함완섭의 증언에 따르면 전쟁 이전에 이미 세트 촬영이 거의 끝난 상태였다고 한다.[282] 〈악야〉는 한국전쟁이 진행 중이던 1952년에 개봉하였으므로, 영화가 만들어진 시기와 개봉한 시기 사이에 다소 시차가 있었다. 전쟁 당시의 급박하고 혼란스러운 현실의 모습과 영화 속 현실의 모습 역시 어느 정도 간극을 보일 수밖에 없었다. 《전북일보》의 한 평론은 "이러한 일은 피난 도시 대구나 또는 고향 서울에서나 있을 수 있는 일"[283]이라고 하면서, 영화가 재현하는 현실의 균열점을 예리하게 짚어내고 있다. 전선 후방의 누군가에게는 '리얼'하다고 느껴진 장면이, 격전을 경험한 누군가에게는 오히려 비현실적인 장면으로 다가왔던 것이다.

이처럼 〈악야〉는 '전쟁'이라는 개봉 당시의 현실 상황 자체와는 다소 느슨한 연관성을 형성하고 있었다. 그런데 아이러니하게도, 〈악야〉는 바로 그 전쟁이라는 작품 외적인 요소로 인하여 리얼리즘적인 작품이 될 수 있었다. 앞서 언급하였듯이, 당시 우수한 리얼리즘 작품을 판가름하는 기준이 되었던 것은 이탈리아의 네오리얼리즘이었다. 네오리얼리즘은 "제2차 세계대전 전후 이탈리아에서 벌어진 다양한 역사적 사실과 현실과의 밀접한 관계, 즉 독일 파시스트에 대한 저항과 투쟁, 연합군으로서 이탈리아에 진입한 미군

---

281 신상옥, 앞의 책, 48쪽.

282 공영민(채록연구), 『2006년도 원로영화인 구술채록자료집 「함완섭 편」』, 한국영상자료원, 2006, 69~70쪽; 조준형, 『영화제국 신필름: 한국영화 기업화를 위한 꿈과 좌절』, 한국영상자료원, 2009, 73쪽에서 재인용.

283 아석, 앞의 기사; 최은영, 앞의 논문, 277쪽에서 재인용.

과의 관계, 전쟁 이후 붕괴된 경제적 현실로부터 발생한 이탈리아인들의 피폐한 삶과 사회의 불평등 구조로부터"[284] 생겨난 것으로, 전쟁과 매우 밀접하게 연관된 예술 사조였다. 당시 비평 담론은 〈악야〉가 전쟁통이라는 열악한 상황에서 완성·개봉될 수 있었다는 사실에 크게 주목하였는데, 이는 자연스럽게 '네오리얼리즘적'이라는 평가로 이어졌다.

물론, 이러한 평가에는 신상옥이 실제로 (네오)리얼리즘적인 기법을 활용하였다는 점도 고려되어야 할 것이다. 〈악야〉와 네오리얼리즘의 관계에 대하여 다음의 인용문을 참고해 볼 만하다.

> 이렇게 보아올 때 신예 신상옥씨는 이번 작품에 있어서 확실히 재래의 한국 영화의 어떤 진부한 형을 대담하게 깨트렸다 할 수 있고 자기의 독특한 「스타일」과 「리즘」을 보여주는데 성공하였다고 할 수 있다.
>
> 요지음 우리나라 영화계에서도 소위 「이태리적인 리얼이즘」이 운위되고 「자전거도적」이니 「무방비도시」니 하는 작품들이 화제에 오르내리고 있는데 이런 것을 모방했다는 것도 아니고 또 모방할 필요도 없겠으나 어쨋던 이번 「악야」의 연출수법이나 작품구성에서 「데시카」적인 것 혹은 「롯세리니」적인 것을 찾아볼 수 있는 것도 흥미있는 점이고 …(후략)…[285]

안타깝게도, 영상이 유실된 탓에 〈악야〉의 어떠한 부분이 비토리오 데 시카(Vittorio De Sica)와 로베르토 로셀리니(Roberto Rossellini)의 작품색을 연상하게

---

284 정태수, 「세계 영화예술의 역사」, 박이정, 2016, 274쪽.

285 이해랑, 〈[문화] 문예영화 「악야(惡夜)」를 보고 (하(下))〉, 《경향신문》, 1952.03.20., 2면.

하였는지를 확인해 볼 수는 없다. 다만 당시 비평 담론은 〈악야〉를 분명 네오리얼리즘적인 스타일의 작품으로 독해하고 있었다.

훗날 신상옥은 〈악야〉에 관해서 "이탈리아 리얼리즘이나 프랑스 영화의 페시미즘도 어느 정도 작용했을 것이"[286]라고 언급하였다. 그러면서 자신의 작품과 네오리얼리즘이 처한 상황의 유사성을 거론하기도 하였다. 그의 말에 따르면 〈무방비 도시〉는 전쟁 중이라 미군에게 얻은 필름으로 겨우 완성할 수 있었는데, 여러 필름으로 이루어진 탓에 비록 화면 상태는 고르지 못하였으나 '에스프리'만은 뜨겁게 살아 있는 작품이었다는 것이다.[287] 이러한 진술은 자신이 연출한 〈악야〉에 대한 설명으로도 이해해 볼 수 있을 것이다. 앞서 언급하였듯이, 〈악야〉 역시 미군에서 흘러나온 자투리 필름을 통해서 촬영을 마무리하였기 때문이다. 여기에 더하여, 당시 연출부였던 유현목이 주인공의 심리 묘사를 위하여 표현주의적인 연출 방식을 택해야 한다고 주장하였으나, 신상옥은 "되도록 과장 없는 리얼리즘으로 가려고 애를 썼"[288]다고 한다. 이러한 일화를 통해서도 〈악야〉가 리얼리즘적 연출을 지향하였음을 거듭 확인해 볼 수 있다.

이처럼 〈악야〉는 의식적/무의식적으로 국제적인 리얼리즘 영화 사조와 밀접한 친연성을 형성하고 있었다. 다음의 인용문을 통하여 확인해 볼 수 있듯이, 〈악야〉는 우리나라도 세계 영화사의 조류에 뒤쳐지지 않는 수준 높은 작품을 생산할 수 있다는 희망을 안겨주는 신선한 작품으로 인식되고 있

---

286 신상옥, 앞의 책, 46쪽.

287 위의 책, 49쪽.

288 위의 책, 49~50쪽.

었다.

어쨌던 이번 「악야」의 완성은 침체라기보다 빈사상태에 있는 우리 한국영화
계에 좋은 청신제(淸新劑)가 되었다.

남과 같은 「캬메라」 남과 같은 「쎄트」 남과 같은 물적조건은 가추지 못하더
라도 우리 한국예술인에게도 최저한도의 제작조건만이라도 구비시켜 주면 남
과 같은 영화를 만들 수 없지 않다는 것을 이 영화가 말하고 있는데 우리는 제
작동인들과 같은 기쁨을 느낀다.[289]

신예 신상옥이 구사하였던 새로운 연출 스타일은 기존 한국영화의 진부
함을 타파할 수 있으리라는 기대를 한 몸에 받기에 충분한 것이었다. 한국
영화사는 일제강점기-해방기-한국전쟁기를 거치며 열악한 상황에 처해 있
었는데, 〈악야〉에 대한 호평에는 그러한 부정적 현실을 (네오리얼리즘적인 기법
으로) 극복할 수 있으리라는 기대가 담겨 있었다.

당시 영화 담론이 '새로운', 혹은 '국제적인' 영화 사조를 갈망하였다는 맥
락에서, 〈악야〉의 제작사에 대해서도 중요하게 언급해 볼 필요가 있다. '한
국영화데이터베이스(KMDb)'에는 〈악야〉의 제작사가 '영상예술협회'라고 기
록되어 있다. 그러나 당시의 기록을 종합적으로 확인해보면 정식 명칭은 '영
상'이 아닌 '영화'예술협회임을 확인해 볼 수 있다.[290] 흥미롭게도, 이는 신상

---

289 이해랑, 〈[문화] 문예영화 「악야(惡夜)」를 보고 (하(下))〉, 《경향신문》, 1952.03.20., 2면.

290 〈영화예술협회(映畫藝術協會) 『악야』를 영화화〉, 《경향신문》, 1950.04.04., 2면; 〈1952년의 "호프" (4) 영
화편〉, 《경향신문》, 1952.01.24., 2면.

옥이 만들어낸 가상의 단체였다. 다음의 예문을 통하여 확인해 볼 수 있듯 이 신상옥은 '새로운 연극 운동'을 표방하였던 신협에 적지 않은 영감을 받아서 자신만의 조직을 계속해서 구상해 보았다고 한다.

〈악야〉를 예술협회에서 만들었다고 되어 있는 것은, 그러니까 그때는 항상 머리에 생각하고 있는 게 영화운동, 개인의 회사 이름이 아니고 새로운 '무브먼트'를 생각하는 거라. 우리가 대표한다, 영화예술을. 그런 그룹이다, 하는 인식이 강해서, 아마 그런 식의 인식이 있었기 때문에 밤낮 그렇게 이름붙였다고. 신극협의회란 신협 아냐? 연극에는 극예술협회라고 유치진씨가 맨든 거거든? 그러니까 새로운 연극 운동, 새로운 영화 운동, 이렇게 하면서 영화예술협회라는 게 있는 건데, 혼자지 뭐. 상상의 이름이지. 혼자 도취해가지고 찍은 것이지. 그러니까 6·25 때 우리가 도망했다가 9·18 수복했는데, 잘 데가 없었다. 나는 폭격당한 사무실에 가서 책상 위에 신문지 깔고 자면서 극영화예술협회해야되갔다, 폐허에서 그런 생각을 했다.[291]

이처럼 신상옥은 어려운 현실 하에서 '새로운 영화'를 절실하게 욕망하고 있었다. 당시 대다수 영화인 역시 비슷한 생각을 공유하고 있었던 것으로 보인다. 평단에서는 기성 영화 작품보다 발전한 형태의 새로운 한국 영화를 꾸준하게 요청하고 있었다. 전쟁 이후 본격적으로 대두된 '코리안 리얼리즘' 담론은 이 시기에 이미 예고된 것이나 마찬가지였다고 볼 수 있다.

---

291 이기림, 「[씨네클래식] 한국영화 회고록 신상옥 7」, 씨네21, 2003.07.28. 〈http://m.cine21.com/news/view/?mag_id=20115〉 (검색일: 2021.12.25.)

주지하듯이, 신상옥은 '신필림'을 통하여 자신만의 영화 제국을 건설하면서 한국 영화사에서 독보적인 위상을 차지하게 되었다. 그의 데뷔작이자 (네오)리얼리즘적인 경향을 나타냈다는 점에서, 〈악야〉 역시 대한민국 영화사의 계보에서 중요한 위치에 놓이게 된다. 게다가 신상옥은 자신이 최인규 감독의 계보를 잇는 후대임을 자처하였다. 신상옥은 '잘 들리느냐, 잘 보이느냐'의 기술적 문제를 해결하였다는 측면에서 해방기 세대의 영화를 높게 샀으며, "전쟁으로 인해 다시 폐허가 된 곳에서 혼자 영화예술운동을 꿈꾸었던 자신을 다음 세대로 소개"[292]하였다. 이와 같은 사항도 〈악야〉가 계보화된 역사적 맥락 하에서 서술되는 것에 큰 힘을 실어 주었을 것이다.

작품을 확인할 수 없는 상황이기 때문에, 〈악야〉가 어떠한 한계와 성취를 보이고 있는지를 확정적으로 평가하기 어렵다. 다만 영화 창작이 위축된 시기에 평단으로부터 적지 않은 주목을 받았다는 사실에 주목해 볼 필요가 있다. 즉 〈자유만세〉와 〈파시〉의 경우와는 달리, 〈악야〉는 개봉 당시에도 어느 정도는 리얼리즘적인 경향을 나타내고 있는 것으로 인식되었다는 점에서 관심을 기울여 볼 필요가 있다.

아쉬운 점이 있다면, 원작은 소수자인 쏘니아의 삶을 통하여 관객으로 하여금 한반도의 정치·경제학적 상황에 대하여 고찰해보도록 하였는데, 이와 같은 고민의 깊이가 영화에서는 다소 희석되는 경향을 나타냈다는 점이다. 전쟁 당시의 혼란과 비극 등으로부터 어느 정도 거리를 유지할 수밖에 없었다는 점 역시 (전쟁 이전부터 촬영이 시작된)〈악야〉의 태생적인 한계라고 할 수 있

---

292 위의 기사.

다. 다만 이전 시기와는 분절되는 새로운 표현 기법을 통하여 당대 사회의 여러 문제를 스크린에 옮겨냈다는 점에서 영화사적 가치를 부여해 볼 수 있을 것이다.

제3장
—
전쟁의 상흔과 리얼리즘의 각립
(1953~1960)

1. 전후의 경직된 시대적 상황

한국전쟁은 개전 초기부터 국제전의 양상을 나타내고 있었다. 국내뿐만 아니라 국외의 지성인에게도 한국전쟁은 대단히 중요한 이슈였다. 이를테면, 사르트르(Jean-Paul Sartre)와 메를로퐁티(Maurice Merleau-Ponty)의 관계가 소원해진 것 역시 한국전쟁이 직접적인 계기였다. 메를로퐁티는 잡지 《현대》 (Les Temps modernes)[293]에서 정치 부분을 전담하고 있었는데, 소비에트 체제의 폭력성에 대하여 회의감을 갖고 있는 상태였다. 만일 소련이 어떠한 형태로든 한국전쟁에 연루되어 있다는 사실이 밝혀진다면 "그가 여태까지 가지고 있었던 모든 기대, 곧 그의 정치적, 이념적 신념이 완전히 무너질 수도 있"[294]

---

293 《현대》는 제2차 세계대전 종식과 함께 창간되었다. 사르트르는 창간사에서 다음과 같이 언급하는데, 이를 통하여 해당 잡지의 지향점을 어느 정도 확인해 볼 수 있다. "작가는 어떠한 도피 수단도 가지고 있지 않은 이상, 그가 그의 시대와 긴밀히 연대하기를 우리는 바란다. 시대가 그의 유일한 기회다. 시대는 작가를 위해서 이루어졌고 작가는 시대를 위해서 존재한다. …(중략)… 요컨대 우리의 뜻은 우리를 에워싸고 있는 사회에 어떤 변화를 가져오는 일에 협력하려는 데 있다." Jean-Paul Sartre, Situations, II, Gallimard, 1948, 12쪽, 16쪽; 정명환 외, 『프랑스 지식인들과 한국전쟁』, 민음사, 2004, 15쪽에서 재인용.

294 정명환 외, 『프랑스 지식인들과 한국전쟁』, 민음사, 2004, 127쪽.

는 상황이었다. 이에《현대》에서는 사태를 관망하는 태도를 취하였다. 사르트르에게 이는 "원망 섞인 감정"[295]이 들 만큼 견딜 수 없는 조치였다고 한다.[296]

이처럼 국내외로 큰 혼란을 야기하였던 한국전쟁은 결국 1953년 7월 27일 정전협정 체결로 일단락된다. 정전협정문의 정식 명칭은 "국제련합군 총사령관을 일방으로 하고 조선인민군 최고사령관 및 중국인민지원군 사령원을 다른 일방으로 하는 한국 군사 정전에 관한 협정"이다. 제목을 통하여 확인할 수 있듯이 한 편에는 김일성과 펑더화이(彭德怀)의 서명이 있고, 나머지 한 편에는 윌리엄 K. 해리슨(William K. Harrison)의 서명이 있다. 대한민국은 전쟁의 당사자임에도 불구하고 협정의 주체가 되지 못하였다. 1950년 7월 14일자로 작전지휘권을 UN군사령관에게 이양한 상태였기 때문이다. 정전 이후에도 대한민국은 정치, 경제, 군사 등 많은 분야에서 미국에 의존하는 모습을 보이게 된다.

이승만 정권은 '정전'이 아닌 '휴전'이라는 용어를 주로 사용하였다. 두 단어의 의미는 다소 차이가 있다. 정전은 전투 행위를 완전히 중단한다는 뜻을 지닌다. 반면 휴전은 적대적 행위는 일시적으로 중단하지만 전쟁은 계속 진행되는 상태를 의미한다.[297] 휴전이라는 표현에는 계속해서 북진통일을 되뇌었던 이승만의 호전성이 담겨 있다. 문제는, 이러한 호전적 태도가 이승

---

295 위의 책, 141쪽.

296 1952년 사르트르는 '공산주의자들과 평화'라는 글을 발표하며 메를로퐁티와 이념적으로 결별한다. 이듬해인 1953년에는 한 맑스주의자의 논문을 게재하는 문제로 갈등을 빚은 끝에 메를로퐁티가《현대》지를 떠난다. 위의 책, 90~91쪽.

297 박태균, 「정전협정인가 휴전협정인가」, 『역사비평』 73호, 역사비평사, 2005, 89~90쪽.

만의 정치적 입지를 공고화하는 데 사용되었을 뿐 실익이 거의 없었다는 점에 있다. 이승만은 '휴전'이라는 표현과 더불어 '멸공통일' 혹은 '북진통일'이라는 구호를 사용하였는데, 여기에는 정치적인 의도뿐만 아니라 "당찬 구호를 사용해서라도 내부적인 허전함을 달래보려는"[298] 감상적 심정이 반영되어 있었다. 그러한 계획은 허무맹랑한 허장성세에 지나지 않았는데, 이승만 스스로도 내적 모순을 일으키고 있었던 것으로 보인다. 다음의 예문을 확인해 보자.

육군본부 참모들이 경무대로 호출되었다. 그가 기르던 애견을 데리고 응접실에 들어와 자리를 잡은 이대통령은 육군본부 참모부장들에게 "한국군 단독 북진계획을 세우라"는 지시를 내렸다. 성실하고 순수한 한 참모가 "한국군은 1주일분 정도의 탄약 밖에 보유하고 있지 않기 때문에 단독으로 북진공격을 한다는 것은 불가능합니다"라고 답변했다. 답변을 들은 이대통령의 얼굴은 일그러져 있었다. 이런 시점에 눈치 빠른 한 참모가 "명령대로 하겠습니다"라고 힘주어 말했다. "암, 군인은 그래야지!"라고 말하면서 이대통령은 "이것은 미군 고문단에게도 절대 비밀로 하라"고 지시했다. 그리고 그는 개를 데리고 응접실을 나가려다 말고 뒤돌아서면서, 미군 고문단과 적절히 상의해서 북진계획을 작성하라는 '엉뚱한' 지시를 또 내렸다.[299] (밑줄: 인용자)

---

298 온창일, 「전쟁지도자로서의 이승만 대통령」, 유영익 편, 『이승만 대통령 재평가』, 연세대학교출판부, 2006, 209쪽.

299 위의 책, 235~236쪽.

단독 북진을 외치지만 결코 단독으로는 작전을 수행할 수 없고 주요 사안을 비밀에 부치고 싶지만 결국 미국과 모든 것을 상의할 수밖에 없는 현실, 대한민국은 이와 같은 자기분열적이면서도 무기력한 현실에 처해 있었다.

대한민국은 전쟁 이전에도 자유주의(미국)적 가치를 적극적으로 수용함과 동시에 반공을 공식적인 핵심 이념으로 채택하였다. 전쟁 이후부터는 그러한 경향이 더욱 심화되기 시작하였다. 앞서 살펴본 바와 같이 이승만은 임기 내내 항상 '멸공'을 최우선 과제로 설정하였다. 그리고 이를 통하여 미국을 비롯한 여러 국가에게 아시아 자유주의 진영을 선도하는 지도자로 인정받고자 하였다. 허나 이승만 정권이 내건 반공이라는 슬로건은 구체적인 실체를 갖춘 사상이라기보다는, 사회 전반적으로 제기되었던 개혁적인 담론을 억압하기 위한 수단에 불과하였다.

이에 대한 예시로 《사상계》 필화 사건을 들어볼 수 있다. 《사상계》는 지식인 계층뿐만 아니라 일반 대중으로부터도 많은 인기를 구가하였던 잡지였다. 다만 당시 대다수 출판물이 그러하였듯이 반공-친미라는 노선에서 크게 벗어나있지는 않았다. 전쟁 이후 이승만 정권에서 부정 선거, 관료 부패, 정경 유착 등 다양한 문제가 불거지자 《사상계》는 비판적인 논조의 글을 싣기 시작하였다. 함석헌은 《사상계》 1958년 8월호에 〈생각하는 백성이라야 산다〉를 발표한다. 아래의 구절을 통하여 당시의 시대적 분위기를 파악해 볼 수 있다.

…(중략)… 선거를 한다면 노골적으로 내놓고 사고 팔고 억지로 하고. 내,세

우는 것은 북진통일의 구호 뿐이요, 나비위에 거슬리면 빨갱이니, 통일하는 것
은 칼밖에 모르나? 칼은 있기는 있나? 옷을 팔아 칼을 사라 했는데 그렇게 사
치한 벼슬아치들이 칼이 무슨 칼이 있을가? 고 집의 칼을 가지고는 나라는 못
잡을 것이다.[300]

함석헌은 같은 해 8월 8일 《사상계》의 대표 장준하, 주간 안병욱과 함께
구속된다. 죄목은 국가보안법 위반이었다. '이남에서는 이북을 괴뢰라고 하
고, 이북에서는 이남을 괴뢰라고 한다'는 대목으로 꼬투리가 잡혔던 것이
다.[301] 결국 함석헌은 《사상계》 1958년 10월호에 해명문을 싣는데, '온갖 힘
을 모아 민주질서를 지켜야 하며, 반공 투쟁에 목숨을 걸어야 한다'는 내용
을 명시해야만 하였다.[302]

이와 같은 검열은 학술 분야에서도 활발하게 진행되었다. 대학 교재 『문
화세계의 창조』가 논란이 된 사건을 대표적인 사례로 들어볼 수 있다. 이 책
에는 레닌이 카우츠키의 민주주의관을 비판하며 '전제정치, 부르주아 민주
주의, 프롤레타리아트 민주주의, 아무것도 없는 민주주의' 순으로 발전이
이루어진다고 언급한 대목이 삽입되었는데, 이것이 "불온귀절"[303]로 취급되
며 문제가 발생하였다. 『문화세계의 창조』는 오히려 전체적인 경향으로 보
아 반공적인 내용을 채택하고 있었다.[304] 그럼에도 불구하고 결국 저자 조영

---

300 함석헌, 〈생각하는 백성이라야 산다: 6·25싸움이 주는 역사적 교훈〉, 《사상계》 61호, 1958.08., 34쪽.

301 〈국가보안법관계로 사상계지필자문초(思想界誌筆者問招)〉, 《조선일보》, 1958.08.09., 2면.

302 함석헌, 〈[권두언] 나라의 주인은 백성이다〉, 《사상계》 63호, 1958.10., 16쪽.

303 〈보안법에걸린 「대학교재」〉, 《경향신문》, 1955.08.05., 3면.

304 〈"전체적경향은반공"〉, 《조선일보》, 1956.04.10., 조간 2면.

식은 "반민족 및 반국가적인 이데올로기 교육을 시도하였다는"[305] 죄목으로 국가보안법에 의하여 구속되기에 이른다. 주요섭, 양주동, 유진오 등을 비롯한 수많은 학계 인사는 심의회를 구성하여 이와 같은 조치에 거세게 항의하였다. 이미 2년 전 심의를 무사히 통과한 단행본이 "결코 공산주의를 찬양하는 것이 아님에도 불구하고" 새삼스럽게 문제가 된 것이 "상식에 벗어난 짓"이라는 것이었다.[306] 결국 조영식은 얼마 뒤 풀려났지만, 이와 같은 사례는 1950년대 문화적·학술적 담론을 견인한 주체가 국가권력이었음을 여실히 보여주고 있다.

이상에서 살펴본 바와 같이 이승만 정권이 표어로 내걸었던 '반공'은 권력 유지에 위협이 될 만한 요소를 발본색원하겠다는 강력한 의지의 표명이자 경고였다. 함석헌이 〈생각하는 백성이라야 산다〉를 통하여 지적한 바와 같이 외세에 의한 영토 분단, 그리고 정권의 독선과 부패는 대한민국 사회를 잠식한 가장 핵심적인 문제였다. 그러나 이에 대한 직접적인 묘사와 비판은 쉽사리 이루어질 수 없었다. 정부 권력은 저술, 출판, 교육 등의 분야에 있어서 명확한 가이드라인을 제시하였고, 여기에서 조금이라도 벗어나는 노선은 사전에 철저하게 봉쇄되었다. 문예 작품은 매우 제한적인 범주 내에서만 현실 사회의 문제를 재현해낼 수 있었다. 혹은 탈정치를 추구하거나, 냉전적인 반공 담론을 과잉 생산하는 경향을 나타냈다.

---

305 〈문제화(問題化)한 문화세계의 창조에 대하여 (1)〉, 《경향신문》, 1955.08.25., 4면.

306 〈조씨(趙氏) 신대총장(新大總長) 저서사건과학계반향: 학문자유에위협-이제와서 문제됨은이해난(理解 難)〉, 《동아일보》, 1955.08.07., 3면.

2. 굴절된 휴머니즘과 실존주의

전쟁을 거친 끝에 영토뿐만 아니라 사상적 지형 역시 완전히 남과 북으로 분단되었다. 1950년대부터 대한민국과 조선민주주의인민공화국은 서로 단절한 채로 각자의 문예사를 전개해나가기 시작한다. 전쟁 직후 대한민국은 진보적 이념이 소독된 멸균실과 같은 공간이었다. 공산주의는 곧 박멸되어야 할 "호열자 같은 세균"[307]으로 설정되었다. 사회 각처에서 방역 작업이 이루어졌다. 당시 한국에는 수많은 월남 예술인이 존재하고 있었다. 이들은 자신의 사상적 노선을 끊임없이 증명해야만 하였고, 이후에도 평생 자기검열이라는 문제에 시달릴 수밖에 없었다. 이와 같은 상황에서 자연스럽게 우익 진영의 문예관이 헤게모니를 장악해나가기 시작하였다.

이를테면 김동리는 과거 좌익 진영이 추구한 근대적 문학 개념을 비판하면서, '휴머니즘'을 앞세운 순수문학을 새로운 민족문학으로 주창하였다. 여기서 '순수'라 함은 정치로부터 거리를 둔 것을 의미한다. 그에게 있어서 문학과 정치의 영역은 명확하게 구분되는 것이었다. "정치가 삶의 문제였다면 문학은 그에게 종교나 철학과도 교통할 수 있는 현실과는 다른 차원의 영역에 속했다."[308] 그런데 김동리가 취한 태도야말로 실상 가장 정치적인 것이었다고 볼 수 있다. 왜냐하면 문단을 형성하는 과정에서 "담론 투쟁은 그 자체로 정치적 행위가 될 수밖에 없"[309]기 때문이다. 기존의 연구들이 지적

---

307 〈공산주의는 호열자 같은 세균〉, 《경향신문》, 1957.08.03., 2면.

308 김한식, 「『백민』과 민족문학: 해방 후 우익 문단의 형성」, 『상허학보』 20권, 상허학회, 2007, 246쪽.

309 위의 논문, 234쪽.

해온 바와 같이, "이들의 논의에는 표면적 의도와는 다른 강렬한 정치적 지향성이 담겨있었다. 이들이 내세운 순수문학론의 휴머니즘은 종종 북한을 비인간으로 한정하면서, 순수한 문학의 영역을 반공주의 영역으로 축소해왔"[310]다.

당시 김병규는 '민족단위의 휴머니즘'이라는 개념이 '무논리한 것'이며 '파시즘의 정신주의'에 지나지 않는다고 지적하였다.[311] 그럼에도 불구하고 김동리, 조지훈 등과 같은 주류 문인이 주창하였던 '순수문학-휴머니즘' 개념은 결국 유일한 민족문학을 자처하면서, 이승만 정권기에 국가가 허락한 '상징권력'[312]으로 자리잡게 되었다. 그것을 가능하게 하였던 동력은 문단, 문학매체, 대학(국어국문학과) 등 지배 담론을 생산하는 기관으로부터 창출되었다. '탈정치적 순수문학'을 주창하였던 보수우익 세력은 정부의 비호 하에 이와 같은 기관을 장악하고 있었다. 그렇기 때문에 권력의 확고한 재생산구조가 구축될 수 있었다. 특히 등단제도(추천제)는 선택과 배제의 논리를 완강하게 작동하며 순수문학의 배타적 권위와 정당성을 창출하는 데 중요한 역할을 수행하였다. 결과적으로 "순수문학의 제도적 규범화는 곧 현실참여적인 문학을 포함해서 광의의 리얼리즘문학·모더니즘문학이 문학제도권에서

---

310 이민영, 「전후 문학의 세계성과 현대적 전통의 고안:『문예』지 평론을 중심으로」, 『한국문화』93호, 서울대학교 규장각한국학연구원, 2021, 140쪽.

311 박명림 외, 『해방전후사의 인식 6』, 한길사, 2006, 284쪽.

312 피에르 부르디외(Pierre Bourdieu)에 따르면, 우리는 사회에 의하여 공인된 '상징권력'을 통해 세상을 인식하고 판단한다. 상징권력은 권력이 변형되어 은폐되어 정당화된 형태라고 할 수 있다. 국가는 상징권력의 독점자이자 원천으로서 신과 같은 권력을 갖는다. 그리고 상징권력은 세계를 창조해나가면서, 다시금 국가권력을 강화하는 데 이바지한다. 피에르 부르디외, 김현경 역, 『언어와 상징권력』, 나남, 2014, 185~195쪽 참조.

소외·배제되는 것을 의미"[313]하였고, 이는 통속문학이 상대적으로 과잉 생산되는 결과로 이어졌다.

1950년대 문예 사조의 일반적 특징을 파악해보기 위하여 '실존주의'라는 요소에도 주목해 볼 필요가 있다. 실존주의는 한국에 수용된 문예 사조나 이론 가운데 가장 큰 영향력을 행사하였다고 평가받는다.[314] 특히 1950년부터 1959년까지 사르트르에 대한 소개가 그야말로 봇물 터지듯이 집중되면서 실존주의에 대한 열풍이 뜨겁게 일어났다.[315] 우리 문학이 "마치 실존주의의 해설판처럼 되어 있다"[316]는 지적이 나올 정도였다.

실존주의는 두 차례의 세계대전을 겪은 뒤 서구 사회에서 유행한 사상인데, 이것이 한국에서도 무리 없이 수용될 수 있었던 까닭은 '전쟁'이라는 공통점이 있었기 때문이었다. 동란을 겪은 한국 사회는 전쟁의 비극성으로 인해 초래된 후유증과 회의감 등을 치유하고자 하였고, 삶과 인간 존재에 대한 해답을 찾고자 하였다. 이에 대한 실마리를 제공한 것이 실존주의였던 것이다. 그런데 실상, 전쟁이라는 극한 상황을 겪었다는 사실 자체를 제외하고 서구와 우리의 상황은 판이하게 달랐다. 이를테면 실존주의는 제1차 세계대전과 제2차 세계대전을 거치며 부각된 '소외'의 문제와 깊게 관련되어 있다. "인간이 만든 피조물이 인간의 의지와는 무관하게 인간을 지배하는 상황에 대한 위기 의식이 대두되었고, 이것이 가장 극단적이면서도 대표

---

313 권보드래 외, 「아프레걸 사상계를 읽다: 1950년대 문화의 자유와 통제」, 동국대학교출판부, 2009, 54쪽.

314 이미혜, 「한국의 불문학 수용사」, 서울대학교 박사학위논문, 1992, 74쪽.

315 윤정임, 「한국의 프랑스 문학 수용에 대하여: 사르트르의 실존주의를 중심으로」, 「국제어문」 27권, 국제어문학회, 2003, 240쪽.

316 김건우, 「사상계와 1950년대 문학」, 소명출판, 2003, 107쪽.

적인 상황이라 할 수 있는 전쟁을 거치며 더욱 심화되었다. 개인적인 차원에서 '존재의 자유'와 '주체성'을 외치는 실존주의와, 사회적인 차원에서 '소외의 극복'을 주창하는 수정 맑스주의가 대두되었다. 반면 한국은 식민지 상태에서 갓 해방된 상태였고, 동족 상잔을 겪은 직후였기 때문에 서구에서 고민하고 있는 수정 맑스주의라는 것은 발붙일 곳도 없었거니와 어찌 보면 배부른 소리에 불과하였다."[317]

실제로, 한국에서 사르트르의 좌파적인 면모는 철저하게 소거되었다. "사르트르는 반스탈린주의 좌파 사상을 주도하는 상징적인 지식인이었으며 정통 맑스-레닌주의에 대척하는 또 다른 관점을 제안"[318]한 학자였다. 그러나 "전쟁의 외상 후에 이어진 냉전은 한국의 지식인으로 하여금 세계적인 철학 운동의 정치적 함의를 왜곡하고 사르트르를 번역하는 과정에서 경험적 요소를 강조하게끔 만들었다. …(중략)… 사르트르에 대한 그들의 반응은 교양(Bildung)이라는 신화로 포화되었다."[319]

실존주의가 굴절된 형태로 수용된 원인에는 번역에 관한 문제도 있었다. 해방 이전까지는 주로 일본을 통하여 서구 사상이 유입되었다. 공식 언어가 일본어였던 탓에, 지식인 계층은 일본에서 간행한 자료를 별다른 어려움 없이 파악할 수 있었다. 그러나 해방 이후부터는 그러한 길이 차단되었다. 1950년대 지식인은 '이중번역'을 통해 실존주의라는 개념과 마주할 수밖

---

317 박유희, 「현실의 추상화와 기법의 실험: 「요한시집」에 나타난 「구토」의 영향」, 『비교문학』 25권, 한국비교문학회, 2000, 181쪽.

318 이택광, 앞의 글, 25쪽.

319 위의 글, 24쪽.

에 없었다. 철학·문학 작품 등 실존주의와 관련된 1차적인 텍스트가 번역의 대상이 되었다면 좋았겠으나, 실제로 번역된 것은 작품평, 시사적인 글 등 2차적인 사료가 대다수였다. 그리고 이와 같은 번역 작업은 체계적·지속적으로 이루어진 것이 아니라 산발적이고 간헐적인 형태로 진행되기 일쑤였다.[320] 결과적으로 실존주의라는 개념은 다소 무분별하고 모호한 형태로 사용되었다. 이를테면 사르트르가 『실존주의는 휴머니즘이다』(L'existentialisme est un humanisme, 1946)라는 저작을 출간한 탓에, 때로는 실존주의와 휴머니즘이 동의어로 이해되기도 하였다.

이어령과 김동리 사이에서 불거진 실존주의 논쟁은 그러한 시대적 상황을 잘 보여준다. 김동리는 1959년 1월 9일 《서울신문》에 〈새해 문단의 전망〉이라는 글을 싣는다. 이를 김우종, 이어령 등이 비판하면서 논쟁이 시작되었다. 김동리는 오상원의 문장에서 '지성적'인 것을, 한말숙의 작품(「신화의 단애」)에서 '실존성'을, 추식의 작품(「인간제대」)에서 '극한의식'을 발견할 수 있다고 하였는데, 이어령은 이것이 "바다 속에서 독수리를 발견하였다는 말보다도 더 기적같은 일"[321]이라고 신랄하게 비판한다. 이어령은 김동리가 실존주의를 제대로 이해하지 못하였다고 진단한다. 그렇기 때문에 한말숙의 "에로치즘"을 실존주의라고 "날조"하였으며, 카를 야스퍼스(Karl Jaspers)의 실존철학 용어인 극한상황(Grenzsituation)을 "극한의식"이라고 "오해"하였다는 것이다.

---

320 이러한 현상은 비단 실존주의에만 국한되는 것은 아니었다. 이를테면 김병철은 우리나라 서구 문학이 주로 신문·잡지에 의해서 산발적으로, 또 다분히 시사적 성격을 지닌 채 소개되었다는 점을 지적한 바 있다. 김병철, 『한국근대서양문학이입사연구(하)』, 을유문화사, 1982, 2쪽.

321 이어령, 〈영원한 모순 김동리씨에게 묻는다 하(下)〉, 《경향신문》, 1959.02.10., 4면.

몇 차례의 글이 오고간 뒤 결국 "어느 쪽도 실존주의에 대한 깊이 있는 논쟁을 이끌어 갈 만한 바탕이 없었음"[322]이 드러났다. 이호철에 따르면, 영문학자 J 모 씨가 김동리의 부탁을 받고 서울대 철학과 교수 조가경에게 '실존성'의 독일어 원어를 물어보았고, 김동리가 그것을 논쟁에 활용하는 등 웃지못할 구석도 없지 않았다고 한다.[323] 1950년대 실존주의 논쟁은 "그 소란스러움과 번잡함에 비해 비평계 자체의 내적 동력으로 승화될 정도의 깊이를 결여하고 있다는 게 공론"[324]이라고 할 수 있다. 소장 평론가였던 이어령의 지적은 분명 날카로웠으나, 실존주의 논쟁 자체가 어느 순간부터 서구 지식을 검증하는 장이 되어 버렸다는 느낌을 지울 수 없는 것도 사실이다.

제2차 세계대전 이후 서구가 추종해온 합리성과 이성 중심주의가 의심받는 가운데, 이를 전면적으로 부정하면서 등장한 인물이 사르트르였다. 그는 절망에 대한 인식을 바탕으로 하여 그것을 '초극'한 새로운 휴머니즘을 개척하려고 노력하였다. 프랑스에서 사르트르의 실존주의가 확산할 수 있었던 것은 이러한 맥락에서였다. 그런데 지금까지 살펴본 바와 같이 1950년대 한국이 처한 현실은 서구의 상황과 동일하지 않았다. 번역 등의 문제로 인하여 실존주의라는 개념 자체에 대한 이해도 불분명하였다. 실존주의 문학은 '앙가주망(engagement)'이라는 개념으로 대표된다고 할 수 있는데, 그것이 표방하는 '저항'과 '휴머니즘'이라는 가치가 한국의 문화·예술계에서도 잘 실현되었는지는 의문을 가져 볼 필요가 있다.

---

322 임헌영, 『한국현대문학사상사』, 한길사, 1988, 96쪽.

323 이호철, 『문단골 사람들』, 프리미엄북스, 1997, 285~286쪽.

324 전기철, 『한국 전후 문예비평 연구』, 서울, 1994, 63쪽.

사르트르의 사상은 제2차 세계대전을 기준으로 전반기·후반기로 나누어진다. 『존재와 무』(L'Être et le néant, 1943)로 대표되는 전반기 사상이 개인에 초점을 맞춘 주체성의 철학이라면, 『변증법적 이성비판』(Critique de la raison dialectique, 1960)으로 대표되는 후반기 사상은 '매개'라는 개념을 통해 여러 주체를 '집단'으로 연결하려는 시도라고 할 수 있다. 아직까지 "『존재와 무』도 소화되지 않았는데 『변증법적 이성비판』으로 방향을 틀어버리려는 사르트르를 따라가는 일은 무모하고 헛된 일처럼 보였다. (프랑스에서)좌우 양쪽으로부터 비난을 받고 있는 사르트르를 추종하는 일은 이제 거의 무의미한 일이 되어 버린 듯했다. 그렇기에 우리의 근대비평이 받아들인 앙가주망(engagement)은 기껏해야 '추상적 휴머니즘'에 머물고 말았"다.[325]

순수문학과 실존주의 담론은 전후 대한민국 지성계 전반에 큰 영향을 끼쳤다. 영화계 역시 그러한 경향을 수용하고 있었는데, 한국 영화 비평 담론이 줄기차게 외쳤던 리얼리즘이라는 개념 역시 그러한 맥락 하에 위치하고 있었다. 그들이 상상한 '리얼리즘 영화'란 '순수예술-민족예술-휴머니즘-실존주의' 사이 어디 즈음에 위치한 불확실한 개념이었다. 그렇기에 리얼리즘 담론은 언제나 모호한 형태로 발현될 수밖에 없었다. 영화 비평 담론에서 앙가주망적 태도는 상당히 중요하게 다루어지고 있었다. 그러나 막상 작품을 평가하는 기준이 되었던 것은 형식적 차원에서의 완성도와 특수성이었다. 그들은 리얼리즘이라는 가치를 표방하였으나, 실제로는 모더니즘적 가치와도 친연성을 형성하고 있었다. 1950년대 한국영화 리얼리즘 담론은 이

---

325 윤정임, 「한국의 프랑스 문학 수용에 대하여: 사르트르의 실존주의를 중심으로」, 『국제어문』 27권, 국제어문학회, 2003, 241쪽.

와 같은 모순과 혼란으로 구성되어 있었다.

'리얼리즘'을 전면적으로 표방한 영화라면 무엇보다도 현실을 사실적으로 다루어야 할 것이다. 나아가 현실 사회를 지배하고 있는 비가시적인 구조를 예리한 시각으로 드러내야 할 것이다. 그러나 앞서 언급한 바와 같이 1950년대 한국 영화계에서 리얼리즘 담론은 불완전하면서도 모순적인 형태로 존재하고 있었다. 영화 역시 혼란을 겪을 수밖에 없었다. 1957년 4월 문교부는 「공연물 허가 규준」을 발표한다. "순수한 예술적 감명의 명랑한 오락을 통하여 자유세계 생활의 즐거움을 보여주는 것"이 최우선적으로 권장되었다. "국가의 위신을 손상할 우려가 있는 것", "국헌을 문란케 하는 사상을 고취할 우려가 있는 것", "국정에 악영향을 끼칠 우려가 있는 것"이라고 판단되는 작품은 검열을 받게 되었다.[326] 이에 영화와 연극 등 공연물은 특정한 경향성을 나타낼 수밖에 없었다. 경제적인 측면에서 볼 때, 전쟁 이후 대한민국 사회는 상처를 딛고 큰 폭으로 성장해나가기 시작한다. 자연스럽게 사회적인 모순 또한 비슷한 속도로 심화해가기 시작하였다. 그러나 상술한 조건으로 인하여 당시 대다수 영화는 이러한 동시대적 현실을 사실적으로, 그리고 적극적으로 그려내지 못하고 있었다.

상술한 것과 같은 맥락에서, 1960년대 한국 영화의 방향성 역시 어느 정도는 미리 예고되어 있었다. 1960년대 중반 이후 비평계에서는 한국 영화의 지향점을 모더니즘적인 것으로 재설정한다. 이와 같은 노선 전환에는 국제적 영화 미학의 변화도 중요하게 작용하였겠지만, 5·16으로 인한 국내 정치

---

326 〈공연물 허가 규준〉, 《문교월보》 32호, 1957.04; 권보드래 외, 『아프레걸 사상계를 읽다: 1950년대 문화의 자유와 통제』, 동국대학교출판부, 2009, 55쪽 재인용.

상황의 변화 역시 중요하게 작용하였다. 즉, 현실을 직접적으로 묘사하거나 비판할 여건이 조성되지 않았다는 판단 하에, 우회적으로 현실을 표현하려는 경향이 우세종을 차지하게 된 것이라고 이해해 볼 수 있을 것이다.

3. 세계 속 한국 영화, '코리안 리얼리즘'

1) 세계성과 민족성의 불안한 길항

전쟁을 거치며 한반도는 국제정치적 맥락에서 적지 않은 주목을 받게 된다. 한국 사회 내부적으로도 '세계성'에 대한 관심이 증폭되기 시작한다. 이제 한국은 식민지 국가로서가 아닌, 냉전 구도 하에서 재편된 '자유주의' 진영의 한 부분으로서 자기정체성을 확립하고자 하였다. 이를 위해서 한국은 자신이 몸담고 있는 시간적 배경을 양차 세계대전을 겪은 서구에 맞추어 새롭게 조정하였다. 한국과 서구는 제국주의와 식민지라는 서로 다른 형태로 근대 시기를 보냈다. 그러나 전쟁이라는 경험을 공유하였다는 이유로 그러한 차이는 쉽게 무시될 수 있었다. 한국 역시 전쟁을 통하여 불합리하고 비이성적인 상황을 마주하였고, 이에 근대가 가져온 한계와 실패를 서구와 동일하게 경험하였다고 여긴 것이다.

이러한 과정에서 공산주의 체제를 지향하는 국가는 여전히 합리성과 근대성을 추구하는 시대착오적인 후진국으로 설정되었다. 반면 한국과 미국

등 소위 자유주의 진영 국가는 현대성이라는 세련된 가치를 추구하는 국가로 설정되었다. 그 결과 반공체제의 논리적 모순은 가려져 버렸고, 근대에 대한 성찰과 반성 또한 불필요한 것으로 취급되어 버렸다. 국제적 갈등구조의 복잡함 역시 '문명 대 야만'이라는 단순한 구조로 치환되었다. 지배 권력은 그러한 도식화를 통하여 개발과 발전의 당위성을 주장함과 동시에 역사 전개 과정의 복잡성을 은폐하는 이중적인 효과를 거두어들일 수 있었다.

주지하다시피 한국과 미국(혹은 서유럽)의 지리적 거리는 대단히 멀다. 그러나 '제1세계' 진영으로서 한국인과 서구인은 과거 근대 문명의 폐혜를 함께 극복해나가야 하는, 공동의 목표를 지닌 '세계인'이라는 단일 개념으로 묶이게 된다. 1950년대의 한국 문예계는 '휴머니즘'이라는 논리를 통하여 보편적인 이상을 제시하고, 이를 통하여 자유주의 진영을 중심으로 한 세계성을 구현하려고 끊임없이 노력하였다.[327] 앞서 언급하였던 김동리의 문예론을 통해서도 이와 같은 경향을 확인해 볼 수 있다. 김동리는 '민족 문학'에 '민족 정신'이 깃들어 있어야 한다는 점을 강조하면서 '민족 단위의 휴머니즘'이 필요함을 역설하였다. 여기서 '민족정신'은 민주주의, 혹은 자유주의 진영으

---

327 이러한 경향은 비단 1950년대에만 국한되지 않는다. 영화계의 경우, 1961년 '한국영화40주년기념 대전시회(韓國映畵40年記念 大展示會)'가 개최된다. "이 행사는 영화계 내부의 자체적인 기념행사로서의 성격도 있었지만, 식민 통치와 전쟁을 딛고 일어난 대한민국의 위상을 자유주의 진영 국제질서 하에 자리매김하고자 하는 국가적 차원의 의도도 함께 지니고 있었다. …(중략)… '개화(開花)기'라는 단어를 통해 알 수 있듯이 한국영화가 화려하게 만개하였음을 대내외적으로 공표하는 자리였다. '외국관·특설관'에서는 미국, 영국, 이탈리아, 중국, 덴마크, 캐나다, 그리스, 필리핀, 남아프리카연방, 베트남, 프랑스 등 우방 국가의 영화 500여 편이 소개되었다. 뿐만 아니라 세계 인구와 극장 수, 한국 인구와 극장 수가 서로 비교되기도 하고 국내 스튜디오와 외화 수입 상황 등이 제시되는 등 세계 영화의 흐름 속에서 한국영화가 발전해야 할 방향이 제시되었다. '감상관'에서는 우방 국가 영화인이 선물한 작품을 무료로 관람할 수 있었다고 한다."이준엽, 「한국영화40년기념 대전시회(韓國映畵40年記念 大展示會)' 팜플렛 해제」, 『근대서지』 21호, 근대서지학회, 2020, 141~146쪽.

로 표방되는 '세계사적 휴머니즘의 연속적 필연성' 하에 위치한 것이다. 그는 '민족문학'을 통하여 제1세계 진영과 민주주의, 휴머니즘과 같은 가치를 공유하면서 긴밀한 관계를 형성하고자 하였다.[328] 이는 곧 좌익 문단이 과거에 내세웠던 '근대문학'이라는 목표와의 적극적인 결별을 의미하는 것이기도 하였다. 다음의 인용구는 그가 생각한 '제3의 휴머니즘'이 무엇인지를 요약하고 있다.

> …(중략)… 그러나 이와같이 인간의 창조적 의욕과, 개성적 기능과, 정신적 자유를 멸각한 기계관과, 그것의 실현 사회에서 인간성은 급속도로 위축되고 억압되고 경화되기 시작하였고, 이러한 위축과 억압과 경화에서 자유 무애의 인간성(이 말은 최근 특히 일부 소련 기행문 작가에 의하여 인간의 동물성이라는 뜻으로만 오용되는 경우가 있으므로 이러한 폐단을 배제하기 위해서 인간혼이란 말을 써도 좋다는 것을 참고삼아 주의해 둔다)을 옹호하려는 것이 곧 제3휴머니즘의 지향이며, 이러한 제3휴머니즘을 기조로 하고 있는 것이 오늘날의 본격 문학 혹은 진정한 순수 문학이라는 것을 상급(相及)할 때, 어째서 이것만이 인간성의 옹호를 부르짖게 되며 부르짖을 수 있는가 하는 것도 이해될 수 있을 것이다.[329]

비단 김동리뿐만 아니라, "냉전의 체제 아래 보편으로 상상되었던 자유 진영의 휴머니즘을 세계문학으로 전제하는 동시에 이러한 세계적 보편성에

---

328 김동리, 「순수 문학의 진의: 민족 문학의 당면 과제로서」, 『김동리 문학전집 32: 문학과 인간』, 2013, 계간 문예, 94~97쪽.

329 위의 책, 109쪽.

맞는 새로운 문학적 전통을 구상해내는"[330] 작업이 1950년대 내내 문화·예술계에서 이어졌다. '세계적'인 것이 추구되는 가운데 '민족성'이라는 보편적 가치가 대두되었다. 아래에서 인용한 글은 모윤숙이 1952년 12월 주한 외국인을 대상으로 방송한 내용을 번역한 것이다. 모윤숙은 한국 문화의 특수성을 다음과 같이 설명한다.

그러나 동양에는 일즉부터 정신의 권위와 그 존재에 지상(至上)의 가치를 두는것이 그 전통이 되어왔습니다. 이것은 바꾸어 말하면 구라파문화가 계산하는 정신의 기초위 에서 형성되어감에 따라 자기도 모르게 신(神)을 배반해 갔으나 동양의 지혜는 암산하는 형식으로서 그러나 늘 신과 접근되어 있었다는 것입니다. 그리고 이러한 동양의 지혜는 오늘에 있어 구라파의 정신적인 절망과 비극을 방지하고 구제하는 유일한 문화적원천이 되어진 것입니다. 이러한 동양의 지혜가 한국에서 구체화된 것이 바로 한국문화의 독자적인 한 형태인 것입니다. UN군은 이러한 한국문화를 그 파멸에서 구호하기 위해서 싸우고 있는 것이며 전인류는 이러한 한국의 적은 한 문화가 전인류에게 새로운 문화적인 한 광명이 될것을 믿고 우리에게 원조하려는 것인줄 압니다.[331]

모윤숙은 "가장 민족적인 것이 가장 세계적인 것이다."라는 괴테의 명제를 인용하면서 자신의 논리를 전개한다. 한국은 비록 근대 문명을 자생적으

---

330 이민영, 앞의 논문, 157쪽.

331 모윤숙, 〈한국문화의 독자성(주한 외국인을 위한 방송초고)〉, 《문예》 15호(4권 1호), 1953.02; 이민영, 앞의 논문, 149쪽 재인용.

로 꽃피우지 못한 상태이지만, 서구에는 존재하지 않는 동양의 정신적인 문화를 간직한 상태이므로 우방에 의하여 보호받아야 한다는 것이다. 이처럼 '세계적'인 것을 추구하는 가운데, 물질문명(서양)과 정신문명(동양)을 나누고 그 속에서 '민족적'인 가치를 발견하고자 하는 태도는 이 당시 문화·예술계에서 보편적으로 찾아볼 수 있는 인식이었다.

이러한 논리에서 더 나아가 동양적인 가치를 기반으로 하여 서양적인 가치를 '초극'해야 한다는 주장이 대두되기도 하였다. 기실 이와 같은 인식은 한국전쟁 이전부터 감지되고 있었다. 1950년 오종식은 세계가 여전히 제2차 세계대전의 폐허에서 벗어나지 못하고 있음을 강조한 뒤, '원자탄'으로 대표되는 위기를 극복할 수 있는 방안을 '서양 근대정신의 초극'에서 찾고자 하였다. 그는 서양의 근대정신으로 인한 위기가 공산주의와 민주주의 간의 갈등을 만들어냈으며, 전쟁(제2차 세계대전) 이후 불안과 혼란을 유발한 원인이 되었음을 지적하였다.[332] 그의 글에서는 한국이 서양의 정신을 뛰어넘어 새로운 시대를 열 수 있을 것이라는 강렬한 기대감이 드러난다.

서론에서 언급한 바와 같이 이영일 역시 자신의 리얼리즘관(觀)을 개진하면서 '초극'이라는 단어를 사용한 바 있다. 이에 대한 설명이 충분하게 이루어지지 못한 탓에 적지 않은 논란과 지적이 이어져 왔는데, 앞서 서술한 바와 같이 당시 문화·예술계에 널리 퍼져 있던 보편적 인식을 종합적으로 고려해보면 이영일이 주장한 '리얼리즘의 초극'이라는 개념의 실체를 어렵지 않게 파악해 볼 수 있다. 이영일은 '정신적'인 가치를 간직한 대한민국만의

---

332 오종식, 〈근대정신의 파탄(현대사상강좌)〉, 《문예》 6호(2권 1호), 1950.01; 이민영, 앞의 논문, 151쪽 재인용.

'민족적 리얼리즘'이 본격적으로 개화(開花)해야 한다고 생각하였다. 이를 달성할 때 비로소 '물질적'으로 발전한 서구의 '(네오)리얼리즘'적 영화를, 더 나아가서 서구의 문명을 초월할 수 있으리라 예상하였다.

이영일의 영화사관(觀)에서도 유사한 시각을 확인해 볼 수 있다. 이영일은 일제강점기와 해방 이후를 '민족'이라는 개념으로 절합하려고 노력하였고, '한국적 리얼리즘'이라는 개념을 육성하기 위하여 각고의 노력을 기울였다. 하지만 그를 비롯하여 당시 많은 이들이 상상하였던 '서양/동양, 정신/물질' 등의 이분법적 구분은 다분히 추상적이고 관념적이라는 한계를 지니고 있었다. 게다가 서구 문명의 한계를 지적하면서 아시아적 가치를 대안으로 제시한다는 점에서, '한국적'인 것을 추구하려는 태도는 아이러니하게도 '대동아공영권'적 상상력과 큰 친연성을 형성하고 있었다. 따라서 이 시기 대두한 '초극' 담론에 대한 열망을 보다 비판적으로 바라볼 필요성이 대두된다.

지금까지 살펴본 바와 같이 당시 대한민국 지성계는 '세계화'라는 보편적 가치를 좇으면서도 '민족성'이라는 특수한 가치 역시 적극적으로 추구하고 있었다. '세계성(글로벌)'과 '민족성(로컬)'이라는 두 가지 요소는 얼핏 상충하는 것으로 이해되기 쉽다. 그러나 에드워드 쉴즈(Edward Shils)가 지적한 바와 같이, 민족주의적인 것을 추구하려는 경향과 서구 지성에 대하여 매혹을 느끼는 경향은 실은 서로 비례한다. 이러한 경향은 특히 신생 국가, 그 중에서도 지식인 계층에서 두드러진다. 1950년대 한국 사회의 문화 담론은 '문화적 민족주의'를 주장하였는데, 그 이면에는 미국으로 대표되는 서구 사회에

대한 강렬한 욕망이 자리잡고 있었음을 확인해 볼 수 있다.[333]

문화·예술계는 독창적이고 민족적인 작품을 생산할 것을 끊임없이 요구
받았다. 동시에, 모범이 될 만한 서구의 문예 작품과 이론이 활발하게 유입
되었다. 이를테면 한국전쟁을 전후로 "유일무이한 문화 예술 잡지로서의 강
고한 지위를 확보하"[334]였던 《문예》지는 실존주의와 더불어 미국의 '로스트
제너레이션(Lost Generation)' 문학을 "세계문학의 신조류"[335]로서 소개하였다.
로스트 제너레이션은 제1차 세계대전 이후 사회 체제와 관습에 대하여 환멸
과 회의를 느꼈던 어니스트 헤밍웨이(Ernest Miller Hemingway), 프랜시스 스콧
피츠제럴드(Francis Scott Fitzgerald) 등의 작가군을 일컫는 용어다. 이들을 소개
한 목적은 한 편으로는 미국을 중심으로 한 '현대적' 세계 문학의 지형도를
새로이 구축하기 위함이었고, 또 다른 한 편으로는 한국 문예계가 근대성의
한계에 봉착한 서구의 사례를 '초극'하기를 바랐기 때문이었다.[336]

그러나 1950년대 문화·예술계가 추구한 가치는 결국 달성하기 힘든 목표
였다. 민족적이고 독창적인 것을 창조하여야 한다는 열망과 세계적인 조류
에 뒤쳐져서는 안 된다는 강박관념 사이에서 적절한 중간 지점을 찾기란 쉽
지 않은 일이었다. 게다가 그들이 모범으로 제시한 서구의 문예 사조는 한

---

333 김건우, 『사상계와 1950년대 문학』, 소명, 2003, 68쪽.

334 이민영, 앞의 논문, 140쪽.

335 맬컴 카우리, 〈세계문학화(世界文學化)한 미국문학〉, 《문예》 6호(2권 1호), 1950.01; 이민영, 앞의 논문,
153쪽 재인용.

336 이를테면 백철은 '서구(문학)'가 '과잉된 근대'로서 불안, 퇴폐, 개인주의의 부정성, 허무주의, 물질문명의
폐혜 등을 노출하고 있다고 하면서, 전후 한국 사회는 이를 극복한 세계로 나아가야 한다고 주장하였
다. 이를 위해 전후 작가에게 끊임없이 근대적 지성과 산문정신, 사실의 정신, 리얼리즘의 회복을 촉구하
였다. 한수영, 『전후문학을 다시 읽는다』, 소명출판, 2015, 245~246쪽.

국의 상황에 부합하지도 않았다. 결정적으로, '정신적'이고 '민족적'이며 '휴머니즘'적인 가치를 지향하여야 한다는 진술 자체가 대단히 관념적이고 주관적인 차원에 머물러 있었다. 정치적인 분위기까지 경직된 상황에서 창작담론은 방향성을 상실한 채 점차 현실과 유리되어 갔다. 비평 담론은 당위적인 메시지를 반복하며 혼란을 가중할 뿐이었다.

이 시기 대두된 휴머니즘은 1930년대에 대두된 휴머니즘 개념과 유사성을 보이고 있다.[337] 그렇기 때문에 한계 역시 명확하였다. 이를테면 백철은 해방 이후 민족 문학이 빈곤한 상황임을 지적하면서, 그 원인이 "지방적인 것에 집착"하고 "세계적인 지성과 통하는 것을 망각"하였기 때문이라고 언급하였다.[338] 이에 대한 해결책으로 제시된 것이 '세계적'인 '휴머니즘'이었다. 그러나 이는 "자유주의 이데올로기에 입각하고 중간층을 계급적 기반으로 한 탈정치적이고 지식인 중심적인 문화주의의 한 표현"[339]에 불과한 과거의 휴머니즘에서 한 걸음도 더 나아가지 못한 것이었다. 일제강점기 백철의 휴머니즘론은 "사회주의 리얼리즘으로서의 주체 → 고뇌하는 정신을 추구하는 주체 → 풍류를 추구하는 주체 → 친일문학 행위자로서의 주체"[340] 순

---

337 1935년 카프(KAPF, Korea Artista Proleta Federacio)가 해소되고 문예의 방향성에 대하여 혼란이 가중되는 가운데, 1935년 파리에서 개최된 '국제작가회의'에서 앙드레 지드(André Gide), 루이 아라공(Louis Aragon) 등 여러 인사가 휴머니즘 문학을 제창한 것이 화제가 되었다. '자유주의적'이고 '탈정치적'이라는 성격 탓에 프로문학 진영보다는 중간파문학 진영에서 휴머니즘 수용에 앞장섰는데, 이러한 시도는 결국 "별다른 실천적 결과를 생산해내지 못했고, 논의가 중도반단의 상태에서 일제의 탄압과 문학인들의 대거 전향으로 유야무야되어 버렸"다. 하정일, 「휴머니즘문학론」, 한국민족문화대백과사전, 2012. 〈http://encykorea.aks.ac.kr/Contents/Item/E0070773〉 (검색일: 2022.02.02.)

338 백철, 〈번역문학과 관련하여〉, 《문예》 1호(1권 1호), 1949.08; 이민영, 앞의 논문, 159쪽 재인용.

339 하정일, 「휴머니즘문학론」, 한국민족문화대백과사전, 2012. 〈http://encykorea.aks.ac.kr/Contents/Item/E0070773〉 (검색일: 2022.02.02.)

340 김현정, 「백철의 휴머니즘론에 나타난 주체의 욕망과 변모과정 연구」, 『한국언어문학』 43권, 한국언어문

으로 혼란스럽게 전개되는 모습을 보였는데, 과거 임화가 지적한 바와 같이 '현실의 핵심'을 그려내는 리얼리즘을 수용하지 않는 이상 그러한 한계는 자체적으로 극복되기 힘든 것이었다.

앞서 1950년대 리얼리즘 영화 담론이 '현실의 핵심'을 구체적으로 그려낸 다기보다는 추상적인 휴머니즘을 구현하는 것에 보다 관심을 표하고 있었음을 지적한 바 있다. 영화는 가장 구체적으로 현실을 재현할 수 있는 가능성을 배태하고 있었다. 그와 같은 사실은 당시에도 충분히 인지되고 있었는데, 《사상계》에 따르면 영화는 "과학의 시대인 이십세기와 같이 발생한 예술로서 과학의 진보와 더불어 그 표현양식이 변화해 왔고 또한 변화해 가고 있"[341]는 예술로, 특유의 기록성과 과학성을 바탕으로 현실에 기초를 둔 예술이었다. 뿐만 아니라 영화는 "세계문화를 일가(一家)로 맨드는데 공헌"[342]한 예술이기도 하였다. 그러나 당시 문화·예술계가 지향한 가치관으로는 결국 보편적인 세계성도, 특수적인 민족성도 올바르게 구현되기가 힘들었다.

이어지는 절에서는 당시 영화계 내에서 화두가 되었던 '코리안 리얼리즘' 담론에 대하여 보다 상세하게 살펴볼 것이다. 그것의 의의와 한계를 확인해 본 뒤, 비평계가 추구하였던 리얼리즘에 대한 열망이 개별 작품과 어떠한 관계성을 형성하고 있었는지를 되짚어 볼 것이다.

학회, 1999, 307쪽.

341 양기철, 〈영화론〉, 《사상계》 54호, 1958.01., 117~119쪽.

342 김팔봉, 〈학생과 예술〉, 《사상계》 23호, 1955.06., 139쪽.

2) '코리안 리얼리즘' 담론의 실체

1950년대 영화계에서는 해방 이전 시기의 리얼리즘 담론과는 뚜렷하게 구분되는 '코리안 리얼리즘' 담론이 새롭게 대두된다. 본 절에서는 다양한 실증적 자료를 토대로 당시 비평계가 상상한 이상적 리얼리즘의 실체를 살펴볼 것이다. 이를 기반으로 하여, 코리안 리얼리즘 담론이 실제 영화 작품과 어떠한 관계를 형성하고 있었는지를 분석해 보도록 할 것이다.

먼저, 1950년대 '코리안 리얼리즘'이 대두될 수 있었던 중요한 요인 가운데 하나로 영화 평단(評壇)이 새롭게 활성화되었다는 점을 주목해 볼 필요가 있다. 해방 이후 영화 비평계는 서광제, 안석영, 김정혁, 오영진 등 일제강점기부터 활동한 평론가들이 주도하였는데, 새로운 담론을 생성해낼 만한 세력을 형성하지는 못하고 있었다. 그러다가 한국전쟁이 한창이던 1950년 9월 10일, 임시 수도 부산에서 '한국영화평론가협회'라는 친목 단체가 결성된다. 언론인 오종식을 비롯하여 오영진, 김소동, 허백년, 이진섭, 유두연, 황영빈 등이 참여하였다. 이외에 《국제신문》, 《부산일보》, 《민주신문》 등을 통하여 산발적으로나마 영화와 관련한 글을 투고한 이봉래, 박인환, 이청기, 장갑상 등의 문화계 인사가 가세하였다. 이들은 환도 후 영화 정책에 대한 의견을 내기도 하고, 1957년 영화 강좌를 개최하기도 하였으며, '영화평론가협회상'을 제정하여 시상을 진행하기도 하였다.[343] 그런가하면 1957년

---

[343] 김종원은 이 시기 한국영화평론가협회의 활동을 '저널리즘의 불모지'와 같은 상황에서 충무로에 '영화평론의 존재'를 알린 움직임이었다고 평가한다. 이에 관한 보다 상세한 내용은 다음의 두 글을 참조하라. 김종원, 「30년 '영평(映評)'의 발자취: 영화 평단의 형성과 영화 평론가 협회의 결성 전후」, 『영화평론』 7권, 한국영화평론가협회, 1995, 62쪽; 김종원, 「한국 영화비평의 역사와 영평상 30주년의 회고와 반성」,

10월에는 호현찬, 임영, 신우식, 이명원, 김진찬 등 서울 일간지 연예 담당 기자가 중심이 되어 '시네마 팬 클럽'이라는 단체를 발족하기도 한다. 회장을 맡은 것은 오영진이었다.[344]

이처럼 1950년대에는 영화 평단을 새로이 구축하고자 하는 욕망이 적극적으로 표출되고 있었다. 특히 전쟁 이후부터는 그러한 양상이 가속화된다. 1954년 이루어진 '국산영화 입장세 면세 조치'로 인하여 한국 영화는 이전 시기에 비하여 괄목할 만한 성장을 이루게 된다. 이러한 기세에 힘입어 평단 역시 덩달아 세를 확장할 수 있었다. 뿐만 아니라 사회가 점차 안정되고 문맹률이 낮아지면서 영화 잡지가 활발하게 출판되기 시작하였는데, 이 역시 평단이 안정적으로 활동할 수 있는 물질적 토대가 되었다.

영화 산업은 급속도로 성장해나갔다. 허나 그것이 질적인 성장까지 담보하는 것은 아니었다. 비평 담론에서는 세계 영화의 시류에 뒤쳐지지 않는, 우수하면서도 새로운 작품을 갈망하고 있었다. 그러한 상황에서 비평가들이 새롭게 축조한 개념이 바로 '코리안 리얼리즘'이었다. 코리안 리얼리즘을 다룬 기존의 문헌 대다수는 1957년 잡지 《영화세계》가 구성한 일련의 특집 기사에 주목한다. 이를테면 강성률은 코리안 리얼리즘이 "잡지 '영화세계' 1957년 2월호의 특집 '코리안 대 이탈리안리즘의 비교'에 등장했다"[345]고 언급한다. '코리안 리얼리즘'이라는 용어가 《영화세계》에서 처음 등장하였

『영화평론』 23권, 한국영화평론가협회, 2011, 35쪽.

344 김종원, 「30년 '영평(映評)'의 발자취: 영화 평단의 형성과 영화 평론가 협회의 결성 전후」, 앞의 글, 62쪽.

345 강성률, 「코리안 리얼리즘, 한국영화의 길찾기」, 매일경제, 2019.07.19. 〈https://www.mk.co.kr/news/culture/view/2019/07/538536/〉 (검색일: 2022.02.10.)

다는 오해를 불러일으킬 수 있는 표현이다. 실상 코리안 리얼리즘은 1957년 이전에도 여러 차례 사용된 용어였다. 오영진이 1952년《자유세계》에 기고한 〈국제영화콩쿨과 한국영화예술의 방향〉이라는 글을 확인해보자.

> 호화한 장치와 스펙터클한 장면이 영화의 질을 결정하는 것은 아니다. 도리어 최근의 구미영화를 보면 '세미 도큐멘터리'라고 하여 실제의 풍경과 건물 속에 뛰어 들어가 실제로 일어난 사실을 그 현장에서 촬영하는 풍조가 성행하고 있지만 이러한 방법은 실로 빈곤한 우리 영화계가 싫든 좋든 간에 30년전부터 채택하고 있던 방법이다. …(중략)… '이탈리안 리얼리즘'을 발전시키는 것은 '코리안 리얼리즘'이다라고. 그러므로 먼저 나는 우리들의 영화예술이 픽션의 세계를 떠나 '현실'로 돌아가 우리의 주위를 두루 살피는 데에서부터 출발하자고 주장하고 싶다. 박물채집자의 주의와 문명비평가의 관찰력과 예술가의 감성으로 주위에 생기는 모든 현상을 수집하고 다음에 이것들을 냉철한 기록정신으로서 구성하면 약간 그 표현력에 있어서 또는 기술면으로 보아 미숙과 불비가 있을지 모르되 이러한 용의 아래에 제작된 작품이 이 작품의 진실성과 작가의 성의성으로써 현재 횡행하고 있는 상업영화에 비하여 몇 갑절의 높은 감명을 관객에게 줄 것이며 로베르토 로셀리니 비토리오 데 시카 이상의 우수하고 유능한 리얼리스트 작가의 출현도 기대할 수 있을 것이다.[346] (밑줄: 인용자)

상술한 인용문을 통해서 오영진이 제시한 코리안 리얼리즘의 지향점을

---

[346] 오영진, 〈국제영화콩쿨과 한국영화예술의 방향〉, 《자유세계》, 1952.05; 이근삼 편, 『오영진전집 4: 시나리오 영화평론』, 범한서적, 1989, 327~328쪽에서 재인용.

구체적으로 확인해 볼 수 있다. 오영진은 구미(歐美)에서 한 차례 유행한 세미다큐멘터리적 창작 기법, 특히 그 중에서도 이탈리아의 네오리얼리즘을 모범으로 삼아야 한다고 주장한다. 그는 우리나라가 자의에서든 타의에서든 이미 30년 간 세미다큐멘터리적 촬영 방식을 채택해왔으므로, 이탈리아의 사례처럼 리얼리즘적인 작품을 창작하는 것이 자연스럽다고 보았다. 비록 표현력과 기술적 완성도는 떨어질지언정, 진실성을 갖고 성의 있게 현실을 기록해나간다면 언젠가는 "현재 횡행하고 있는 상업영화"를 뛰어넘는 좋은 결과가 나타날 것이라 기대하였다.

'코리안 리얼리즘'을 추구해야 한다는 주장은 한국전쟁 이후에도 반복되었다. 할리우드 영화가 폭발적으로 유입되는 가운데 한국영화 위기론이 끊임없이 대두되었고, 그럴 때마다 해법으로 제시된 것이 바로 코리안 리얼리즘이었다. 코리안 리얼리즘의 원류가 되는 네오리얼리즘에 대한 소개 역시 활발하게 이루어졌다. 이를테면 유두연은 1954년 《조선일보》를 통하여 〈영화기법의 신경향〉이라는 글을 싣는다. 여기에서 그는 네오리얼리즘의 정의, 시기, 감독, 작품, 구체적 창작 방식과 특징을 상세하게 기술한다. 유두연이 서술한 바와 같이 네오리얼리즘은 "1953년을 계기로 일단락의 종지부"[347]를 찍어나가는 상황이었다. 그럼에도 네오리얼리즘은 한국 영화가 지향하여야 할 모범이자 본보기가 되었다. 전쟁이라는 극한 상황을 딛고 예술적 성취를 달성하며 전세계로부터 찬사를 받은 네오리얼리즘의 성공 사례는 열악한 상황에 놓인 한국 영화계에 큰 희망이 되었던 것으로 보인다.

---

[347] 유두연, 앞의 기사, 4면.

1956년 이청기는 《경향신문》을 통하여 〈주목되는 신구의 대결〉이라는 기사를 발표한다.[348] 이청기는 지난해 한국영화의 경향을 요약하면서 "기형적"인 16mm 제작에서 35mm로 제작이 "이행" 혹은 "정상화"되었다는 점, 우수한 신진 인력이 많이 발견되었다는 점을 언급한다. 이어서 그는 올해야말로 영화 "루넷쌍스"(르네상스)를 이룩할 시기이며, "「한국적스타일」이 형성되어 국제무대에서의 예술적위치가 결정지어져야하는 시현기(示顯期)"라고 주장한다. 한국영화의 '르네상스'란 곧 '국제무대'에서 인정받는 사례가 많아지는 것, 다시 말해 해외 영화제에서의 수상 사례가 증가하는 것을 의미하였다.

이청기는 이와 같은 '르네상스'를 위하여 감독 간 선의의 경쟁이 필요하다고 보았다. 그는 전창근의 〈단종애사〉, 윤봉춘의 〈새벽별〉[349]과 같은 대사극(大史劇)이 "고참격" 감독인 이규환과 안종화 등에게 자극이 되리라 예상하였다. 또한 이청기는 이강천, 신상옥, 김성민, 이만흥, 유현목 등을 "중견작가로 데뷔한 신예(신소장파)"로, 김소동, 한형모, 홍성기 등을 "소장파"로 분류하면서 젊은 영화인과 기성 영화인 간의 '상승적이고 건설적인 경쟁'을 주문하기도 하였다. 이청기는 신소장파가 코리안 리얼리즘을 형성할 것이라 기대하였다. 젊은 감독은 사극을 통해 고참과 대결하기는 아직 이르기 때문에, 필경 그들이 "감각적인 뉴-스타일"을 형성하리라 전망한 것이다.

이러한 맥락에서, 1957년 2월 《영화세계》는 한국과 이탈리아의 리얼리즘을 비교하는 특집 코너를 마련한다. 유두연의 〈코리안·리아리즘단상〉을 필

---

348 이청기, 〈주목(注目)되는신구(新舊)의대결(對決)〉, 《경향신문》, 1956.01.06., 4면.
349 〈처녀별〉(1956)로 추정됨.

두로 허백년의 〈한국영화와 이태리영화〉, 황영빈의 〈이태리안·리즘의위치〉까지 총 세 편의 글이 수록되었다. 먼저 유두연은 한국 영화예술의 위기를 진단하면서 네오리얼리즘을 언급하는데, "『이타리안·리아리즘』의 작가정신을 시범으로 삼고싶다는 솔직한 동경"[350]심이 존재함을 밝힌다. 이어서 그는 "레지스땅스의 意識(의식)과 「로오칼·칼라-」의 「스타일」"[351]이 결합한 것이 한국영화의 리얼리즘이며, 이것이 곧 한국 영화의 주류적 성격이었다고 정의한다. 해방 후에는 〈자유만세〉, 〈마음의 고향〉과 같은 작품이 한국영화의 명맥을 이어 왔으나, 전쟁 이후부터는 그러한 경향을 찾아보기 힘들어졌으므로 리얼리즘적 가치를 복권해야 한다는 것이 그의 주장이다.[352]

코리안 리아리즘은 한국영화의 국제적진출에 있어도 중요하게 고려되어야 한다. …(중략)… 「한국적인 동시에 세계」이것이 궁극의 목표이고 이것이 즉 영화의 마음이요 예술의 마음일것이다. 「휴우매니틔」는 이 진실한 마음을 의미하는것이고 「휴우매니틔」의 체험위에선 작품은 세계 아무데서도 통할수 있는것이다. 그러면 「휴우매니틔」야말로 「리아리즘」에 있어서는 골수(骨髓)가 되는 요인이라하겠다.[353]

---

350 유두연, 〈특집(1) 코리안대(對)이타리안리즘의비교: 『코리안 리아리즘』 단상〉, 《영화세계》, 1957.02., 40쪽.

351 위의 글, 41쪽.

352 유두연은 〈고향의노래〉에서 그나마 리얼리즘 정신에 대한 '약간의 자취'를 더듬을 수 있었다고 말한다. 이어지는 글에서 황영빈도 〈고향의노래〉를 〈자유만세〉와 더불어 '우리의 흐름'을 완전히 상실하지는 않았던 작품으로 거론한다. 다만 현재 남아있는 자료로는 대략적인 줄거리, 그리고 개봉 당시 긍정적 평가를 받은 적이 있다는 사실 등 아주 간단한 정보만을 확인할 수 있어 아쉬움을 남긴다. 이에 대해서는 다음의 두 기사를 참조하라. 〈고향의 노래〉, 《경향신문》, 1954.08.22., 4면; 〈고향의 노래〉, 《경향신문》, 1954.11.21., 4면.

353 유두연, 〈특집(1) 코리안대(對)이타리안리즘의비교: 『코리안 리아리즘』 단상〉, 앞의 글, 41쪽.

위의 예문을 통하여 확인할 수 있듯이, 유두연이 주창한 리얼리즘이란 결국 '국제적 진출'을 위한 수단이었다. (이는 앞서 살펴본 이청기의 '르네상스'라는 개념과도 맞닿아 있다.) 또한 유두연은 (코리안)리얼리즘의 골수가 되는 것이 '휴머니티'라고 말한 뒤, 역사물과 멜로드라마에는 '진실'이 없기 때문에 '새로운 기법'을 통하여 '인간정신의 진실'을 그려야 한다고 언급한다. 그는 계속해서 '정신'이라는 단어를 사용하는데, 이는 "근대 이후 한국 지식인 담론의 오래된 관습같은 것"으로, "서양=물질, 동양=정신이라는 오리엔탈리즘적 이항대립"에 근거한 것이기도 하다.[354] 이처럼 유두연은 한국영화가 나아가야 할 나름의 방향성을 모색하려 노력하였으나 거기에 구체성은 결여되어 있었다.

이어지는 허백년의 글 역시 마찬가지다. 허백년은 "한국영화와 이태리영화를 비교하라는 편집자로부터의 청탁"[355]을 받고 글을 작성하게 되었음을 밝힌 뒤, 최근 한국영화의 경향이 "저미(低迷)한 자연주의 리어리즘의 소산"에 지나지 않는다고 지적한다. 그는 이탈리아인이 대지에 선 자연의 수목(樹木)과 같은 성격을 지니고 있기 때문에 이탈리아 영화에 현실적인 성격이 나타난 것이라 추측하는데, 그의 표현에 따르면 이와 같은 '뿌리 깊은 현실의 정신'은 다른 어느 나라에서도 발견되지 않은 것이었다. 이어서 그는 로베르토 로셀리니와 비토리오 데 시카라는 뛰어난 두 사람이 있었기에 이탈리아 영화의 '조야함과 소박함이 일시에 해소'될 수 있었다고 분석한다.

---

354 황병주, 「1960년대 박정희 체제의 '탈후진 근대화' 담론」, 『한국민족운동사연구』 56권, 한국민족운동사학회, 2008, 266쪽.

355 허백년, 〈특집(2) 코리안대(對)이타리안리즘의비교: 한국영화와 이태리영화〉, 《영화세계》, 1957.02., 42쪽.

허백년의 주장은 추상적인 표현으로 점철되어 있으며 비약마저 존재한다. 베네딕트 앤더슨(Benedict Anderson)이 지적한 바와 같이 단일 민족 신화는 근대 이후에 형성된, 상상에 근거한 관념적 개념이다. 더군다나 이탈리아는 지역색이 판이한 대표적인 국가 중 하나이기 때문에 이탈리아인이 단일한 '민족성'을 지니고 있을 것이라는 가정은 더더욱 허구에 가까운 것이 된다. 몇몇 감독의 특출한 능력으로 인하여 네오리얼리즘이 생겨났다고 보는 관점에도 문제가 있다. 네오리얼리즘은 자연주의, 사실주의와 같은 이탈리아 문학의 전통과 더불어 사회의 모순과 불평등 구조를 가시화하고자 한 동시대의 지성사적 경향이 어우러져 발생하였다. 개인의 성취로 네오리얼리즘을 국한하는 순간 그것을 생산한 역사적·사회적 역동성은 무화되어버리고 만다.

한국 영화사에서는 오랜 기간 단일한 '민족' 개념이 중요시되었고, 나운규와 같은 '초인'을 기대하는 심리가 되풀이되었는데, 허백년의 글은 그러한 전통이 어디에서 기인하였는지를 보여주는 좋은 사례라고 할 수 있을 것이다. 끝으로 허백년은 "지금 보다는 진실한 연애와 행복과 선의를 그려 그 진폭(振幅)으로써 나아가서는 명확한 관념과 모랄에 따르는 주체적 인간상을 부각해주기 바라는 바이다."[356]라는 문구로 글을 마친다. 앞서 언급한 글들과 마찬가지로 당위적인 메시지를 반복하고 있음을 확인할 수 있다.

한편, 황영빈은 코리안 리얼리즘이 가져올 눈부신 금전적 가치에 주목한다. "이태리-의 영화는 전세계의 시장을 휩쓴바가 있었다", "빈곤에서 출발하

---

[356] 위의 글, 43쪽.

여 일조일석에 거부(巨富)를 이룬 이태리의 영화계", "이태리의 영화계는 매년 수백만불에서 천만불이 넘는 엄청난 외화를 획득할수가 있었다" 등의 구절을 통하여 한국영화 역시 리얼리즘을 통하여 막대한 부를 창출할 수 있으리라는 기대감을 엿볼 수 있다.[357] 네오리얼리즘의 쇠락 역시 철저하게 산업적인 측면 안에서 다루어진다. 황영빈은 이탈리아 영화가 미국 자본의 투입으로 인하여 '미국화'되었고, 회사가 난립하여 제작비가 증가하였으며, 인재가 빈곤한 탓에 결국 작품 편수와 수입이 급격히 감소하며 '호경기(好景氣)'가 끝났다고 분석한다. 결국 황영빈의 글에서 코리안 리얼리즘이란 해외 영화제에서 인정을 받고, 나아가 외화를 벌어들일 수 있는 영화를 의미한다. 이에 '휴머니티', '레지스탕스 의식', '작가정신', '작가의식', '인간정신의 진실'과 같은 문구는 부차적인 미사여구로 전락해버리고 만다.

황영빈이 구상한 코리안 리얼리즘 개념 역시 앞서 거론한 사례에서 크게 벗어나지는 않는다. 1950년대 코리안 리얼리즘은 일부 평론가 개개인이 체계화하고 구체화한 개념이라기보다는 당대 영화계의 보편적인 인식이 반영된 용어라고 보는 것이 보다 합당할 것이다.[358] 이를테면 월간 《현대영화》는 1958년 1월호에 〈한국영화계의 오늘과 내일〉이라는 명사들의 대담집을 수록한다. "외국에서 평가받는 길"로서 중요하게 언급되는 것이 바로 영화제

---

[357] 황영빈, 〈특집(3) 코리안대(對)이타리안리즘의비교: 이타리안 리즘에 대하여〉, 《영화세계》, 1957.02., 44~45쪽.

[358] 문재철 역시 당시 영화계가 코리안 리얼리즘을 추구하였던 이유가 "사회 변혁이나 정치적인 실천에 관심이 있어서"가 아니었음을 지적한다. 그는 코리안 리얼리즘이 "서구 영화 못지 않은 수준 높은 영화를 만들어야 한다는 컴플렉스, 혹은 변방의식이 더 크게 작용한 결과였다"고 분석한다. 문재철, 「한국영화 비평담론의 콤플렉스: 50년대 후반에서 70년대까지를 중심으로」, 연세대 미디어아트센터 편, 『한국영화의 미학과 역사적 상상력』, 소도, 2006, 11쪽.

에서의 수상이었다. "외화 획득이라는 큰 문제"는 한국영화의 중요한 장래 목표로 설정되는데, "돈버리(돈벌이)"를 하려면 칸느나 베니스 같은 "일종의 견본시장"에 진출해야 한다는 주장이 제시된다.[359]

코리안 리얼리즘은 이와 같은 영화계의 보편적인 인식에 기반하고 있다. 코리안 리얼리즘이라는 개념은 예술 사조로서의 리얼리즘, 혹은 작가의식 등과 같은 가치로 애둘러 포장되었으나, 실상 전후 한국 사회의 개발 및 발전 논리와 보다 밀접하게 연관되어 있었음을 확인해 볼 수 있다. 코리안 리얼리즘은 세계 시장을 공략하기 위한 수단으로서 생겨난 개념이다. 한국적 특수성(코리안)으로 상품의 희소성을 높이고, 세계적 보편성(리얼리즘)을 기반으로 관객 다수의 공감을 사겠다는 목표가 반영된 결과물이었다.

이러한 측면에서, 기존의 연구에서는 주목받지 못하였으나 《국제영화》 1957년 3월호가 구성한 특집 기사 〈[특집] 한국영화의 위기를 여하(如何)히 타개하느냐〉 역시 매우 중요한 의미를 지닌다. 가장 먼저 수록된 글은 이철혁의 〈제작의도를 어떻게 가질것인가〉이다. 그는 '한국영화의 기업화가 어느 정도 성숙한 것은 사실'이라고 한 뒤, 제작사가 흥행이 보장된 성공 사례만을 답습하는 상황을 '수지면의 안이한 수판에 근거한' 태도라고 비판한다. 〈춘향전〉이 성공한 이후에는 한동안 시대영화가, 〈자유부인〉이 성공한 이후에는 한동안 현대물이 범람하였다는 것이다. 이철혁은 제작사가 영화 예술인을 리드하여 독창적이고 다양한 작품을 생산하여야 한다고 주문한다.

이철혁의 진술에서 '코리안 리얼리즘'에 내재된 것과 동일한 모순을 읽어

---

359 〈한국영화계의 오늘과 내일: 명사들이 말하는 비평과 전망〉, 《현대영화》, 1958.01., 40쪽.

볼 수 있다. 그가 제시한 위기의 타개법이란 곧 기업화와 산업화인데, 그러한 측면에서는 오히려 장르화와 대량생산이야말로 탁월한 해결책이 될 것이다. 그러나 이철혁은 이를 부정한다. 그는 "제작자가 영화라는 예술품을 완전히 책임짐으로 「마스터」할 수 있게 되어야 한다"[360]는 다소 모호한 해법을 제시하며 글을 마무리한다.

이어지는 오영진의 글을 통해서도 유사한 인식을 확인해 볼 수 있다. 그 역시 이철혁이 지적한 바와 같이 유사한 작품이 양산되는 현실을 통렬하게 비판한다. 그러면서 영화 작가에게 다음과 같은 사안을 요청한다.

> 작가는 제작자의 의도를 받들어 채택된 소재를 작품화 하기 위한 모든 준비를 갖추어야 한다. 고꽹이와 탐광기(探鑛器)를 가지고 산과 들을 찾아가는 광산 기술가 마냥, 그는 사회를 탐험하여야 하고 새로운 세계를 조사하여야 한다. 전쟁 고아, 전쟁 미망인, 상이 군경 「쎌러리·맨」 「깽·스타아」, 관리, 학생 ETC… 이 모-든 사회적 존재가 작가의 대상이 되고, 그들의 모든 세계가 곧 영화의 세계가 된다.[361] (밑줄: 인용자)

흥미롭게도, 오영진은 새로운 작품 소재를 발굴하는 행위를 마치 금맥을 찾아나서는 것과 유사하게 표현하고 있다. 그가 언급한 전쟁 고아, 전쟁 미망인, 상이 군경 등은 분명 전후라는 한국적 현실에 기반한 대상이다. 이들을 작품화한다는 것은 곧 리얼리즘적 가치와도 무관하지 않을 것이다. 하지

---

360 이철혁, 〈제작의도를 어떻게 가질것인가〉, 《국제영화》, 1957.03., 28쪽.

361 오영진, 〈작품세계의 우려는 어찌할것인가〉, 《국제영화》, 1957.03., 32쪽.

만 오영진의 인식 속에서 이들 존재는 황금적 가치로 치환되어버리고 만다.

이처럼, 국내에서 (네오)리얼리즘의 가치는 다소 왜곡된 형태로 수용되고 있었다. 물론, 네오리얼리즘이 "전쟁과 파시즘에 대항하는 민중의 싸움"과 "국제독점자본에 맞서는 비판"의식을 다루고 있다는 점을 중요하게 언급한 글도 존재한다.[362] 그러나 이와 같은 네오리얼리즘의 본질적인 속성은 다양한 요인으로 인하여 은폐되었다. 이를테면 1950년 문교부에서는 "스토리가 네오 리아리즘을 묘사한 작품(단 좌익적인 색채가 없는 것은 무방함)이나 스탭 또는 배우 중 공산주의자나 사회주의자 또는 네오리얼리스트가 등장한 작품"[363]을 수입금지하는 기준을 마련하였다. 네오리얼리즘 영화에 담긴 좌파적인 상상력은 검열과 함께 잘려나갔던 것이다. 네오리얼리즘에 대한 선택적 수용은 훗날까지도 지속된다. 이영일은 『영화개론』에서 "이탤리언 리얼리즘의 사실상의 리더인 자바티니의 프롤레타리아적 작품세계가 정치적인 것이 아니라는 것은 비토리오 데 시카와 함께 만든 여러 작품에서 뚜렷하다."[364]라고 서술한다. 앙드레 바쟁이 네오리얼리즘의 주요 작품을 "공산주의 영화"[365]라고 독해한 것과는 정반대로, 네오리얼리즘의 비정치적인 측면을 강조하고 있음을 확인해 볼 수 있다.

네오리얼리즘은 한국 이외에도 전세계 영화 역사에 광범위한 영향을 끼쳤다. 일례를 들자면, 1960년대 초반 이론적 토대가 취약하였던 쿠바 영화

---

362 노능걸, 〈이태리 영화의 향방과 과제: 현대적 네오·리아리즘의 추구〉, 《국제영화》, 1960.10., 46~47쪽.

363 김성희, 「1950년대 코리안 리얼리즘 담론 연구」, 중앙대학교 석사학위논문, 2009, 41쪽.

364 이영일, 『영화개론』, 한진출판사, 1988, 280~281쪽.

365 이를테면 앙드레 바쟁은 〈흔들리는 대지〉를 "공산주의 영화"로, 〈자전거 도둑〉을 "공산주의 영화다운 작품"으로 언급한 바 있다. 앙드레 바쟁, 김태희 역, 앞의 책, 49쪽, 65쪽.

에 매우 중요한 창작 방법론을 제공하였다.[366] 토마스 구티에레스 알레아 (Tomás Gutiérrez Alea), 훌리오 가르시아 에스피노사(Julio García Espinosa) 등의 감독은 로마의 '영화실험센터(Centro Sperimentale di Cinematografia)'에서 수학하면서 네오리얼리즘의 직접적인 세례를 받았다. 이들에게 네오리얼리즘은 이윤을 창출하는 수단이라기보다는, 계급적 모순과 사회 구조의 부조리를 보다 사실적으로 드러낼 수 있는 중요한 방법론이었다. 그러나 1950년대 한국 사회는 일체의 진보적 담론을 허락하지 않는 상황에 처해 있었기 때문에, 실존주의의 사례와 마찬가지로 네오리얼리즘 역시 제3의 방식으로 수용될 수밖에 없었다.

같은 시기 서구 사회에서는 (네오)리얼리즘이 소강상태에 접어들고 있었다. 영화가 재현하는 '사실'에 대한 진지한 비판이 이루어졌고, 이는 리얼리즘에 대한 반발로 이어졌다. 아버지 세대의 영화사적 전통에 대한 거부와 함께 모더니즘이 대두되기 시작하였다. 반면 한국의 상황은 달랐다. 오히려 아버지 세대의 영화사적 전통을 새롭게 구축해야 하는 상황에 놓여 있었다. 나운규를 비롯한 몇몇 감독을 중심으로 계보가 그려지기 시작하였고, 그 과정에서 리얼리즘이라는 요소는 깊은 성찰이 이루어지지 않은 채 불멸의 가치로 신화화되기에 이르렀다.

코리안 리얼리즘은 '코리안'과 '리얼리즘'으로 구성되어 있는데, 방점이 찍힌 것은 '코리안' 쪽이었다고 요약해 볼 수 있다. 평론가들은 리얼리즘 자체를 추구하는 것 보다는, '이탈리아'라는 국가 브랜드를 모델로 하여 세계 시

---

366 정태수, 앞의 책, 465쪽.

장에서 인정받는 상품을 생산하는 것을 궁극적 목표로 삼고 있었다. 그들이 '한국'이 아닌 '코리안'이라는 외국어 표기를 사용한 것은 많은 함의를 지닌다. 이는 곧 사대주의적인 태도 하에 외국어가 무분별하게 남용되던 당시 사회의 모습을 반영함과 동시에, 영화계의 이론적 체계가 일제 식민지 시기보다도 퇴보된 상태로 몹시 조야하게 재구축되었음을 노정한다.

이탈리아 영화계는 자국의 문화적 유산을 기반으로 하여 '새로운' 리얼리즘을 구상하였다. 그것이 곧 '네오'리얼리즘이었다. 당연하게도 이탈리아어 표기인 '네오레알리스모(Neorealismo)'가 먼저 생겨났고, 나중에 이것이 '네오리얼리즘', '이탈리안 (네오)리얼리즘' 등으로 번역되어 각국에 퍼져나갔다. 그러나 한국 영화계는 '리얼리즘' 자체에 대한 성찰을 결여한 채, '한국'을 건너뛰고 곧바로 '코리안'을 외치는 모습을 보이고 있었다. 그들의 막연한 시도는 이내 한계와 모순에 봉착할 수밖에 없었다. 그들은 이전 시대의 지성사적 전통을 절반만 소화한 채로, 그리고 영화 예술의 본질에 대한 고민을 결여한 채로 영화계에 드리운 모순과 혼란을 심화시키고 있었다. 1960년대 중반 이후 (네오)리얼리즘 계열 작품이 쇠퇴한 상황과, 모더니즘적 조류에 대한 무성찰적인 추종이 이어진 상황을 이러한 맥락에서 이해해 볼 수 있을 것이다.

4. 전후 리얼리즘의 성취와 한계

1) 반공으로 덧칠된 리얼리즘

동란 이후 영화계는 여타 문화·예술계가 그러하였듯이 전쟁과 관련한 내용을 중요한 창작 소재로 삼고 있었다. 그러나 역설적이게도 전쟁에 대한 묘사는 매우 제한적인 범주 내에서만 이루어졌다. 한국 사회의 경직된 분위기가 영화계에도 반영되었기 때문이다. 영화인들은 기존의 경향성을 벗어날 만한 특별한 이유를 찾지 못하고 있었다.

주지하다시피, 한국전쟁이라는 사건은 한반도를 둘러싼 국제 정세의 복잡한 역학 관계와 남·북 수뇌부의 치명적인 정치적 오판 등이 복합적으로 작용한 결과물이었다. 하지만 당시 대다수의 영화는 그러한 다층적이고 입체적인 현실을 납작하게 압축한 후 단편적으로 재현해내는데 그쳤다. 북측을 철저하게 비판하는 것 이외의 어떠한 태도도 용납되지 않는 상황에서, 대다수의 영화가 반공주의라는 필터만을 사용하여 과거의 비극적인 현실을 선별적으로 재현하였다. 영리 목적에 부합하면서도 지극히 손쉬운 선택지를 택한 결과다.

일제강점기의 리얼리즘은 일본 제국주의와 봉건 지주 세력을 비판의 대상으로 설정하면서 사회의 구조적인 문제에 대한 비판을 제기하였다. 반면 1950년대 영화 비평계가 창조한 리얼리즘은 국제 무대에서 상업적 성공을 거두어들이기 위한 수단이었기 때문에, 내부가 비어 있는 개념이었으며 저항의 대상 또한 불명확하였다. 그것은 곧 남한 문화·예술계의 지배적 담론이었던 "탈정치적이고 탈역사적인 추상적 휴머니즘과 부르주아적 민족주의"[367]를 흡수하게 된다. 일부 작품은 북한을 새로운 비판의 대상으로 삼았다. 그 과정에서 민족 상잔의 비극적이고 복합적인 상황은 선과 악이라는 이분법적 구도로 도식화되었고, 전쟁을 둘러싼 정치, 경제, 역사 등의 요소에 대한 깊은 성찰은 이루어지지 않았다. 그럼에도 불구하고 이와 같은 전략을 취한 작품이 리얼리즘의 적자(嫡子)가 되는 기현상이 일어났다.

대표적인 사례로 이강천의 〈아리랑〉(1954)을 들어볼 수 있다. 이 영화는 나운규의 〈아리랑〉을 토대로 만들어졌는데, 원작의 줄거리를 살펴보면 다음과 같다.[368]

주인공 최영진과 마을 지주의 마름인 오기호는 개와 고양이처럼 다투는 관계다. 기호는 마을에서 세도가 당당하지만 광인이 된 영진을 힘으로 당해낼 수 없어 항상 도망친다. 어느 날 영진의 친구 윤현구가 고향에 돌아온다. 하지만 영진은 그를 알아보지 못한다. 한편 영진의 아버지는 지주로부터 빚을 갚으라는 최후 통첩을 받는다. 기호는 영진의 아버지에게 제안을 한다. 빚을 갚아주는 대신 딸 영희를 아내로 맞이하게 해달라는 것이다. 현구와 영희는 서로를 사모하고, 기호는 아버지를 계속 협박한다. 풍년제 날, 기호는 하인들을 데리

---

367 한국예술종합학교 한국예술연구소 편, 『한국현대 예술사대계 II』, 시공사, 2005, 29쪽.

368 〈아리랑〉은 무성영화였기 때문에 이야기 전개에 있어서 변사의 역할이 매우 중요하였다. 변사 개인의 재량과 판단에 의해 줄거리가 달라지기 일쑤였다. 뿐만 아니라 필름이 재편집되어 상영되는 경우도 있었기에 매우 다양한 판본이 존재하고 있었다. 본고는 남·북한에서 발간한 여러 자료를 종합하여 〈아리랑〉의 줄거리를 요약하였다. 백문임은 1929년 박문서관에서 발간한 문일의 『영화소설 아리랑』을 참고로 줄거리를 파악하였으며, 이영일 및 최창호·홍강성은 1920년대 활동한 변사의 증언을 토대로 줄거리를 파악하였다. 보다 상세한 내용은 다음의 책들을 참고할 것. 김려실, 『투사하는 제국 투영하는 식민지』, 2007, 101~102쪽; 최창호·홍강성, 『라운규와 수난기 영화』, 평양출판사, 1999, 77~89쪽; 이영일, 『한국영화전사(개정증보판)』, 앞의 책, 103~105쪽.

고 와 빈 집을 지키던 영희를 겁탈하려 한다. 영호가 이에 맞서 싸우는데, 이 광경을 본 영진은 광기에 휩싸여 낫을 휘두르고 만다. 피를 본 영진은 그제서야 정신을 차린다. 순사에게 체포된 영진은 포승줄에 묶인 채 마을 사람에게 아리랑을 부르며 고개를 넘어간다.

이처럼 나운규의 〈아리랑〉에는 일본의 제국주의를 비롯한 자본주의 체제에 대한 비판 의식이 담겨 있었다. 나운규는 '지주의 앞잡이' 오기호와 일본 순사를 악역으로 설정하였다. 최영진은 이들에게 폭력을 휘두르면서 적극적으로 저항한다. 그러한 상황이 용인될 수 있었던 것은 영진이 광인으로 설정되었기 때문이었다. 다음의 장면 역시 주목해 볼 만하다.

> 어느 날 목이 마른 영진은 사막의 환상을 본다. 한 나그네가 사막에서 물을 찾고 있는데, 부유한 차림의 상인이 물병을 메고 그의 앞을 지나간다. 나그네는 도움을 요청하지만 상인은 돈을 요구하며 거절한다. 이때 한 쌍의 젊은 남녀가 등장하는데, 상인은 그들에게도 물을 주지 않는다. 상인은 여성에게 사랑을 버리고 자신을 따르면 물을 주겠노라고 말한다. 격분한 나그네는 상인을 죽이고 물을 쟁취한다.[369]

이 장면에서 나운규는 나그네의 복장을 흰색으로, 상인의 복장을 검은색으로 연출하였다. 백의민족(白衣民族)으로 대표되는 조선인의 처지를 은유한

---

[369] 최창호·홍강성, 위의 책, 77~89쪽; 이영일, 위의 책, 103~105쪽.

것이었다.[370] 이 장면을 통해 나운규는 조선(인)이 겪는 고통이 민족적인 차원뿐만 아니라 계급적인 차원과도 연관된 복합적인 결과물임을 표현해내고 있다. 나운규는 사회주의를 철저하게 추구한 인물은 아니었다. 그러나 그의 작품은 제국주의가 자본주의 발전 과정의 산물이라는 사실을 명확하게 드러내고 있다.

나운규의 원작 〈아리랑〉과 비교해 볼 때, 이강천의 〈아리랑〉은 시대적 배경을 달리 하면서 일부 설정을 각색하였다. 대략적인 줄거리를 살펴보면 다음과 같다.

북한군 치하에 들어간 영진의 집 외양간에 미군 2명이 숨어든다. 영진네 집은 영진의 정신이상으로 북한군들의 감시를 받고 있었기 때문에 영진아버지는 미군들을 고발하려고 한다. 그러나 영희의 간곡한 설득으로 그들을 숨겨주고 간호까지 해준다. 어느 날 영희를 연모하는 빨갱이 기호에게 그 사실이 발각되어 기호에게 조건부 협박을 당하나, 영희는 끝내 거절하고 미군을 데리고 산으로 도망친다. 그들을 추격하는 기호와 북한군들. 영진은 기호를 쏘고 피를 본 순간 제정신을 찾는다. 때마침 진격해 온 아군들이 가세하여 북한군은 섬멸되나 영희는 북한군의 총에 쓰러지고 만다.[371]

---

370 최창호 홍강성, 위의 책, 80쪽.

371 「아리랑(1954)」, KMDb - 한국영화데이터베이스, 〈https://www.kmdb.or.kr/db/kor/detail/movie/K/00260〉 (검색일: 2022.03.04.)

지주, 상인, 일본 순사 등을 통해 비판적 의식을 드러냈던 나운규와는 달리 이강천은 북한군을 악역으로 설정하였다. 또한 미군이 서사 전개에 있어서 매우 중요한 역할을 수행하고 있는데, 그들이 겪는 우여곡절은 한국전쟁 당시 전선에서 낙오되어 포로로 잡힌 딘 소장의 일화를 바탕으로 한 것이었다고 한다.[372] 이처럼 이강천은 〈아리랑〉의 주제의식을 1950년대 당시의 시대정신이었던 '반북'과 '친미'로 재설정하고 있다. 나운규의 경우, 표현할 수 없는 것을 표현하기 위하여 다양한 은유를 사용하였다. 반면 이강천은 허용된(혹은 적극적으로 권장된) 소재를 토대로 영화를 만들었다. 지배구조에 대한 성찰과 비판을 목적으로 한 것이 아니라 지배 이데올로기에 편승하는 것을 목적으로 하고 있었기 때문에, 원작이 보여준 시대에 대한 고민과 다양한 함의의 폭이 대폭 축소될 수밖에 없었다.

1955년에는 이강천이 연출한 〈피아골〉이 개봉한다. 이영일(1959), 변인식(1965) 등은 이 작품을 '반공 이데올로기를 허물면서 휴머니즘적 가치를 구현한 대표적인 리얼리즘 작품'으로 평가하였다. 그런데 오히려 〈피아골〉은 전형적인 반공영화에 가깝다. 이강천 역시 반공 이데올로기의 종식에 특별히 관심을 둔 감독은 아니었다. 9편의 반공영화를 연출하였으므로, 굳이 분류하자면 반공 이데올로기를 강화하는 데 기여한 감독이라고 할 수 있을 것이다. 그렇다면 비평 담론에서는 왜 〈피아골〉을 오독(誤讀)하고 있었던 것일까.

〈피아골〉이 기념비적인 작품으로 기록될 수 있었던 까닭은 작품 내적인

---

372 김종원, 「[영화인]구술로 만나는 영화인] 이강천 - 감독 - 도시적 반공 이데올로기의 벽 허문 〈피아골〉」, KMDb - 한국영화데이터베이스, 〈https://www.kmdb.or.kr/story/76/1518〉 (검색일: 2022.03.06.)

요인 때문이 아니라 작품 외적인 요인, 즉 정부의 검열이 있었기 때문이다. 용공 논쟁에 한 차례 휘말린 탓에 〈피아골〉은 비로소 휴머니즘(또는 리얼리즘)적인 작품으로 자리매김할 수 있었다. 흥미롭게도, 제작 당시에는 전북 경찰국과 내무부 치안국에서 총기류를 지원해주는 등 오히려 공공기관으로부터의 협조가 이어졌다고 한다. 전북 경찰국 공보계 주임 김종환이 아이디어를 제공하여 이강천과 함께 시나리오를 작성하였기 때문이다.[373]

그러다가 영화가 완성된 무렵부터 분위기가 달라진다. 개봉 예정일이었던 1955년 8월 24일 문교부에서는 돌연 〈피아골〉의 상영중지 조치를 발표한다. 약 2개월 간의 검열을 거친 후 상영을 허가한 바 있으나, "반공영화로서 신통하게 생각할 수 없다"는 치안당국의 견해와 내무부의 권유를 따른 결과였다.[374] 당시 언론은 이와 같은 조치를 갑작스러우면서도 이해하기 힘든 것으로 여기며 대서특필하였다. 당시 검열의 주체는 문교부였는데, 국방부와 내무부가 뒤늦게 개입하여 문교부의 판단을 번복하게 만들었다는 점에서 적지 않은 논란이 이어졌다.[375]

---

373 이강천은 1954년 봄 전주에서 김종환을 만났다. 김종환은 기막힌 소재가 있으니 '빨치산 영화'를 만들자는 제안을 하였고, 이내 두 사람은 〈빨치산〉이라는 시나리오를 합작하였다. 제작자 김병기는 영화의 제목을 〈피아골〉로 바꿀 것을 제안하였다. 지리산에 '피아골'이라는 골짜기가 있는데, 임진왜란때 의병이 무수히 죽었고 여순사건때도 양민이 떼죽음을 당했으므로 그들에게 조의를 표하자는 취지에서였다. 한국영화기획창작협회, 『한국영화기획 70년사(1919~1964) I』, 좋은세상, 1998, 167~168쪽.

374 〈영화 『피아골』 상영중지〉, 《조선일보》, 1955.08.25., 3면.

375 〈예술의자유와 영화검열〉, 《동아일보》, 1955.08.29., 1면.

[그림 8] 국도극장에 게시된 〈피아골〉 상영중지 안내문[376]

검열에서 지적된 사항 가운데 하나는 '토벌대'의 활약상이 직접적으로 드러나지 않았다는 점이었다. 국군과 경찰이 반드시 등장해야만 하는데, 그렇지 않기 때문에 관객이 자칫 대한민국의 치안을 불안정하다고 여길 우려가 있다는 것이었다. 뿐만 아니라 김종문은 영화에 공산주의라는 사상 자체를 직접적으로 비판하는 대목이 없고, 자유 이념에 감화되는 인물이 없다는 점을 문제 삼기도 하였다.[377] 이처럼 예술 작품의 세부적인 요소까지 통제하려는 시도를 통해 당시 한국 사회가 앓고 있던 강박에 가까운 레드 콤플렉스

---

376 〈제작자측상영신청취하(製作者側上映申請取下) 상영중지받은영화「피아골」〉, 《경향신문》, 1955.08.26., 3면.

377 김종문, 〈국산 반공영화의 맹점 / …「피아골」과 「죽음의 상자」에 대해서…〉, 《한국일보》, 1955.07.24; 한국영상자료원 편, 『신문기사로 본 한국영화 1945~1957』, 공간과사람들, 2004, 387~389쪽에서 재인용.

를 확인해 볼 수 있다. 실제로, 군 기관 내부에서도 검열을 둘러싸고 자아분열적인 모습을 보였다. 국방부 정훈국이 상영불가론을 주장한 것과는 달리, 육군본부 정훈감실에서는 〈피아골〉이 해외시장에서도 통하는 우수한 작품이라고 찬양하는 모습을 보였다.[378]

결국 〈피아골〉은 마지막 장면에 태극기를 삽입하는 등 일부 장면을 수정한 뒤 재검열을 받게 되었다. 문교당국은 1955년 9월 21일 최종적으로 상영허가를 내렸다. 같은 달 23일부터 영화는 비로소 국도극장에서 상영될 수 있었다.[379] 당시 임긍재는 〈피아골〉을 둘러싼 논란에 대하여 다음과 같이 서술하였다.

최근 반공영화에 대한 비판의 시비가 이곳저곳서 논의되고 있다. 이것은 반공문화정책을 시행하고 있는 우리 한국으로서는 좋은 현상이라고 아니할 수 없다. 왜냐하면 우리는 자유를 사랑하고 인간성을 존귀하게 여기는 까닭에 하나의 설정에 대해서도 그것이 자유와 반자유의 예술적 가치를 논하는 한 많은 시비를 따진 연후에, 어떤 결정을 내릴 필요가 있기 때문이다. …(중략)… 한국의 영화인치고 "이데오르기-"를 떠나 순수예술만 가지고 적에게 이롭게 하는 영화는 제작하지 않을 것이다. 그들도 오늘날 우리 한국이 처해 있는 반공적 위치도 잘 알고 있으며, 되도록이면 공산주의자들의 포악성이 얼마나 잔인한가를 관중에게 인식시킴으로써, 당국의 반공문화정책에 부응하려고 노력하는 것만은 틀림없는 사실일 것이다.[380] (밑줄: 인용자)

---

378 〈물방울 선뜻 한번 써볼 일이지〉, 《동아일보》, 1955.08.12., 4면.

379 〈23일부터상영(上映)키로 문제의영화「피아골」〉, 《경향신문》, 1955.09.22., 3면.

380 임긍재, 〈선전가치와 영화예술성: 반공영화비판의 시비 특히 『피아골』을 중심하여〉, 《동아일보》,

임긍재는 대한민국이 "자유를 사랑하고 인간성을 존귀하게 여기는" 휴머니즘적 사회라고 언급한 뒤, 지나친 검열이 자칫 한국영화 산업 발전을 저해할 것을 우려한다. 그러면서 〈피아골〉을 비롯한 영화가 어디까지나 "공산주의자들의 포악성이 얼마나 잔인한가를 관중에게 인식"시키는 것에 목적을 두고 있음을 강조한다. 이외에도, 이청기 역시 피아골의 주제가 "고답적인 반공 효과"를 노린 것임을 지적한 바 있다.[381]

〈피아골〉의 최종적인 목표는 결국 반공이다. 오랜 기간 동안 평단에서는 〈피아골〉을 철수(김진규)라는 등장인물을 통해 빨치산 대원의 '인간적인 면모'를 드러낸 '휴머니즘'적 작품이라고 독해해왔는데, 이는 심각한 수준의 오독이다. 왜냐하면 〈피아골〉은 동족의 인간성을 부각하는 것이 아니라, 아가리(이예춘 분), 만수(허장강 분)와 같은 인물을 통하여 공산주의 체제의 비인간성을 강조하는데 방점을 두고 있기 때문이다. 다음의 신문 광고를 통해서도 그러한 사실을 거듭 확인해 볼 수 있을 것이다.

「피아골」
백호영화제작소 창립작품으로 지리산의 험곡 피아골에서 단말마적 발악을 하던 빨찌산의 생태를 소재로 존귀한 인간성이 말살된 절망세계에서의 피와 사랑에 굶주린 인간상을 묘사한 것이라 한다.[382] (밑줄: 인용자)

1955.08.12., 4면.

381 이청기, 「피아골」에 대한 소견(상): 주제는 고답적인 반공효과 노린것〉, 《한국일보》, 1955.09.01., 4면.

382 〈「피아골」〉, 《경향신문》, 1955.04.05., 4면.

〈피아골〉이 묘사하는 인간성은 "존귀한 인간성이 말살된 절망세계"를 부각시키기 위한 장치에 불과하다. 그러나 우스꽝스럽게도 지배 이데올로기는 이와 같은 표현마저도 용납하지 않았다. 적대적 언어의 군집 사이에서 돌출된 아주 작은 부분에 망치질을 가했고, 이에 〈피아골〉은 졸지에 빨치산의 인간성을 드러내며 사회에 저항적 태도를 취한, 〈아리랑〉의 계보를 잇는 리얼리즘적 작품으로 자리매김해버렸다. 이강천 역시 나운규의 계보를 잇는 "한국적 리얼리즘의 존재를 입증"[383]한 감독으로 대다수 문헌에 기록되고 있다.

〈피아골〉의 리얼리즘화 과정은 한 편의 촌극이었다. 비평 담론은 그러한 오류를 바로잡는 것이 아니라 오히려 왜곡된 리얼리즘의 산파 역할을 적극적으로 수행하였다. 2000년대 초반 학계에서 문제를 제기하기 전까지, 〈피아골〉은 "휴머니즘을 구현한 잊지 못할 리얼리즘 작품"[384]으로 끊임없이 회고되었다. 김종원은 2008년 글에서 〈피아골〉이 "빨치산 조직 내부에 앵글을 맞춰 분란을 겪는 공산주의자들의 인간적인 고뇌의 모습을 그린" 이채로운 수작이라고 평가하면서, 이를 "인간과 민족 동질성 회복이라는 문제를 전면에 내세운 〈7인의 여포로〉(1965, 이만희 감독), 〈남부군〉(1990, 정지영 감독), 〈공동경비구역 JSA〉(2000, 박찬욱 감독)의 출발점"으로 설정하기까지 한다.[385] 앞서 언급한 바 있듯이, 불연속적인 개별 작품을 연속화·계보화하려는 이러한 시도는 분명 비판적으로 재고되어야 할 것이다.

---

383 정혜연, 「작품 소개」, 『피아골 DVD 소책자』, 한국영상자료원, 2006, 8쪽.
384 김소연 외, 『매혹과 혼돈의 시대: 50년대의 한국영화』, 소도, 2003, 19쪽.
385 김종원, 앞의 웹사이트.

이영일이 리얼리즘적인 작품으로 꼽은 바 있는 〈나는 고발한다〉(1959) 역시 반공을 주제로 한 영화다. 이 영화는 북한으로 납치당한 신학생 형식(황해 분), 반공청년 인수(최봉 분), 대학교수(김일해 분)가 강제 노동소에서 노예같은 생활을 하다가 탈출하는 이야기를 다루고 있다. 탈출 과정에서 대학교수와 인수는 목숨을 잃고, 형식만이 부상을 입은 채 산골 처녀(전영주 분)와 함께 대한민국의 품에 안긴다. 앞서 언급한 이강천의 〈아리랑〉과 〈피아골〉의 사례처럼, 이 영화 역시 단순한 선악 구도로 현실을 재현하면서 전쟁을 둘러싼 시대적 상황과 사회적 요소에 대한 고찰을 차단하고 있었다.

〈나는 고발한다〉는 개봉 당시 '액숀·드라마'의 형태를 취하면서 뚜렷한 주제의식(반공)과 박력 있는 연출을 보여주었다고 평가받았다. 일부 한계를 지니고 있음에도, "저속한 신파극의 아류같은 영화가 범람하는 이 즈음에 이와같은 양심적인 작품이 제작됐다는 사실"[386]로 인하여 주목을 받았다. 앞서 언급하였듯이 당시 신파는 곧 후진적인 작품, 국제 무대에서 인정받기 힘든 작품으로 인지되고 있었다. 〈나는 고발한다〉는 주제적·스타일적 측면에서 분명 신파와는 다른 호흡을 보여준 작품이었기 때문에, 코리안 리얼리즘과 목적의식을 공유하는 작품으로 분류될 수 있었을 것이다.

그런데 '신파와 다르다'는 것 자체가 리얼리즘적 작품을 판가름하는 기준이 될 수는 없을 것이다. 신파 영화의 여집합 전체가 리얼리즘 영화가 되어버리는 결론에 도달하기 때문이다. 이영일은 한국영화의 리얼리즘에 대하여 지속적으로 고민한 인물이었다. 그렇기에 이와 같은 사실을 누구보다도

---

386 〈[영화장평(掌評)] 신인감독의박력있는연출: 나는고발한다〉, 《조선일보》, 1959.04.09., 4면.

더 잘 파악하고 있었을 것이다. 〈나는 고발한다〉는 〈피아골〉의 사례와 달리 사회적으로 논쟁이 되며 계속해서 회고된 영화도 아니었다. 때문에 이영일이 구축한 리얼리즘 영화사에서 이내 자취를 감추게 되었다. 〈나는 고발한다〉가 리얼리즘 정전 목록에 올랐다가 이내 삭제된 과정을 통해 당시 '리얼리즘'을 판가름하는 기준이 얼마나 자의적이면서도 모호한 것이었는가를 거듭 확인해 볼 수 있다.

2) 신진 감독과 문학계의 연관성

한편, 이 시기 영화 작품과 비평 담론이 문학계와 밀접하게 관계를 맺으면서 전개되었다는 점에 유념할 필요가 있다. 문학 작품을 원작으로 한 영화가 다수 제작되었으며, 창작과 비평에서 인력 구성이 겹치는 등 영화계와 문학계는 직접적인 영향 관계를 형성하고 있었다. 대표적인 사례로 오영진을 들어볼 수 있다. 그는 한편으로는 문인이었으나 다른 한편으로는 영화인이기도 하였다. 특히 그는 1950년대 리얼리즘 영화 작품 및 담론과 직접적인 관계를 형성하고 있었다는 점에서 중요한 인물이다.

오영진이 1943년 창작한 희곡 〈맹진사댁경사〉는 1956년 〈시집가는 날〉로 영화화되었다. 〈시집가는 날〉은 한국적인 정서를 바탕으로 하면서 인간의 탐욕을 풍자하는 작품이었다. 1957년 도쿄에서 개최된 제4회 아시아영화제에서 최우수희극영화상을 수상하였는데, 한국 영화로서는 최초의 해외영화제 수상작이었다. 이후에도 에든버러 영화제, 베를린영화제 등으로부터 초

청을 받았다고 한다.[387] 영화 제작자들은 "동남아 방면의 시장 개척이 어렵지 않을뿐만 아니라 막대한 불화(弗貨)가 소요되는 외화 수입을 억제할 수도 있을 것"[388]이라며 작품에 대한 칭찬과 기대를 아끼지 않았다. 비록 리얼리즘적 형식을 전면에 내세우지는 않았으나 〈시집가는 날〉은 코리안 리얼리즘이 지향하는 바, 즉 세계 영화 '시장'으로부터 인정을 받겠다는 목표를 선취한 작품이었다.

당시 오영진은 실로 대단한 인기를 구가하고 있었다. 그의 시나리오를 얻기 위하여 많은 영화인이 집으로 찾아왔다고 한다.[389] 유현목의 〈인생차압〉(1958)과 김기영의 〈10대의 반항〉(1959)[390]은 모두 오영진이 각본을 맡은 작품이었다. 사회의 문제적인 면모를 어느 정도 진지한 시각으로 다루면서도 작품성까지 인정받았다는 공통점을 지니고 있다.

〈인생차압〉은 1949년 극단 신협에서 초연한 오영진의 희곡 〈살아있는 이중생 각하〉를 각색한 영화로, 이중생(김승호 분)이라는 간판 회사 사장을 통해 "사회 현실과 가정 환경 및 신구 세대의 대립을 씨니칼하게 파고"[391]들면서 배금주의를 풍자한 작품이었다. 당시 "조금도 과장 없는 현실 그대로의

---

387 〈『시집가는 날』 입상〉, 《동아일보》, 1957.05.26., 4면.

388 〈우리영화수출가능: 「시집가는날」입상이준자극(剌戟)〉, 《경향신문》, 1957.06.14., 4면.

389 김윤미, 「오영진 일기 연구」, 『한국극예술연구』 51집, 한국극예술학회, 2016, 138쪽.

390 일화에 따르면, 오영진은 이 작품의 시나리오를 이병일 감독에게 먼저 건넸다. 실망한 김기영은 이병일에게 찾아가서 시나리오를 요구하였는데, 이병일은 순순히 시나리오를 주었다고 한다. 김기영과 오영진은 작품 제작을 둘러싸고 마찰을 빚게 된다. 김기영은 자신의 연출에 맞게 각본을 수정하는 사람이었고, 오영진은 자신의 각본이 원형을 유지하기를 바라는 사람이었기 때문이다. 합의점을 찾지 못한 두 사람은 이후 오랜 기간 왕래하지 않았다고 한다. 〈(11) 「십대의 반항」미 영화제 특별상 김기영감독 출세작으로 평가〉, 《중앙일보》, 1990.06.24., 10면.

391 〈성실한 작가정신 『인생차압』〉, 《조선일보》, 1958.11.07., 4면.

건실한 풍자와 〈유모어〉가 깃들어 있어 웃다가도 울 일"[392]이라는 호평을 받았다. 신문 광고에서는 '국제영화제에 출품 예정'이라는 정보를 부각하였다.[393] 〈인생차압〉은 1959년도 제6회 아시아영화제에 출품되었으며,[394] 국내에서도 다양한 상을 수상하였다. 한국영화상에서 작품상을,[395] 부일영화상에서 작품상, 감독상, 시나리오상, 주연남우상, 조연여우상, 음악상을 받았다.[396]

〈10대의 반항〉은 "따뜻한 사회의 손길이 닿지 않는 도시의 뒷골목"을 무대로 하여, 십대 아이들이 "그들을 저버린 냉혹한 사회와 어른들에게 이유 없이 반항하는 생태를" 카메라로 "리얼하게" 묘사한 작품이었다.[397] 〈10대의 반항〉이 제작될 무렵, 한국에서는 실제로 청소년 문제가 매우 중요한 사회 문제로 대두되었다. 당시 기사를 인용해보면, 청소년 문제는 "전후(戰後)적인 퇴폐성을 현저하게 나타내"며 "전쟁의 여파인 허탈감과 사회의 혼란으로 말미암아 이른바 「아프레」적인" 생활 기풍을 드러내고 있었다.[398] 이와 같은 동시대적 문제를 사실적으로 다루었다는 점에서 영화는 호평을 받았다. 〈10대의 반항〉 역시 해외 영화제에 출품되었다. 아역 배우였던 안성기가 제5회 샌프란시스코 영화제에서 등외(等外)명예상을 받았다.[399] 국내의 경우,

392 〈웃을수만도없는희극「인생차압」〉,《경향신문》, 1958.11.06., 4면.

393 〈단연! 국제영화제에 출품예정인 명화중대작(名画中大作)!〉,《조선일보》, 1958.11.04., 4면.

394 〈자유결혼·인생차압 우리 참가작품 결정〉,《경향신문》, 1959.03.07., 4면.

395 〈구일(九一)년영화상(映畫賞)결정 작품상에『인생차압』〉,《동아일보》, 1959.02.06., 4면.

396 〈부일영화상 수상자〉,《조선일보》, 1959.02.22., 4면.

397 〈『십대의반항』〉,《동아일보》, 1959.07.17., 4면.

398 〈십대소년들의 난행사건이 의미하는것〉,《경향신문》, 1960.10.20., 1면.

399 〈《싼프란시스코》영화제에서 등외상 영화『10대의반항』〉,《동아일보》, 1960.11.04., 4면.

한국영화예술상에서 작품상, 여자주연상, 미술상을 받았고[400] 문교부로부터는 우수작품상, 주연남우상, 조연여우상, 시나리오상, 소년연기상을 받았다.[401]

상술한 〈인생차압〉과 〈10대의 반항〉을 통해 오영진이 언급한 (코리안)리얼리즘의 미학적 지향점을 보다 구체화해 볼 수 있다. 즉 1950년대 오영진의 리얼리즘이란 곧 "픽션의 세계를 떠나 '현실'로 돌아가"[402]는 것을 의미하였으며, '이야기' 위주로 구성된 기존 한국 영화의 한계를 '화면' 위주의 연출을 통해 극복하는 것을 의미하였다.

이와 같은 오영진의 영화론은 일제강점기부터 구축된 것임에 주목해 볼 필요가 있다. 그는 처음에는 영화가 단순히 현실을 기록·복제한다는 사실에 반대하면서 영화 자체의 독자적인 예술성을 강조하였다. 그러다가 일제강점기 말기가 되면 극영화보다 기록영화를 중요하게 생각하기 시작한다. 전쟁이라는 상황에서 영화의 정치적인 기능에 주목하게 되었는데, 극영화보다는 나치 독일과 소비에트 연방의 선전 기록영화를 모범적인 사례라고 인식하였기 때문이다. 이는 곧 "대중들의 생활 터전을 스크린 속 지표를 통해 매개함으로써, 대중들을 동원하기 위한, 식민지 조선 내부를 향한 '국민영화'의 정치적 기획에 따른 결과였다."[403]

---

400 '한국영화예술상'은 월간지 《영화예술》에서 제정한 상이었다. 중앙공보관 영사실에서 각계 인사가 모인 가운데, 영화예술사의 사장이었던 이영일이 상을 수여하며 시상 경위를 밝혔다고 한다. 〈작품상에 『십대의반항』〉, 《조선일보》, 1960.06.01., 4면.

401 〈우수영화상 결정〉, 《경향신문》, 1960.09.06., 3면.

402 이근삼 편, 앞의 책, 327~328쪽.

403 김상민, 「식민지 시기 오영진의 영화예술론 연구」, 『사이』 26권, 국제한국문학문화학회, 2019, 160쪽.

이와 같은 관점은 해방과 전쟁을 거치면서도 상당 부분 유지되었다. 이를 테면「제작과 공익성」(1957)[404]이라는 비평에서 드러나듯이, 오영진은 영화가 관객의 정신에 끼치는 영향력을 중요하게 생각하였다. 뿐만 아니라 영화가 일반 대중에게 가장 큰 침투력을 행사할 수 있는 매체라는 점을 명확하게 인지하고 있었다.[405] '세미 도큐멘터리'[406]적인 기법을 추구하였다는 점 등에서 오영진이 구상한 (코리안)리얼리즘은 분명 네오리얼리즘과 유사한 것이었다. 그러나 미묘한 차이도 존재하였는데, 이는 오영진이 1940년대에 주장한 영화론과의 연속성 하에서 이해해 볼 수 있다. 요컨대 오영진의 리얼리즘은 현실을 과학적·사실적으로 재현하면서 세계의 작동 원리를 파악하고 탐구하려는 쪽보다는, 선전 기록영화의 사례처럼 현실을 재구성하고 이를 토대로 관객과 사회를 계몽하려는 쪽에 조금 더 가까웠다고 할 수 있다.

물론, 1950년대 영화계의 리얼리즘 담론이 오영진 개인에 의해서만 견인된 것은 아니었다. 앞서 언급한 바와 같이 코리안 리얼리즘 담론은 예술성과 상업성을 동시에 추구하려는 욕망, 신파적인 구습(舊習)을 극복해야 한다는 인식 등 당대 비평계의 보편적인 관념이 종합적으로 반영된 결과물이었다. 당시 평단에서는 젊은 신세대 감독에게 큰 기대를 걸고 있었다. 리얼리즘적 경향의 작품을 연출하며 신예로 떠오른 김기영과 유현목은 일종의 '라이벌' 구도로 소개되기도 하였는데(그림 9), 이들은 "통속에 대한 비타협, 상업주의에 대하여 최후선까지 저항해보려는 예술의식"을 지닌, 성장하는 한국

---

404 오영진, 〈국제영화콩쿨과 한국영화예술의 방향〉, 앞의 글.

405 이준희, 「오영진 시나리오의 재현 양식 연구」, 서울대학교 석사학위논문, 2016, 64쪽.

406 오영진, 〈국제영화콩쿨과 한국영화예술의 방향〉, 앞의 글.

영화계에 "청신(淸新)한 방부제"가 될 수 있으리라는 기대를 한 몸에 사고 있었다. [407]

[그림 9] "59년의 라이벌"로 소개되는 김기영과 유현목[408]

위의 기사에서는 '예술성'과 '상업성'을 구분한 뒤, 전자에 보다 큰 가치를 부여하고 있다. 여기에는 '신파=상업성', '리얼리즘=예술성'이라는 이분법적 사고가 전제되어 있다. 그런데 앞서 살펴본 바와 같이 이와 같은 구별짓기는 자기모순적인 측면을 드러내는 행위였다. 왜냐하면 '코리안 리얼리즘' 여부를 결정하는 최종 심급은 '예술성'보다는 오히려 '상업성'에 훨씬 더 가까웠기 때문이다. 그것은 곧 당시의 지배적 가치였던 산업화, 세계화라는 욕망과도 맞닿아 있었다. 비평가들은 자신의 무의식적 욕망을 애써 숨기려고 하였는데, 그러한 과정에서 영화인들은 혼란을 겪을 수밖에 없었다. 평단은 영화계에게 항상 무한한 쇄신을 요청하였다. 그러나 아무도 그들의 갈증을

---

407 〈제작자 울리는데 상통〉, 《동아일보》, 1959.02.22., 5면.

408 위의 기사.

해결해줄 수 없었다. 애초에 가능하지도 않으며 실체 또한 부재한 요구였기 때문이다.

코리안 리얼리즘이라는 도그마는 역설적이게도 한국의 리얼리즘을 와해시키고 있었다. 그러나 김기영, 유현목 등 신진 감독은 혼란 속에서도 실제로 리얼리즘적인 기법을 채택하며 초창기 필모그래피를 채워나갔다. 김기영 스스로가 언급하듯이 "이탈리아의 네오 리얼리즘 영화로부터의 영향도 있었고 또 당시 한국의 상황이 너무 비참했으므로 당연히 사실적 상황을 그렸"[409]던 것이라고 볼 수 있다. 여기서 비참함이란 결국 전쟁이라는 문제와 직결되어 있었다. 이어지는 절에서 보다 상세히 서술하겠지만, 이 시기 리얼리즘을 표방한 영화는 반공이라는 요소와 더불어 전쟁으로 야기된 허무함과 상실감 등을 중요하게 다루었다. 이는 곧 한국 지성계에 번져나갔던 실존주의적인 경향과도 맥을 함께한다고 볼 수 있을 것이다.

이를테면 유현목 감독의 〈잃어버린 청춘〉(1957)은 전기 수리공 진구(최무룡 분)가 살인 사건에 휘말리며 일어나는 일을 다룬 작품이다. 코리안 리얼리즘을 주창한 사람 가운데 한 명인 유두연이 각본을 맡았다. 유두연은 다음과 같이 제작 의도를 밝히고 있다.

> 오늘 인간이 산다는 것은 인간들이 쫓겨가는 것을 의미한다고 생각한다. 불안, 실망, 공포 이런 것들이 현대적 의식의 성격이라면 이러한 의식 속에서 쫓겨가며 살아야 하는 인간들이 비극의 주인공이 아닐 수 없다.[410]

---

409 이효인, 『한국의 영화 감독 13인』, 열린책들, 1994, 360쪽.

410 〈잃어버린청춘〉, 《경향신문》, 1957.09.25., 4면.

이처럼 〈잃어버린 청춘〉은 진구라는 주인공의 불안의식을 보여주면서 "비극적인 실존"[411]에 초점을 맞춘 작품이었다. 그런데 앞서 살펴본 바와 같이 당시 영화계에서는 '리얼리즘', '실존주의', '휴머니즘' 등의 개념을 혼용하고 있었다. 이에 〈잃어버린 청춘〉은 당대에는 물론이고 후대에도 "한국 리얼리즘 영화의 한 전형적인 작품"이자 "좌절과 구제가 비극적 허구를 만들어낸 유현목 작품세계의 전형"으로 별다른 의심 없이 평가되었다.[412] 다음의 인용구를 통해 확인할 수 있듯이, 유현목 역시 이 작품을 통해 "전후의 리얼리즘을 성취하려 했"다고 회고한다.

〈잃어버린 청춘〉은 현대라는 큰 롤러에 밀려 방황하는 청년이 끝내 절망하는 비련의 이야기이다. 나는 그동안 〈교차로〉와 〈유전의 애수〉의 멜로풍의 경향을 탈출해서 문제의식이 있는 주제를 찾던 중 이 작품을 통해 전후의 리얼리즘을 성취하려 했던 것이다.[413]

이효인은 유현목의 작품이 리얼리즘이라는 경향 하나만으로 단순화되어 온 것에 대해 문제를 제기하기도 하였다.[414] 본고는 이러한 주장에 특별히 이론(異論)을 제기하려는 것은 아니다. 다만 유현목의 리얼리즘적 성취 여부

---

411 방대훈, 〈우리 영화의 위치〉, 《조선일보》, 1957.10.08., 4면.

412 전양준·장기철 편, 『닫힌 현실 열린 영화: 유현목 감독 작품론』, 제3문학사, 1992, 15쪽.

413 유현목, 「쑥밭의 상처 속, 지금은 없는 그 사람들의 추억」, 씨네21, 2001.01.05. 〈http://www.cine21. com/news/view/?mag_id=210〉 (검색일: 2022.03.18.)

414 이효인, 「유현목 영화의 양식 문제: 〈오발탄〉〈김약국의 딸들〉〈장마〉〈사람의 아들〉을 중심으로」, 『유현목, 한국 리얼리즘의 길찾기』, 도서출판 큰사람, 1999, 34~49쪽.

에 대한 가치판단보다는, 어떠한 요소가 그의 작품을 리얼리즘적인 것으로 완성시켰는지를 살펴보는 것에 초점을 맞추어볼 필요가 있을 것이다. 앞서 언급한 바와 같이 〈잃어버린 청춘〉이 리얼리즘적이라고 인식된 가장 중요한 요인은 결국 '실존주의'와 '휴머니즘'이었다. 이는 곧 반공이라는 요소와 더불어 1950년대 한국 영화의 리얼리즘을 구성하는 중요한 특징이었으며, 최루성 신파와는 엄밀하게 구분되는 '로스트 제너레이션'적인 새로운 경향이기도 하였다.

〈잃어버린 청춘〉은 주제적 측면에서 코리안 리얼리즘의 기수들에게 큰 공감을 안겨 주었으며, 스타일적인 측면에서도 "우수한 연출 솜씨를 보여"[415] 준 작품이었다. 이 작품은 한국영화평론가협회로부터 제1회 영화평론가협회상을 받았다.[416] 심사위원에는 유두연, 이청기, 황영빈, 허백년 등 코리안 리얼리즘을 주창한 평론가 다수가 포진해 있었다.[417] 이러한 점들이 〈잃어버린 청춘〉을 리얼리즘 작품으로 완성시켜 주었을 것이다.

이외에도, 신진 감독이 연출하여 호평을 받은 사례로 백호빈 감독의 〈꿈이여 다시한번〉(1959)을 거론해 볼 수 있다. 이 영화는 한국전쟁 당시 야전병원에서 맺어진 한 남녀의 사랑을 다룬 작품이다. 대략적인 줄거리를 살펴보면 다음과 같다.

공장기사 이민은 문혜란을 찾아 헤매고 문혜란은 또 이민을 찾아 헤맨다. 그

---

415 임긍재, 〈국산영화의 「스타일」 문제〉, 《조선일보》, 1957.12.03., 4면.

416 〈제일회영평상(第一回映評賞) 결정 씨나리오상에 오영진씨〉, 《조선일보》, 1957.12.19., 4면.

417 〈『영평』영화상설정 매년7월 오개부문(五個部門)에〉, 《조선일보》, 1957.06.03., 4면.

러나 이민은 문혜란을 육안으로 본 적이 없다. 민이 보병중위로 전선에서 부상했을 때, 간호소위였던 혜란 없이 살아날 수 없었는데 그는 시력을 전연 상실했었다. 이상한 마력으로 연결되었던 이 남녀는 종전 후 서로 찾았으나 운명적으로 만날 수 없었다. 엄앵란이 진심으로 구애하나 민은 실신한 사람처럼 혜란만을, 그리고 박노식이 진심으로 청혼하나 혜란 또한 불가□□의 여인의 표정을 하고 민의 모습만을 그린다. (…) 남여주인공이 마침내 만나나 때는 이미 늦었었고 늦은 대로 해결하려 하나 운명이 용납하지 않는다는 착실한 이야기의 착실한 연출에 의한 영화다.[418] (□: 식별 불가)

〈꿈이여 다시한번〉은 "신인감독을 기용하여 비교적 양심적인 작품을 제작한" 바 있는 계림영화사가 두 번째로 기획한 작품이었다. 백호빈은 "신인이라고 볼 수 없는 침착한 솜씨"[419]의 연출을 보여주었는데, 〈나는 고발한다〉를 연출한 김묵 감독 등과 함께 주목할 만한 신예 감독으로 선정되기도 하였다.[420] 이 영화는 "자칫하면 철저한 신파조에 흐르기 쉬운 이야기를 일단계 차원을 높"였다는 점에서 주목을 샀다.[421] 즉 〈꿈이여 다시한번〉은 실력 있는 신진 감독이 연출하고, 신파와는 거리를 두었으며, 전쟁으로 인해 야기된 현실의 문제를 다루었다는 점에서 '리얼리즘'적인 작품으로 분류되었다고 볼 수 있다.

---

418 《한국일보》, 1959.02.22., 4면; 「꿈이여 다시한번」, KMDb-한국영화데이터베이스, 〈https://www.kmdb.or.kr/db/kor/detail/movie/K/00442〉 (검색일: 2022.03.18.)에서 재인용.

419 〈침착한 신인감독작품: 「꿈이여 다시한번」〉, 《경향신문》, 1959.02.26., 4면.

420 〈풍성했던 영화제작〉, 《조선일보》, 1959.12.26., 4면.

421 〈기대할수있는신인감독: 「꿈이여 다시한번」〉, 《동아일보》, 1959.02.25., 4면.

신진 감독의 사례를 중심으로 살펴본 것처럼, 이 시기 리얼리즘을 표방한 영화는 다양한 사회 문제를 산발적으로나마 화면에 담아내고 있었다. 이는 (코리안)리얼리즘을 추구해야 한다는 공통의 목표의식에서 기인한 것이라기보다는, 김기영이 언급한 바와 같이 전쟁이라는 극한 상황으로 인해 유발된 자연스러운 현상에 가까운 것이었다. 리얼리즘을 표방한 작품 가운데 일부는 지배 이데올로기에 적극적으로 편승하는 태도를 취하기도 하였고, 일부는 정치적·사회적인 것과 거리를 두면서 현실의 표면적인 모습만을 재현해내는 데 그치기도 하였다. 김기영 감독은 인터뷰를 통하여 다음과 같이 언급한 바 있다.

리얼리스트 영화들이 세계적으로 유행할 때, 나는 우리의 리얼리즘이 많은 문제점을 가지고 있다고 생각한다. 리얼리스트 영화들은 현실을 자연스럽게 그리는 것뿐만 아니라 현실 세계의 부정적인 측면을 공격한다는 측면에서, 영화예술계 안에서 강력한 호소력을 가지고 있어야 한다. 그러므로 리얼리스트 영화 감독들은 더 대담해져야 하고 이질적이어야 한다.[422] (밑줄: 인용자)

김기영은 한국전쟁 즈음부터 본격적으로 (재)구축된 리얼리즘 담론이 자기모순적인 양상을 나타내고 있었으며, 여러 가지 측면에서 한계를 지니고 있었음을 정확하게 지적하고 있다.

전후 한국 영화계의 경향은 일제강점기 말기 문화·예술계의 전반적인 경

---

[422] 김기영, 〈나의 대표작: 반역정신으로 영화 《초설》을 만들던 때〉, 《영화예술》, 1992.05., 94~97쪽.

향과도 어느 정도 유사성을 형성하고 있다. 태평양 전쟁이 심화하자 적지 않은 수의 사람들이 대동아 공영권이라는 시대정신을 적극적으로 받아들였다. 일부는 감상주의와 허무주의, 혹은 유미주의적 태도로 현실의 문제를 의도적으로 회피하기도 하였다. 그러한 과정에서 '리얼리즘'이라는 개념은 주제적 측면이 거세된 채 스타일적 측면으로만 기능하게 되었다. 이와 같은 모습이 10여 년이 지난 후 다시 반복되었다는 것은 일종의 퇴행적인 경향이었다고 평가해 볼 수 있을 것이다.

신진 감독들은 전후 한국 사회의 모습을 비교적 사실적인 스타일로 그려내려고 노력하였으나, 국내외 흥행을 통하여 영화 산업의 성장을 도모하는 것이 우선시되는 상황에서 미학적 완성도와 (비평가들이 반복적으로 언급한)'작가 정신'은 자연스럽게 후순위로 밀려날 수밖에 없었다. 당시 비평계의 포부, 혹은 훗날 비평가들의 평가와는 달리 1950년대 (코리안)리얼리즘은 유의미한 경향성을 형성하였다고 보기 어려운 것이 사실이다. 이탈리아의 네오리얼리즘은 하나의 형식이자 이론이자 운동이었다. 그러나 당대 한국의 문화·예술계가 실존주의를 절반만 소화하였듯이, 영화계 역시 네오리얼리즘을 절반만 소화하고 있었다.

3) 명랑함으로 가려진 빈곤과 부패

① 전후 현실과 영화의 관계성

이처럼 1950년대 리얼리즘 담론은 상당히 혼란스러운 양상으로 전개되었다. 앞서 언급한 김기영의 표현을 다시 인용하자면, "더 대담해져야 하고 이질적이어야" 했지만 그러지 못한 창작가의 역량 부족일 수도 있을 것이고, "현실 세계의 부정적인 측면을 공격"할 수 없었던 시대적인 한계일 수도 있을 것이다.[423] 무엇보다도 '리얼리즘적'인 것을 자의적으로 선별하고 정전화한 비평 담론의 책임이 크다고 할 수 있다. 실제로는 적지 않은 수의 작품이 현실 사회의 어두운 측면을 사실적으로 묘사하려고 노력하였으나, 흥행성과 완성도를 결여한 경우 아무리 리얼리즘적인 태도를 취하고 있었다고 할지라도 리얼리즘 영화사에 기록될 수 없었다. 평단의 '코리안 리얼리즘'적 기준에 부합하지 않았기 때문이다. 여기에 더하여, 국가권력 역시 리얼리즘 영화의 성취를 가로막고 있었다는 점에 주목해 볼 만하다. 이 장에서는 앞서 언급한 작품 이외에 리얼리즘의 정전으로 기록된 영화가 어떠한 현실 이미지를 스크린에 담아냈는지를 전반적으로 확인해 볼 것이다. 그러한 후에, 지배 이데올로기가 이미지를 통제·활용한 방식에 대해서도 중요하게 언급해 볼 것이다.

익히 알려진 바와 같이, 한국전쟁 직후는 사회 각 분야에서 다양한 문제점들이 대두되기 시작한 시기이다. 《사상계》의 표현을 인용하자면, "1953년

---

423 위의 글, 94~97쪽.

이라면 전화의 잿더미에 앉아 국민은 정신이나 물질에 있어서 끝없는 궁핍 속에 떨고 있을 때였다. 이미 8·15의 감격도 완전히 사라진 채 민족의 앞날을 모두 어두운 눈으로 바라보고 있었다. 더우기 그 전해 5월의 개헌파동 이후 무책임한 정치, 난폭한 분위기가 가실 길 없이 가중되어 민주주의는 여지없이 멍들어 가고 있었다."[424] 급격한 사회 변동으로 인하여 많은 사람이 빈곤층으로 전락할 수밖에 없었다. '실향민', '부랑자', '고아', '상이군인' 등 다양하면서도 새로운 신분이 만들어졌으며 도시 구석구석에 판자촌이 생겨났다. 전쟁으로 형성된 다수의 '미망인'은 절박한 상황에서 경제 활동을 수행해야만 하였다. 이러한 상황에서 사회 곳곳에 황금만능주의가 퍼져나갔고, 전통적인 가치관이 급속도로 붕괴되기 시작하였다. 밀수와 사기, 고리대금 등이 성행하고 부정부패가 심각한 사회 문제로 떠올랐다. 이 시기 영화에서는 이와 같은 어수선한 사회의 모습을 어렵지 않게 확인해 볼 수 있다. 일례를 들자면, 〈자유부인〉(1956)과 〈어디로 갈까〉에서는 밀수와 관련한 내용이 공통적으로 등장한다. 〈자유부인〉에서는 양품(洋品) 밀수와 관련한 내용이, 〈어디로 갈까〉에서는 "시계밀수하는 목사의 인간악"[425]이 중요한 소재로 다루어졌다.

한형모가 연출한 〈자유부인〉은 정비석의 동명 소설 『자유부인』을 토대로 제작된 영화다. 소설과 영화 모두 휴전 직후의 혼란스러운 시대상을 사실적으로 묘사하였는데, 이로 인해 다양한 논쟁을 촉발하면서 큰 인기를 끌었다. 장태연이라는 등장인물은 전통적인 가치와 지식인층을 대변하는 인

---

424 〈[권두언] 흑암(黑暗) 속에 등불이기를: 창간 12주년을 맞으면서〉, 《사상계》 145호, 1965.04., 22쪽.

425 〈영화「어디로 갈까」는 왜 말썽이 많은가?〉, 《경향신문》, 1958.11.06., 3면.

물이다. 소설에서는 한글학자로서의 그의 면모가 강조된다. 이는 소설 연재 당시 지식인 사이에서 가장 큰 화제였던 '한글 간소화 파동' 사건과 관련되어 있다.[426] 반면 영화는 오선영(김정림 분)의 불륜에 보다 큰 비중을 할애하면서 이야기를 전개한다. 이는 영화 제작 당시 한국판 카사노바 사건으로 크게 화제가 된 '박인수 사건'의 여파로 추정된다. 김종원의 표현에 따르면, 오선영에게 춤을 알려준 신춘호 역을 맡은 배우 이민은 "자유주의 사상이 팽배하던 50년대 실존주의 철학이 유행병처럼 번지고 '보호받을 가치가 있는 정조만이 보호받을 자격이 있다'는 명판결을 낸 박인수 사건의 여파가 채 가시지 않은 시기에 떠오른 은막의 귀공자였다."[427]

〈자유부인〉에서는 기존의 가치에서 탈선하는 여성 인물들이 다루어진다. 이들을 움직이는 근본적인 동력은 금전적 가치다. 평범한 가정주부였던 오선영은 가계에 보탬이 되기 위하여 한달에 5~6만 원 수입을 거둘 수 있는 양품점을 운영하게 된다. 배우자 장태연(박암 분)은 "대학교수 부인이 양품점 점원이 뭐요"라며 불편한 심기를 드러내는 모습을 보인다. 오선영은 우연한 계기로 최윤주(노경희 분)를 만나는데, 그 역시 돈에 큰 관심을 가지고 있다. 오선영과 최윤주는 명사 부인으로 조직된 화교회(花交會)라는 동창회에 참석한다. 이곳에서 최윤주는 다른 사람이 착용한 반지와 목걸이 등에 관심을 보이면서 돈을 벌기 위한 다양한 방법에 골몰한다. "요는 돈이야. 돈만 있고

---

426 당시 《사상계》는 한글간소화와 관련한 논쟁을 중요하게 다루었다. 학자적 양심을 지키기 위하여 문교부 장관직에서 사임한 김법린을 언급하기도 하였고, 한글간소화를 밀어붙이는 이승만 정권의 독선적인 모습을 비판하기도 하였다. 김경숙, 「신문소설의 영화적 변용연구: 정비석의 『자유부인』 그리고 한형모의 〈자유부인〉」, 『아시아영화연구』 11권 1호, 부산대학교 영화연구소, 2018, 126쪽.

427 김종원, 「영화인][구술로 만나는 영화인] 이민 - 배우 - 50년대 스크린을 사로잡은 스타」, KMDb - 한국영화데이터베이스, 2008.11.11. 〈https://www.kmdb.or.kr/story/76/1557〉 (검색일: 2022.03.25.)

보면 세상만사 안 되는 게 없거든. 특히 우리 여성들은 말이야. 남편의 압제를 받지 않으려면 경제적으로 자립하는 능력을 가져야 하는 거야."라는 대사는 그의 사상을 함축적으로 보여준다. 경제 주체가 된 여성은 가부장 중심의 전통적인 가치에 균열을 가하는 존재였다. 따라서 이들은 단죄를 받게 된다. 최윤주는 사기를 당한 뒤 자살을 택하고, 오선영은 잘못을 뉘우치며 가정으로 돌아온다.

이처럼 〈자유부인〉은 기존의 질서 체계를 유지하는 방향으로 갈등을 봉합한다. 그럼에도 당시 지배 이데올로기는 이를 '불온'한 것으로 받아들였다. 이를테면 서울대 법대 교수 황산덕은 소설 『자유부인』에 대하여 "대학교수를 양공주에 굴복시키고 대학교수 부인을 대학생의 희생물로 삼으려"는 작가는 "스탈린의 흉내"를 내고 있으며, "중공군 50만 명에 해당하는 조국의 적"이라고 언급하였다.[428] 뿐만 아니라 정비석은 공무원의 부정부패를 비판하였다는 이유로 연재 중단 압력을 받기도 하였다. 그는 사과문을 발표한 뒤에야 연재를 이어갈 수 있었다. 문제가 된 대목은 단행본 발간과 동시에 삭제되었다. "목청 높던 문인과 권익을 옹호한다는 각종 단체들은 이런 구절 하나를 제대로 지켜주지 못했"[429]던 것이다. 이를 포함하여 『자유부인』은 총 다섯 차례나 필화 사건에 휘말렸다.[430] 훗날 정비석은 다음과 같이 회고

---

428 임헌영, 「정비석의 『자유부인』을 둘러싼 논쟁」, 역사비평 편집위원회 편, 『논쟁으로 읽는 한국사 2: 근현대』, 역사비평사, 2009, 292쪽.

429 임헌영, 〈'자유부인'의 정치사회적 접근 ②: '공무원 뇌물' 묘사로 연재중단 압력〉, 《대한매일》, 1999.02.11., 15면.

430 임헌영, 〈[임헌영의 필화 70년] 뇌물 공무원·이승만 정책 신랄한 고발…5차례나 필화 '문제작': (11) 정비석의 '자유부인'〉, 《경향신문》, 2016.12.16., 21면.

하며 당시의 상황을 "웃지 못할 희극"이라고 표현하기도 하였다.

당시의 정제계의 인사들로부터 '자유부인은, 북괴의 사주(使嗾)로 남한의 부패상을 샅샅이 파헤치는 이적 소설(利敵小說)'이라고 규탄을 받기도 했다. 이러한 연유로 하여, 나는 집필중에 시경(市警), 치안국, 특무부대 등등, 온갖 수사기관의 취조를 받아야만 했다.[431]

『자유부인』은 당시 사회를 사실적으로 그려내면서 비판한 소설이지만 리얼리즘 작품으로 통용되지는 않았다. 오히려 "정비석은 문학사에서 1930년대 후반 「성황당」, 「졸곡제」의 토속적 자연미와 원시적 본연의 세계를 그린 순수문학의 작가로 데뷔하여, 『자유부인』을 쓴 시점으로부터 대중문학작가로 탈선했다는 평가를 받"[432]고 있다. 영화 〈자유부인〉 역시 당대 사회를 사실적인 태도로 묘사하고 있으나, 결과적으로는 통속적인 면모가 보다 강하다고 할 수 있다. 〈자유부인〉은 영화가 그려내는 현실과 관련한 문제 자체보다는 "키쓰"나 "포옹"과 같은 "러브-씬"이 과연 옳은 것인가 하는 문제로 더 화제가 되었다.[433] 뿐만 아니라 〈자유부인〉은 소수 상류층의 삶을 묘사한 영화였는데, 이러한 점에서도 일정 부분 한계를 지닌다고 할 수 있을 것

431 정비석, 『자유부인 1』, 고려원, 1996, 7~8쪽.

432 이영미 외, 『정비석 연구』, 소명출판, 2013, 192쪽.

433 이를테면 1956년 6월 10일 《동아일보》는 사회 각계각층의 사람을 대상으로 인터뷰를 진행하며 영화 〈자유부인〉의 선정성 논쟁에 불을 지폈다. 이는 영화의 흥행에 적지 않은 도움이 되었다. 〈「키쓰」場面의 是非〉, 《동아일보》, 1956.06.10., 3면.

이다.[434]

〈자유부인〉의 사례와는 달리, 대다수 하층 여성의 현실에 주목하며 현실의 균열을 드러낸 경우도 존재한다. 당시 수십만 명이 훌쩍 넘는 '전쟁미망인'은 사회적으로 큰 문제였다.[435] 과반수 이상은 끼니도 제대로 해결할 수없을 정도로 경제적으로 극히 궁핍한 상황이었는데, 이들을 대상으로 한 "생활 안정책이나 직업 보도책은 전혀 없는 형편"[436]이었다. 남편을 따라 죽지 않은 사람이라는 '미망인'이라는 단어 자체가 의미하듯이 이들은 사회로부터의 부정적인 시각을 견뎌야 했다. 동시에, 재혼이 쉽사리 허락되지 않는상황에서 자체적으로 경제적인 문제까지 해결해야 하는 상황에 놓여 있었다. 많은 영화가 이와 같은 사회적인 현실을 창작의 소재로 삼았다. 〈어디로갈까〉와 더불어 박남옥의 〈미망인〉(1955), 정일택의 〈청실홍실〉(1957), 유두연의 〈유혹의 강〉(1958), 그리고 신상옥의 〈동심초〉(1959) 등이 여기에 해당한다.

김성민 감독의 〈어디로 갈까〉(1958)는 한국전쟁기에 납북된 남편을 기다리는 여성을 주인공으로 설정한 작품이다. 당시 신문 광고에서는 "납치 미망

---

434 그러나 이영일은 〈자유부인〉을 '한국적인 리얼리즘'의 가능성을 보여주는 작품으로 평가하였다. 이영일은 멜로드라마가 대중의 잠재적인 욕망을 현실적인 문제와 결부해서 보여주는 예술 형식이라고 언급한 뒤, 이것이 멜로드라마의 본질이자 한계라고 지적한다. 이어서 그는 '대중적인 리얼리즘'이라는 개념을 제시하는데, 〈자유부인〉, 〈별아 내 가슴에〉, 〈동심초〉, 〈청춘극장〉과 같은 작품을 예로 든다. '리얼'함을 통해 '대중의 공감을 불러 일으킨' 작품이라는 것이다. 이어지는 장에서 보다 자세히 다루겠으나, 이와같이 "전근대적인 봉건성과 질퍽 질펀한 신파적인 대용(代用)만족의 미신"을 지양하는 태도 역시 1960년대의 리얼리즘론을 구성하는 중요한 요소가 된다. 이영일, 〈『멜로·드라마』의 『리얼리티』 『해피·엔드』의 심리적허구를 넘어〉, 《동아일보》, 1962.10.11., 5면.

435 보건사회부가 1957년 조사한 자료에 따르면 전쟁미망인의 수는 505,845명으로 20세 이상 여성 인구의 1/10에 해당하는 수였다. 이들이 부양해야 할 노인과 아이의 수는 916,273명에 달했다. 윤해동 외, 『근대를 다시 읽는다 1』, 역사비평사, 2006, 442쪽.

436 〈전쟁미망인 구호책전무〉, 《조선일보》, 1955.09.27., 3면.

인의 생활사를 통하여 우리 민족의 비극을 진실하게 그려낸 명편(名篇)!"이라는 문구를 통해 이 작품을 홍보하였다.[437] 뿐만 아니라 또 다른 광고에서는 아래와 같이 이 영화를 통해 볼 수 있는 다양한 사회적인 현실을 나열하기도 하였다.[438]

이 영화는 육이오동란을 전후하여 우리 민족의 괴로움과 슬픔을 한 여인의 생활사를 통하여 진실하게 그려낸 작품으로서 문교부 검열에 있어 일시 검열이 보류되었다가 다시 검열위원회를 소집하여 여러 문화인들과 종교인들의 찬동을 얻어 통과된 문제의 작품으로 본 영화에서 볼 있는 장면은 다음과 같습니다.
1. 젊은 납치인사부인들의 고독감과 유혹의 손
2. 이북에 처자를 남겨두고 남하한 남자들의 고비
3. 이북에서 생활하는 기독교인들과 목사의 순교
4. 남한에서 사회사업과 시계밀수하는 목사의 인간악
5. 옛 애인을 다시 만난 유부녀의 감정과 이성의 갈등

〈피아골〉의 사례와 마찬가지로, 전쟁과 관련된 현실 상황을 다룬 작품은 검열을 마칠 때 즈음 으레 '문제적 작품', '문제의 작품' 등과 같은 수식어로 홍보되기 마련이었다. 〈어디로 갈까〉는 그러한 요소와 더불어 '젊은 납치인 사부인들의 고독감과 유혹의 손'과 같은 자극적인 문구를 일종의 대중 소구 전략으로 삼고 있었다.

---

437 〈어디로갈까〉, 《조선일보》, 1958.11.01., 3면.

438 〈영화 「어디로 갈까」는 왜 말썽이 많은가?〉, 《경향신문》, 1958.11.06., 3면.

박남옥의 〈미망인〉은 여성 당사자의 시선으로 현실을 담아낸 최초의 작품이라는 점에서 주목할 필요가 있다. 당시 신문에서는 박남옥을 최초의 '여류감독'으로 소개하였는데, 다음과 같이 네오리얼리즘과의 연관성을 서술하면서 〈미망인〉에 대한 기대감을 드러냈다.

과연 그의 처녀작품이 또 하나의 소리 있는 사실을 이루어줄 것인가 하는 것은 작품이 발표되어야 결정될 문제이지만 조선영화사 편집원으로서 체험을 가졌었고 특히 그에게 「메가폰」을 들게 한 충격이 「이태리」의 「비토리오 데 시카」작품 「자전거도적(自轉車盜賊)」이었다고 들려진 바 있으니만큼 그의 작품에서 무엇이나 새로운 것을 바란다는 것은 결코 헛된 일은 아닐 것으로 그 활약이 기대되는 바 자못 크다.[439] (밑줄: 인용자)

〈미망인〉의 오프닝 시퀀스에서 카메라는 다큐멘터리적인 시선으로 재건 중인 한강대교를 촬영한다. 관객은 다리 위에 부착된 "이 공사 는 미제팔군의 한국재건원조계획 의 일부분이다."라는 문구를 관람하면서 자연스럽게 영화 속 서울 공간 안으로 입장한다(그림 10). 이후에도 카메라는 도시의 다양한 모습을 화면에 담아낸다. 이어지는 장면에서 카메라는 수업료가 없어서 학교에 가지 않는 딸 '주(이성주 분)'와 그를 달래는 어머니 '신'을 보여준다. '신'은 "그놈의 학교는 툭하면 돈이야."라는 대사를 내뱉은 뒤, 고개를 숙이며 걸어가는 딸을 바라보다가 눈물을 훔친다. '가장'을 잃은 배우자와 자녀

---

439 〈영화계여류(映畫界女流) 새싹들: 기대(期待)해도좋을 그들의앞날〉, 《조선일보》, 1955.02.19., 4면.

가 처한 현실을 단적으로 보여주는 장면이다.

[그림 10]

'신'은 사랑과 딸이라는 선택지 사이에서 갈등을 하다가 결국 사랑을 택한다. 여타 작품과 마찬가지로 〈미망인〉 역시 '타락'한 여성을 소재로 삼고 있음을 확인해 볼 수 있다. 그러나 결말만큼은 상이하다. 당시 사회는 '전쟁 미망인'의 '성적 타락과 방종'을 두려워하며 경계하고 있었다.[440] 이에 〈자유부인〉을 비롯한 대다수의 영화가 여성 인물이 지배적인 가치 안으로 봉합되는 결말 구조를 취하였는데, 〈미망인〉은 '신'이 '택(이택균 분)'을 칼로 찌른 뒤 딸과 함께 "새로운 희망과 포부를 안고 다른 집으로 이사가는"[441] 장면으로 마무리된다. 이처럼 〈미망인〉은 독특하게도 남성 중심적인 가치관에 균열을 일으키는 결말을 채택하고 있다.

당시 평론에서는 〈미망인〉에 대하여 편집과 녹음 등 기술적인 부분에서

---

440 이상록, 「위험한 여성, '전쟁 미망인'의 타락을 막아라: 1950년대의 전쟁 미망인 문제」, 길밖세상, 『20세기 여성 사건사: 근대 여성교육의 시작에서 사이버 페미니즘까지』, 여성신문사, 2001, 127~128쪽.

441 〈미망인 여감독·박남옥작(朴南玉作)〉,《동아일보》, 1955.02.27., 4면.

아쉬운 점이 있지만 "전쟁미망인의 단면(생태)을 주의깊게 제시"한 작품이라고 평가하였다. 또한 대담하리만치 "사진적인 수법"을 구성하면서 "사건전개를 예리하게 포착한 감독의 사실성"을 높이 평가할 만하다고 언급하였다.[442] 〈미망인〉은 리얼리즘 영화사의 전통적 족보에는 기록되지 못한 작품이다. 그러나 가정에 귀속되지 않는 여성 인물을 등장시킴으로써 당시 사회의 현실적이고 입체적인 모습을 구성하는 데 기여하고 있다.

신상옥의 〈지옥화〉(1958)는 "동두천을 무대로 전쟁 후의 어두운 사회상을 그린 작품"[443]이다. 이 영화에는 '양공주' 쏘냐(최은희 분)가 등장하는데, 앞서 다룬 김광주의 「악야」에 등장하는 여성 인물 '쏘니아'를 연상케 하는 이름이다. 신상옥 본인이 "양공주를 소재로 한 이야기는 여러 해 뒤에 만든 〈지옥화〉로 이어졌다"[444]고 회고하듯이, 〈지옥화〉는 한국전쟁기 대표적인 리얼리즘 작품인 〈악야〉와 연속성을 지닌 영화이기도 하다.

〈지옥화〉의 첫 시퀀스는 서울역 일대의 풍경을 비추면서 시작된다. 주변 환경이 통제되지 않은 듯한 장면이 이어진다. 이를테면, 주인공 동식(조해원 분)은 몇 달 전에 서울로 물건을 사러 올라온 형 영식(김학 분)을 찾고 있다. 그는 일반 행인들, 즉 비전문 배우들 사이를 이질감 없이 걸어다닌다. 그리고 사람들 역시 동식을 잠시 바라보다가 이내 제 갈 길을 간다.

또한 신상옥은 '양부인'과 미군 캐릭터를 본격적으로 등장시키기에 앞서,

---

442 조남사, 「「미망인」을 보고 / 박남옥 감독 작품), 《한국일보》, 1955.02.27., 6면; 한국영상자료원 편, 앞의 책, 350쪽에서 재인용.

443 신상옥, 앞의 책, 51쪽.

444 위의 책, 50쪽.

실제 미군과 한국사람(주로 '양부인')을 핸드헬드로 촬영한 필름을 삽입한다. 이들은 모두 하나의 디제시스 사운드로 묶여 있는데, 실제 현장의 소리를 채록한 듯한 거친 느낌을 준다(그림 11). 이와 같은 일련의 연출은 영화의 내용이 현실 세상과 맞닿아 있음을 강조하기 위한 장치로 이해해 볼 수 있다.

[그림 11]

극중 '양부인'들은 (《자유부인》의 여성 인물들처럼) 황금만능주의적인 태도를 드러내면서 가부장제를 위협하는 존재로 그려진다. 그들은 "미국놈이나 한국놈이나 사내는 다 같애. 그저 돈이 제일이다, 얘. 돈이 제일이야."라는 대사를 거침없이 내뱉는다. 쏘냐 역시 마찬가지다. 영식은 쏘냐에게 청혼을 하면서 시골로 내려가 새로운 삶을 살자고 말한다. 그러나 쏘냐는 돈을 더 벌어야 한다면서 그의 청을 거절한다. 쏘냐의 '불손함'을 완화하기 위하여 감독은 여러 가지 연출 기법을 활용한다. 이를테면 쏘냐의 얼굴이 클로즈업될 때에는 확산도가 큰 조명이 사용된다. 여성 인물을 재현하는 전통적인 할리우드 문법을 따른 것이다.[445] 또한 카메라는 쏘냐가 걸어가는 뒷모습을 오랜 시간 보여주며 그의 육체를 부각시키기도 한다. 즉 쏘냐는 남성 주체에게 위험을 안겨다주는 존재임과 동시에 성적으로 대상화된 이중적인 존재로 묘사된다. 영식 일행의 마지막 범죄 행위는 쏘냐의 밀고로 인해 실패로 돌아가고 만다. 영식은 총에 맞은 상황에서도 쏘냐를 처단하기 위해 칼을 들고 쫓아간다. 결국 쏘냐는 남성 인물에게 단죄당한다. 가슴을 찔린 쏘냐는 안개 자욱한 진흙뻘에 쓰러져 생을 마감한다.

반면, 주리(강선희 분)는 같은 '양공주'임에도 불구하고 행복한 결말을 맞이한다. 그는 쏘냐를 이해하지 못한다. 돈도 벌 만큼 벌었고, 믿음직한 연인이 있음에도 불구하고 '양부인'으로서의 삶을 이어 나가기 때문이다. "언제까지나 코 큰 사람만 상대하고 살겠수? 동지끼리 살아야지."라는 대사를 통해 확인할 수 있듯이, 주리는 안정적인 가족 이데올로기 안으로 편입되기를 희망하는 인물이다. 결국 그는 서사 말미에 동식의 제안을 받아들여 시골로 내려간다. 카메라는 버스에 앉아 환하게 미소 짓는 두 사람의 모습을 비춘다. 그러나 그들의 현실은 영화와는 달랐을 것이다. 후술할 〈돈〉을 통해 확인해 볼 수 있듯이, 당시의 실제 농촌 경제는 다양한 문제로 인하여 참담한 실정이었기 때문이다.

---

445 데이비드 보드웰, 오영숙·유지희 역, 『영화의 내레이션 2』, 시각과언어, 2007, 46쪽.

신상옥 감독은 영식과 쏘냐라는 한 쌍의 연인을 통해 사회에 실존하는 하층민과 아프레걸의 모습을 '사실적'인 스타일로 그려냈다. 그러나 사회적 통념과 편견에 가려져 있었던 사실까지 드러내지는 못하였다. 이를테면 "가난과 가족 이데올로기에 내몰린 많은 여성들에게 성은 하나의 생계 도구로 작용하였으며 그들이 접촉하는 미군이 상징하는 미국이라는 나라는 도피처이자 희망을 의미했"446다. "기지촌은 단순히 여성의 몸을 사고파는 성매매의 차원을 넘어 식민주의, 군사주의, 제국주의, 가부장제, 자본주의, 계급과 인종 등 복잡한 층위의 이데올로기들로 구성되어 있"447었다. 〈지옥화〉는 이와 같은 사실에 대한 깊은 성찰을 보여주지는 못하고 있다. 영식과 쏘냐는 지배 이데올로기에 반(反)하는 인물이므로, 현실 세계에서뿐만 아니라 극중 세계에서도 받아들여질 수 없다. 대신 신상옥은 동식과 주리라는 인물을 등장시킨다. 이들이 맞이하는 (갑작스러우면서도) 행복한 결말은 관객이 나아가야 할 청사진과도 같다. 즉 남성의 경우는 도박과 밀수 등 불법적인 행위로부터 거리를 두고 건실한 태도로 경제 활동에 종사하는 것이, 여성의 경우는 '일탈'을 멈추고 가정으로 돌아가 가사노동과 인구 재생산 구조에 성실하게 복무하는 것이 권장되었다.

〈지옥화〉를 비롯한 이 시기 대다수 영화는 사회의 균열을 적극적으로 가시화한다기보다는, 균열 사이를 메우며 안정감을 제공하는 '사회적 접착제(social cement)'448 기능을 수행한 대중문화 상품의 사례에 보다 가까웠다. 이와

---

446 이나영, 「기지촌 형성 과정과 여성들의 저항」, 『여성과평화』 5호, 한국여성평화연구원, 2010, 181쪽.

447 위의 논문, 171쪽.

448 Theodor Adorno, "On Popular Music," in *Essays on Music*, ed. Richard Leppert (Berkeley: University

같은 사항은 곧 1950년대 리얼리즘 영화의 전반적인 특징이자 한계라고 할 수 있을 것이다.

② 국가 권력과 국제 영화제

〈피아골〉 등의 사례를 통하여 확인해보았듯이, 정부 기관은 강박에 가까운 태도로 영화 작품을 검열하였다. 검열은 직접적인 통제뿐만 아니라 유화와 회유를 포함하는 개념이다. 실제로 1950년대 검열은 "국가권력의 문화육성 정책과 상호보완적 관계를 유지하며 시행되었다. 가령 문교부의 '국산영화 및 문화영화 장려책'(1957년 3월)을 살펴보면, '국립촬영소 및 영화금고 창설', '우수한 국산영화에 대해 외국영화수입의 우선권을 부여'하겠다는 육성책과 '시나리오의 사전검열', '극장에 명령권 행사'와 같은 통제책"[449]이 함께 담겨 있었다. 이처럼 정부 기관은 당근과 채찍을 함께 사용하면서 영화가 재현하는 현실을 일정한 방향으로 유도하였다. 김소동의 〈돈〉(1958)이 아시아영화제 출품작으로 결정되었다가 취소된 과정은 이러한 시대적 분위기를 대변하는 사건이었다.

〈돈〉의 주인공은 순박한 농부 봉수(김승호 분)다. 그는 황소처럼 열심히 농사를 짓지만, 세금과 이자 등으로 인해 딸의 결혼식 비용조차 마련하지 못한다. 쌀을 팔아 마련한 돈은 고리대금업자 억조(최남현 분)와의 도박에서 모두 잃고 만다. 결국 봉수는 농사 밑천인 송아지를 판 돈으로 구호물자 장사

---

of California Press), 460.

449 《문교월보》 제31호, 1957.03., 16~17쪽; 권보드래 외, 『아프레걸 사상계를 읽다: 1950년대 문화의 자유와 통제』, 동국대학교출판부, 2009, 29쪽에서 재인용.

를 시도한다. 그러나 사기꾼 일당에게 당해 모든 돈을 잃어버리고 만다. 한편 억조는 옥경(최은희 분)을 겁탈하려 하다가 돈뭉치를 분실한다. 우연히 이 돈을 발견한 봉수는 억조와 실랑이를 벌인다. 두 사람은 결투를 벌이게 되고, 봉수는 실수로 억조를 살해한다. 봉수의 아들 영호(김진규 분)가 모든 죄를 뒤집어쓰고 잡혀가는데, 봉수는 영호를 압송하는 기차를 쫓아가다가 억조가 죽은 건 돈 때문이라고 절규하며 쓰러진다.

이처럼 〈돈〉은 투기와 도박으로 인해 무너져내린 농촌 사회의 현실을 화면에 담아내면서 사람들의 순수성이 파괴되는 과정을 그리고 있다. 당시 "한국영화가 지향해야 할 뚜렷한 길"[450]을 보여준, 혹은 "한국영화의 새로운 경지를 개척"[451]한 작품 등으로 평가되었다. 영화평론가협회는 김소동 감독에게 제2회 영평상 감독상을 수여하였다.[452]

〈돈〉은 해외 영화제로의 출품이 기획되기도 하였는데, 앞서 언급하였듯이 이를 둘러싸고 한 차례 잡음이 일었다. 영화제작자협회에서 위촉한 출품작 선정위원회는 〈그대와 영원히〉와 함께 〈돈〉을 마닐라에서 개최될 제5회 아시아영화제의 출품작으로 결정하였다. 그런데 문교부에서 제동을 걸었다. 문교부는 "한국의 비참한 암흑상을 그렸기 때문에 주제가 적당하지 못하고 작품이 어둡다"[453]는 이유를 들어 〈돈〉을 제외하고 대신 〈청춘쌍곡선〉을 출품작으로 선정하였다. 〈청춘쌍곡선〉의 줄거리를 간략히 요약하면 다음과 같다.

---

450 황영빈, 〈영화제 출품과 나의 의견 / 「돈」의 「레알리즘」을 이태리 것과 비교한다〉, 《한국일보》, 1958.03.09., 8면; 『신문기사로 본 한국영화 1958~1961』, 앞의 책, 26쪽에서 재인용.

451 〈상식적인 줄거리의 전개〉, 《조선일보》, 1959.02.20., 4면.

452 〈제2회 영평상 27일 수상식 성료(盛了)〉, 《경향신문》, 1959.04.29., 4면.

453 박지수, 〈지양돼야할 영화평론: 마니라영화제의 참패를 계기로 (상)〉, 《조선일보》, 1958.05.31., 4면.

전후 어느 토요일 오후, 부산 동명병원의 김 박사(박시춘 분)에게 이부남(양훈 분)이 진료를 받는다. 부남은 '한일 무역회사' 사장의 큰아들인데, 밥을 너무 잘 먹은 탓에 '위확장증'으로 고생을 하고 있다. 이어서 중학교 선생 김명호(황해 분)가 진료를 받으러 들어온다. 명호는 부남과는 반대로 너무 못 먹어서 '위협 소증'으로 고생을 하고 있다. 김 박사는 대학 동창인 두 사람에게 2주 동안 집을 바꾸어 생활하라는 처방을 내린다. 이후 두 사람은 바뀐 생활양식에 적응하며 건강을 회복해 간다. 부남은 명호의 여동생 정옥(지학자 분)과, 명호는 부남의 여동생 미자(이빈화 분)와 사랑에 빠진다. 결국 김 박사가 부남·미자의 아버지(지방열 분)를 설득함으로써 두 커플은 합동결혼식을 올리게 된다.[454]

물론, 〈돈〉과 마찬가지로 〈청춘쌍곡선〉 역시 당대 한국 사회의 여러 가지 현실을 확인해 볼 수 있는 영화다. 극중 "아버지는 납치되어 가시고 아우는 전사했지. 나도 출전했다가 부상은 당했지만은 간신히 병신은 면한 셈이지."라는 명호의 대사에서는 전쟁이 남기고 간 상흔이 드러난다. 또한 부남과 명호는 대학 동창임에도 불구하고 계급 격차로 인하여 생활 수준이 판이하게 다른 것으로 묘사된다. 다큐멘터리적 시선으로 촬영된 부산 피란촌의 전경을 통해서는 하층민의 삶에 담긴 애환을 읽어볼 수가 있다.

그런데 이와 같은 현실 묘사는 코미디 영화로서 〈청춘쌍곡선〉이 지향하는 '명랑함'에 다소 가려진다. 명랑함은 힘들고 곤궁한 현실을 웃음을 통해 극복하자는 태도로, 전후 사회가 요구했던 보편적인 가치관이었다. 이를테

---

454 함충범·이준엽, 「영화 〈청춘쌍곡선〉(1957)과 '부산'이라는 공간의 만남」, 『항도부산』 36권, 부산광역시역사편찬위원회, 2018, 224쪽.

면 1955년 창간된 잡지 《아리랑》은 전체 소설의 31%를 명랑소설로 채웠다. 1955년 4월 창간된 잡지 《명랑》 역시 당시 사회가 민중에게 요구하는 바를 단적으로 보여주는 사례였다.[455] 〈청춘쌍곡선〉 초반부에는 김트리오 자매가 노래를 부르는데, '명랑함'이 잘 드러나는 장면이라 할 수 있다. 김트리오 자매는 자신들을 '명랑한 백의 천사'라고 소개한다. 그러면서 '즐거운 토요일'을 맞이하여 '슬픔도 눈물도 다 버리고' 함께 노래할 것을 등장인물과 관객 모두에게 제안한다.

이처럼 〈청춘쌍곡선〉은 명랑한 태도로 현실의 어려움을 극복하자는 태도가 두드러지는 작품이었다. 〈청춘쌍곡선〉은 〈돈〉이 비극적인 결말을 택하는 것과 달리, 부남과 명호가 서로의 여동생과 합동 결혼을 올리는 희망찬 장면으로 마무리된다. 영화에서 드러난 계급적, 사회적 균열은 여성이라는 매개체와 결혼이라는 제도를 통해 안정적으로 봉합된다. 〈청춘쌍곡선〉이 〈돈〉을 밀어내고 아시아영화제의 출품작으로 선정된 사건은 다음과 같은 빈축을 사기도 하였다.

영화 〈돈〉만을 앞에 놓고 아세아 영화제에 꼭 출품시켜야겠다고 한다면 그만큼 우수한 국산영화가 만들어지지 못한 것으로 보고서 그만이겠으나 〈청춘쌍곡선〉과 비교한다는 것은 쥐꼬리만한 상식으로도 선뜻 판단할 수 있는 문제다.[456]

455 김대근, 「영화 재현을 통한 스펙터클 표현의 의미에 관한 연구」, 서강대학교 박사학위논문, 2015, 84쪽.
456 〈★비교적진지한작품★ 「돈」〉, 《경향신문》, 1958.03.18., 4면.

그러나 국가 기관은 영화가 재현하는 현실 이미지를 계속해서 통제해 나갔다. 여기에는 아시아영화제가 지니는 특수성도 크게 작용하였을 것이다. "아시아영화제는 일본과 홍콩의 대형영화사들과 그 영화사들의 대표, 즉 제작가들이 주축이 되어 구상한 영화제"[457]로, 단순한 행사를 넘어 '자유진영' 우방 국가 간 선의의 경쟁과 친선의 무대였다. 물론, 이러한 자리에서 트로피를 거머쥐겠다는 바람은 정부 차원에서 그치는 것은 아니었다. 이를테면 평론가들은 〈피아골〉과 같은 영화를 한국 사회를 "레알"하게 그리려고 노력한 작품으로 옹호하면서 아시아영화제에 출품한 바 있다.[458]

특히 1950년대 말부터 아시아영화제는 한국 영화사에 있어서 더욱 중요한 의미를 지니게 된다. 영화 산업의 성장과 더불어 정책 역시 변화하였기 때문이다. 1959년 문교부는 「국산영화 제작장려 및 영화오락순화를 위한 보상특혜요강」을 개정하였다. 이 중 '국제영화제 참가자에 대한 보상특혜'로 인해 아시아영화제 진출이 더욱 활발해졌다. 영화의 홍보 문구에 있어서도 "아시아영화제를 비롯한 국제영화제 출품용이라는 선전 문구가 유행어처럼 등장하기 시작하였다."[459] 다음의 세 인용문을 통해 아시아영화제에 대한 당시 영화계의 인식을 확인해 볼 수 있다.

적도의 남역에 「코리아」라는 이름을 전해준 것만 해도 이번 제6회 아시아영화제는 성과 있는 □연이었다. 한국의 청소년 축구팀이 「라만커프」 쟁탈전에서

457 공영민, 「아시아영화제를 통해 본 한국영화: 1950~60년대 해외진출을 중심으로」, 중앙대학교 석사학위논문, 2009, 6쪽.

458 〈아세아 영화의 점묘: 향항총독의 환영받은 우리 대표〉, 《경향신문》, 1956.06.19., 4면.

459 공영민, 앞의 논문, 33쪽.

영관(榮冠)을 얻은 뒤인지라 우아한 한복의 옷맵시와 태극선은 「쿠아라·룸풀」 시에서 더 한층 각광을 받았다.

…(중략)… 특히 느낀 것은 심사위원들의 콘테스트를 둘러싸고 각국 대표단이 소위 활발한 「로비」 외교를 전개하고 있는 것이 주목되었으며 영화인들 간의 교환도 번거로왔다. 이러한 것은 아시아영화제가 점차로 <u>영화제의 본질인 상품 견본시장과 스크린을 통한 문화외교의 찬스</u>로 발전되고 있다는 것을 말해주는 것이다.[460] (밑줄: 인용자, □: 식별 불가)

아시아영화제에서 수상한 작품은 아세아에 있어서의 영화시장 판로가 커진다. 작품상을 탄 영화는 아세아 영화시장에 있어서 <u>시가의 10배로 거래가 성립된다</u>고 한다.[461] (밑줄: 인용자)

아무리 제작자들이 모여서 <u>자기 상품을 교류하는 영화시장</u>일지라도 민족을 대표하는 민간외교일진대 이상의 준비가 필요할 것이다.[462] (밑줄: 인용자)

이처럼 아시아영화제는 올림픽, 월드컵과 같이 '자유진영' 국가 사이에서 '코리안'이라는 존재를 드러낼 수 있는 국제 경쟁의 무대 즈음으로 여겨지고 있었다. 이와 같은 인식 하에 한국의 부정적인 현실을 적나라하게 드러내는 작품은 출품될 수 없었다. 뿐만 아니라 이병일이 "영화제의 본질"이라고까

---

460 이병일, 〈아시아영화계는 전진하고있다〉, 《동아일보》, 1959.05.15., 4면.

461 〈아세아영화제 낙수 / 한국에 대한 관심이 적다 / 앞서야 할 문화외교〉, 《한국일보》, 1959.05.18., 4면; 한국영상자료원 편, 『신문기사로 본 한국영화 1958~1961』, 공간과사람들, 2005, 240쪽에서 재인용.

462 〈[권두언] 아세아영화제와 민간외교〉, 《국제영화》, 1958.03., 51쪽.

지 언급하였듯이 아시아영화제는 영화 작품이 '상품'으로서 거래되는 매우 중요한 시장이기도 하였다. "상품 견본", "상품 교류" "시가", "거래", "시장"과 같은 표현을 통하여 그러한 인식을 거듭 확인해 볼 수 있는데, 이에 상업성을 결여한 작품 역시 출품에 제약이 있었을 것이다.

현실을 사실적으로 드러내려는 리얼리즘적 태도와 당시 정부 기관(혹은 평단)의 욕망은 기실 정면으로 충돌하는 개념이었다. 김기영의 〈초설〉을 둘러싼 헤프닝을 통해서도 그러한 사실을 거듭 확인해 볼 수 있다. 앞서 언급한 바와 같이 김기영은 〈초설〉(1958), 〈10대의 반항〉 등 (네오)리얼리즘적 경향이 짙게 드러난 작품으로 초창기 필모그래피를 채워 나가고 있었다. 특히 〈초설〉은 김기영이 "문제파 감독"[463]이 되는 것에 기여한 작품이다. 줄거리를 간략하게 요약해 보면 다음과 같다.

전쟁 직후 용산 교외에서 석탄과 미군 물자 절취를 생업으로 나날을 보내는 피란민들이 등장한다. 원주민 박암은 최남현과 공모하여 마을을 헐어버리고 공장을 신축하려 한다. 그러나 피란민 김승호, 최삼 등의 완강으로 뜻을 이루지 못한다. 최삼의 자살과 김승호의 저항 끝에 박암은 투옥된다. 박암은 출소하자마자 불도저로 마을을 막무가내로 밀어버린다. 심지어 자신을 사랑한 김지미까저 짓밟고 만다. 박암은 결국 김지미의 시체를 발견하고 그녀를 품에 안은 채 흐느낀다.[464]

---

463 〈다채로운 국산영화〉, 《조선일보》, 1959.12.31., 4면.

464 다음의 두 자료를 토대로 요약 및 정리. 〈피란민 생활을 박력 있게 묘사: 김기영 감독의 〈초설〉), 《한국일보》, 1958.06.01; 「초설」, KMDb - 한국영화데이터베이스, 〈https://www.kmdb.or.kr/db/kor/detail/movie/K/00375〉 (검색일: 2022.04.10.)

〈초설〉은 극작가 임희재의 시나리오를 토대로 한국예술영화사가 제작한 작품이었는데, 기사를 통해 제작 초기 단계부터 이미 해외 진출을 목표로 하고 있었음을 확인해 볼 수 있다.[465] 문교부 당국은 1958년 제8회 베를린영화제에 〈초설〉을 출품하기로 결정하였다. 그런데 며칠이 지나지 않아 돌연 참가 취소가 발표되었다. 5월 13일부터 15일까지 검열을 실시한 결과 "불량배를 주제로 한 동영화가 국제영화제에 출품됨으로써 한국의 위신이 추락된다는 합평회의 결론"[466]이 난 것이다. 당시 임긍재는 다음과 같이 문교부의 행태를 신랄하게 비판하였다.

일례를 들자면 전(前)달 동남아영화제 출품 작품에 있어서 말썽이 있었던 『돈』만 하더라도 예술적 가치로 보나 또는 외국 사람들이 본다 치더라도 『청춘쌍곡선』보다는 훨씬 나은 작품인데도 불구하고 그 작품이 무슨 불순한 「이데오로기」적 영화같이 취급하여 문교부는 『돈』이라는 영화 작품을 외국에 출품하는 것을 극력 반대하였다는 것이다. 이 한 예를 보더라도 얼마나 검열 당국자의 영화에 대한 인식이 무지에 가깝다는 것을 우리는 알아볼 수 있다. 또 요전에 『초설』이라는 영화도 서독으로 출품하려고 하여도 출품하지 못하도록 문교부 당국이 반대하고 있다는 것이다. 그 이유는 깡패를 그려놓았다는 것이다. 그런 이유가 사실이라면 이번에 동남아 영화제에 출품하였던 『그대와 영원히』는 무엇을 내용으로 하여 작품화하였던 것인가? 거기에는 깡패의 장면이 없었단 말인가. 도대체 문교부의 영화 검열 기준을 우리는 정신 차려 알아낼 수가

465 〈극영화 『초설』〉, 《조선일보》, 1957.12.23., 4면.

466 〈백림영화제에 불참〉, 《조선일보》, 1958.05.17., 2면.

없고 그로 말미암아 우리 한국 영화가 예술적으로 위축해가고 있다는 것을 여기서 명확히 지적해두는 바이다.[467]

임긍재는 〈돈〉 대신 〈청춘쌍곡선〉을 출품작으로 선정한 "검열 당국자의 영화에 대한 인식이 무지에 가깝다"고 표현한다. 그리고 동남아영화제(아시아영화제)에 〈그대와 영원히〉가 출품된 사례를 들어, 〈초설〉의 베를린영화제 출품작에서 제외한 문교부의 판단을 도저히 이해할 수 없다고 말한다. 〈그대와 영원히〉는 유현목의 작품으로, 소매치기 출신인 광필(이룡 분), 달수(최봉 분), 상문(최명수 분)이 성장한 후 다시 만나 일어나는 일을 다룬 영화였다. 임긍재의 지적처럼 '깡패'가 등장하였다는 이유로 〈초설〉이 출품 금지되었다면 〈그대와 영원히〉 역시 금지되었어야 마땅하였을 것이다. 뿐만 아니라 앞서 언급하였듯이 〈돈〉이 출품되지 못한 까닭은 "한국의 비참한 암흑상을 그렸기 때문에 주제가 적당하지 못하고 작품이 어둡다"[468]는 것이었는데, 동일한 기준을 적용한다면 〈그대와 영원히〉 역시 출품될 수 없었을 것이다. 그러나 〈그대와 영원히〉는 아시아영화제에 정상적으로 출품되었다. 이는 곧 박지수의 표현처럼 "무정견(無定見)한 선정이란 말을 지나쳐 이율배반의 모순을 노정한 실태"[469]였다.

이처럼 국가 기관의 검열 기준은 대단히 모호하였다. 그것은 곧 '반공', '자유', '리얼리즘' 등의 용어가 대단히 광범위한 뜻으로 사용되던 당시의 시대

---

467 〈영화연기(演技)의 몇 가지 문제: 「띤」과 「갸방」의 경우 (중)〉, 《조선일보》, 1958.06.07., 4면.

468 박지수, 앞의 기사, 4면.

469 위의 기사, 4면.

적 분위기와도 크게 무관하지 않을 것이다. 일부 소장 평론가들은 이와 같은 혼란스러운 상황에 대하여 문제를 제기하였다. 이를테면 조남두는 〈평론이란 이름으로 영화계를 흐리는 무리〉[470]라는 글을 통해 다음과 같이 말하고 있다.

비평가 평론가는 판단하는 사람으로서 등장하게 되는 것이며 정확한 판단은 언제나 과학적인 냉철한 이성과 넓고 깊은 지성과 관찰력을 요구하게 되는 것이다. 이와 같은 비평의 의미는 정치 경제 사회 등을 포함한 문화 일반에 한결같이 통하는 일반적인 의미이고 예술- 그것도 대상이 영화에 이르면 영화 자체가 성립되는 대에 필요한 복잡한 요소와 정비례하여 심히 어려운 것이 아닐 수 없게 된다.

…(중략)… 헌데 불행하게도 우리들은 많은 경우 해석 또는 감상 인터뷰나 푸로필같은 잡문을 비평이라는 이름으로 읽게 되는 까닭의 무엇일까. 그것이 만일 비평의 지성의 빈곤이나 권위를 상실한 정실비평에서 오는 결과라면 결국 그 존재의 이유나 필요성이 없게 될 뿐만 아니라 오히려 문화 전반은 말할 것도 없고 영화계 자체의 자살행위가 아닐 수 없다.

…(중략)… 「무모와 만용」-이 말은 몇 달 전 어떤 영화 잡지에서 모 비평가가 신진 감독을 비판하는 글의 타이틀의 일부분이다. 그 이는 그 문장 서두에서 말하기를 「어느 수준에 이른 영화 관객에게 한국영화의 결함을 물을라치면 거의 공통된 대답을 듣게 된다. 한마디로 말해서 어딘가 째이지 아니하고 어색하

---

470 조남두, 〈평론이란 이름으로 영화계를 흐리는 무리〉, 《영화세계》, 1958.02.

다는 것이다. 즉 작극술과 생활체험이 미숙한 것이 빤히 들여다 보인다는 소리이다.」라고 하면서 이 모든 책임을 감독에게 돌리고 있다.

조남두의 일갈은 곱씹어볼 만한 가치를 지닌다. 그는 전후 비평계가 이전 시기와는 달리 "과학적인 냉철한 이성과 넓고 깊은 지성과 관찰력"으로부터 멀어진 상태임을 지적한다. 그가 예시로 든 모 비평가는 "어딘가 째이지 아니하고 어색하다"와 같은 추상적인 인상비평을 통해 완성도가 낮은 작품을 생산한 감독을 비판하는데, 당연하게도 이를 해결할 만한 구체적인 방법이나 작품이 지향해야 할 방향성은 제시되어 있지 않다. 조남두는 비평의 이름으로 "잡문"이 계속 생산된다면, 영화 비평의 존재 의미 자체가 없을 뿐만 아니라 이것이 오히려 영화 예술의 발전에 해가 될 것이라고 주장한다. 뿐만 아니라 그는 다음과 같이 영화인과 비평가의 배금주의적인 태도를 비판하기도 한다.

많은 영화인은 스스로 예술인임을 자부한다. 또는 영화를 상품이기 이전에 예술품임을 자랑삼는 것처럼 스스로 상인 아님을 고집할 것이다. 그러나 그들은 듣기에 송구하도록 수지타산을 이구동성으로 앞세운다. 그 이유는 때때로 한국영화의 수준 문제 질적 향상 문제 배우의 교양 지성 문제 등이 화제가 도리 때마다 그 비평같은 것으로 등장하게 되거니와 결국 그들의 그와 같은 이기적 주장은 마침내 그들을 예술인이기 전에 상인이라도 인상을 주게 하고 영화를 예술품이기 전에 상품이라는 인상을 주게 한다.

…(중략)… 또한 어떤 평론가는 씨나리오에서 오는 수입 자랑을 모 잡지에 쓰

면서 영화뿐 아니라 자기의 상품적 가치-시세를 선전하는 판이니 과연 영화인은 모두가 이같이 필요 이상으로 기세를 올릴 만큼 경기가 좋은 것만은 사실이기를 우리는 원다. 이래서 뜻있는 많은 사람은 영화 비평가를 영화사의 선전 책임자 정도로 보는 것이고 사실상 그들의 많은 평론은 자동적으로든 타동적으로든 그렇게 쓰여지고 있기도 하다.

조남두는 영화인을 '상인'으로, 비평가를 '영화사의 선전 책임자'로 언급하면서 한국 영화의 현재와 미래를 부정적으로 진단한다. 결과적으로 그의 예언은 어느 정도 유효한 것이었다. 1960년대 한국 영화는 눈부신 산업적 성장과 함께 소위 '황금기'로 접어든다. 그러나 영화사 유지를 위해 작품을 양산해야 하는 상황에서 리얼리즘이 표방한 현실 재현의 가치는 후순위로 밀려날 수밖에 없었다. 기존의 영화사 서술에서는 1960년대 중반 이후 정치적인 변화로 인하여 리얼리즘이 급속도로 퇴조하였다고 서술하는 경우가 많은데, 1960년대 이전부터 영화계 내부에 그러한 가능성이 이미 잠재되어 있었다고 보는 편이 합당할 것이다.

지금까지 살펴본 바와 같이, 한국전쟁 이후 새롭게 조성된 비평계는 영화인들에게 국제 영화제와 같은 무대에서 공인받을 수 있는 '코리안 리얼리즘' 작품의 생산을 주문하였다. 여기서 '리얼리즘'이란 현실 세계를 과학적이고 진실한 태도로 재현하는 이전 시기의 리얼리즘 개념과는 거리가 먼 것이었다. 코리안 리얼리즘은 순수문학, 실존주의, 휴머니즘, 네오리얼리즘, 반공주의, 세계주의, 민족주의 등 당시 시대적 상황이 종합적으로 반영된 추상적인 개념이었다. 전후의 비평계는 전쟁 이전과 이후의 이질적인 리얼리즘을 계보화하면서 끊임없이 정통성을 확보하려 노력하였다. 그 결과로 탄생한 것이 코리안 리얼리즘이었다고 볼 수 있다. 코리안 리얼리즘이라는 개념을 통해 비평계는 영화인을 무한히 채찍질할 수 있는 권력을 구축하였고, 안정적인 비평 활동을 이어나갈 수 있는 물질적 토대를 마련할 수 있었다.

리얼리즘은 현실을 '사실적'으로 재현하는 것을 기본으로 한다. 당시 비평가들 역시 '현실 직시'를 코리안 리얼리즘의 중요한 요소로 거론하였다. 그러나 이 시기 평단의 리얼리즘 담론은 현실을 사실적으로 드러내는 것보다는 오히려 현실을 은폐하는 것에 기여한 측면이 크다. 소장파를 중심으로 한 일부 영화인은 (네오)리얼리즘적 가치를 추구하며 새로운 창작 경향을 산발적으로나마 모색하였다. 그러나 비평가들로 인해 촉발된 혼란과 정부 기관의 불합리한 통제 탓에 유의미한 시류를 형성하지는 못하였다.

동시기 타 문화·예술계의 상황을 살펴보면 시의 경우 모더니즘 운동이, 연극의 경우 실존주의 연극과 시극 운동이 일어나는 등 모더니즘적이 경향이 새롭게 대두되기 시작하였다. 허나 영화계의 경우는 네오리얼리즘을 모델로 설정한 탓에 다소 뒤늦게 리얼리즘적 경향이 주창되고 있었다. 1960년대에 접어들면 이와 같은 시차가 자연스럽게 보정된다. 영화계는 리얼리즘이라는 전통을 잇고 있다는 착각과 함께 '모던'한 것으로 좌표를 재설정하기에 이른다.

제4장
—
변혁의 가능성과 리얼리즘의 자체적 단절
(1960~1965)

1. 4·19와 5·16

1) 4·19 봉기와 영화윤리전국위원회

1960년대 초의 문화·예술계는 4·19라는 사건과 불가분의 관계에 있다고 해도 과언이 아닐 것이다. 이를테면 최인훈은 1960년 11월호 《새벽》에 『광장』을 발표하면서 머리말에 다음과 같이 서술하였다.

구정권 하에서라면 이런 소재가 아무리 구미에 당기더라도 감히 다루지 못하리라는 걸 생각하면서 빛나는 4월이 가져온 새 공화국에 사는 작가의 보람을 느낍니다.[471]

뿐만 아니라 문학평론가 김현은 자신과 4·19의 관계에 대하여 다음과 같

---

[471] 한국예술종합학교 한국예술연구소 편, 『한국현대예술사대계 III』, 시공사, 2005, 86쪽.

이 언급한 바 있다.

내 육체적 나이는 늙었지만, 내 정신의 나이는 언제나 1960년의 18세에 멈춰 있었다. 나는 거의 언제나 사일구 세대로서 사유하고 분석하고 해석한다. 내 나이는 1960년대 이후 한 살도 더 먹지 않았다.[472]

김현이 언급한 것처럼, 이 시기에는 사회 변혁의 동력에 힘입은 소위 '4·19 세대'[473]가 새로이 형성되었다. 이들은 기성세대와 자신을 이분법적으로 구분하는 방식을 통하여 인정투쟁을 벌였으며, 문화·예술계에서 새로운 흐름을 형성해나가기 시작하였다.

영화계에도 적지 않은 변화가 찾아왔다. 이를테면 '기관에 의한 검열'을 '민간 기구에 의한 심의'로 대체하는 방안이 본격적으로 논의되었다. 검열 완화에 대한 목소리는 4·19 이전에도 수차례 제기되었는데, 제작가협회와 배급협회 사이의 이권 다툼으로 인하여 합의를 도출하지 못한 상황이었다. 그러다가 7·29 총선과 민주당 집권을 계기로 하여 구체적인 성과가 나타나기 시작하였다. 8월 5일 '영화윤리전국위원회(이하부터 '영윤'으로 표기)'의 창립총회가 개최되면서, 비로소 민간 기구에 의한 영화 심의 시대가 개막하였다.[474]

---

472 김현, 『분석과 해석: 주(鵃)와 비(蜚)의 세계에서』, 문학과지성사, 1988, 4쪽.

473 김현은 4·19 세대를 "한국어로 사고하며, 자기가 세계를 개조할 수 있다는 확신을 가진 세대"라고 정의한 바 있다. 김현, 『문학과 유토피아-공감의 비평: 김현 문학전집 4』, 문학과지성사, 1980, 354쪽.

474 함충범, 「제2공화국 시기의 한국영화계: 4·19혁명과의 관련성을 중심으로」, 함충범 외, 『한국 영화와 4·19: 1960년대 초 한국영화의 풍경』, 한국영상자료원, 2009, 22쪽.

김수용 감독은 영윤에 대하여 "4·19혁명이 가져다준 선물이었으며 마침 내 영화계에도 밀어닥친 민주화 바람의 신호탄"[475]이었다고 회고한다. 영윤 의 활동이 본격적으로 시작될 수 있었던 것은 분명 4·19 덕택이었다. 그러 나 민간 심의 단체 자체가 갑자기 생겨난 것은 아니었다. 1957년 8월 "민간 에서도 영화에 대한 자율적이고 윤리적인 규제지침이 필요하다는 판단"[476] 하에 '영화윤리위원회'가 만들어졌다. 영화윤리위원회는 영윤의 전신이라고 할 수 있는데, 임원진을 살펴보면 다음과 같다.

위원장: 이헌구
부위원장: 윤봉춘, 오영진
상임간사: 황영빈
소위원: 유두연, 이청기, 정홍거, 유치진, 김동진, 송지영, 김정환, 김광섭, 박진[477]

당시 신문에서는 "미국을 비롯한 외국에서도 영화윤리가 규정되어 있는 데 우리나라에서도 뒤늦게나마 우리의 실정에 맞는 영화윤리규정이 만들 어졌다는 것은 반가운 일이다."[478]라면서 단체의 결성을 반겼다. 해당 기사 를 통해 영화윤리위원회가 선포한 규정을 살펴보면, 미국영화제작배급협회 (MPPDA, Motion Picture Producers and Distributors of America)가 선포한 영화제작법

---

475 김수용, 『나의 사랑 씨네마』, 씨네21북스, 2005, 23쪽.

476 배수경, 「한국 영화검열제도의 변천에 관한 연구: 정권별 특징과 심의기구의 변화를 중심으로」, 중앙대 학교 석사학위논문, 2005, 30쪽.

477 〈국산 영화윤리를 규정〉, 《경향신문》, 1957.08.22., 4면.

478 위의 기사, 4면.

규(Motion Picture Production Code)[479]의 사례와 같이 사회의 지배적인 규범을 강조하고 있음을 확인할 수 있다.

영화제작에 있어 다음 각항에 해당되는 표현은 안 된다.

[일반원칙]

영화의 내용(줄거리·부분적인 장면·회화)에 있어 인간성을 유린하거나 국민으로서의 의성(義性)을 저하시키는 작품을 제작해서는 안 된다.

따라서 반국가적인 행위나 악이나 범죄 등을 경시하거나 동정해서는 안 되며 미풍양속을 훼손해서도 안 된다.

[세칙]

일(一), 국가

(1) 헌법 정신에 위반되는 것

(2) 민족이나 국가에 관한 역사·문물제도 등을 공명치 못하게 취급한 것

(3) 적성국가에 유리한 표현 및 우방에 대한 불리한 표현

(4) 국가적 위험을 내포한 폭력 및 살육

　…(중략)…

삼(三), 사회

(가) 도덕

(1) 가족제도와 가정의 신성을 모독한 것

---

479 할리우드 영화인들은 국가가 영화 제작 과정에 개입하는 것을 미리 차단하고, 대중과의 관계를 개선하여 이익을 증진하기 위해 '헤이스 코드'라고도 불리는 제작규범을 자발적으로 도입하였다. 정태수, 앞의 책, 199쪽.

(2) 결혼의 신성을 모독한 것

(3) 간통과 불륜한 성관계를 정당화한 것

(4) 강간의 표현이 암시를 넘은 것

(5) 범죄인을 영웅화하거나 그 행위를 정당화한 것

(6) 범죄행위의 방법이나 기술의 묘사가 관람자 특히 청소년에게 교사 및 자극이 되는 것

(7) 부녀자 매매를 정당화한 것

(나) 풍속

(1) 성교의 묘사가 암시를 넘은 것

(2) 관람자의 열정을 유발케 하는 나체 및 성기의 표시

(3) 매음을 정당화한 것

(4) 색정도착 변태성욕에 관련된 자극적인 표현

(5) 극단의 선정적인 포옹 및 "키쓰"의 표시

(6) 성적 행위와 열정을 도발하는 무용

(7) 비천야속한 어구의 과도한 사용

(8) 성위생 및 성병을 극영화의 제재로서 사용한 것

(9) 실제의 해산(解産) 타태(墮胎) 장면을 순전한 교재 이외의 목적에 사용한 것

(10) 기타 일절의 외설한 표현

…(후략)…

영화윤리위원회가 내세운 규정은 정부의 검열이 존재하는 상황에서 강제

력을 지니지는 못하였다. 게다가 "규제의 폭이 지나치다는 비판"[480]까지 사게 되면서 이내 흐지부지되어 버렸다.

영윤이라는 단체는 분명 4·19 이후 새롭게 결성된 것이었으나, 이전 시기에 창설된 영화윤리위원회와 강한 연속성을 지니고 있었다. 때문에 영윤이 '혁명'적이거나 급진적인 노선을 취하고 있지는 않았으리라는 점을 어렵지 않게 유추해 볼 수 있다. 허정 과도정부가 구성된 지 얼마 지나지 않은 1960년 5월 16일, 문교부는 민간 심의제를 준비하기 위한 공청회를 개최하였다. 기록에 따르면 권순영(판사), 김세형(작곡가), 곽종원(평론가), 정비석(소설가), 김소동(감독), 허백년(영화평론가), 김형근(공보실), 이용상(국방부), 이청기(영화평론가), 황영빈(제작자), 정한수(종교인), 오영진(영화평론가), 윤명혁(외화업자), 최문환(문리대교수), 이숭녕(문리대교수), 조택원(무용가), 전광용(소설가) 등 각계각층의 인사가 참여하여 견해를 주고받았다.[481] 영화윤리위원회의 명단과 비교해보았을 때, 이청기, 황영빈, 오영진의 이름이 공통적으로 확인된다.

영윤을 실질적으로 이끌어 나간 것은 4·19 이전부터 영화 검열 제도에 항의한 전력이 있는 '시네마 팬 클럽' 출신 인물들이었다고 한다.[482] 오영진은 시네마 팬 클럽의 회장을, 이청기는 부회장을 역임한 바 있다. 황영빈 또한 시네마 팬 클럽의 회원 가운데 하나였다. 뿐만 아니라 이들은 코리안 리얼리즘을 주창한 대표 주자이기도 하였다. 따라서 영윤의 견해는 이전 장에서

---

480 배수정, 앞의 논문, 30~31쪽.

481 〈공청회에 나타난 영화검열제의시비(是非)〉, 《동아일보》, 1960.05.18., 4면.

482 이를테면 호현찬은 '시네마 팬 클럽'의 주동으로 영윤이 만들어졌다는 점을 명확히 하고 있다. 호현찬, 『한국영화 100년』, 문학과사상사, 2003.

다룬 코리안 리얼리즘 담론과도 일정 부분 연속성을 지니고 있었다고 볼 수 있다. 즉 표면상으로는 검열 완화를 통한 '표현의 자유'를 내세웠으나, 사실상 그들의 무의식 속에 존재한 최종 심급은 이윤 창출이었다. 검열 완화를 통하여 상품성 높은 영화를 보다 윤활하게 생산하고, 엄격한 규제로 상영이 금지되어 온 외화를 자유롭게 판매하는 것이 궁극적인 목표였다고 볼 수 있다. 4·19는 이것을 달성할 수 있는 좋은 계기가 되었던 것이다. 결과적으로 영윤의 목표는 사회의 변혁이나 작가의식의 자유로운 표출 등 당시의 현실 사회가 실질적으로 요청한 가치와는 무관한 것이었다.

이와 같은 사실을 검토해보기 위하여 1960년 영윤이 새로이 제창한 심의 규정 일부를 확인해보면 다음과 같다.

국가 및 사회

1) 대한민국 헌법을 수호한다.

2) 민주주의 정신에 합치하는 사상을 조장하며 이에 어긋나는 사상을 부정한다. 특히, 민권을 존중하며 관료우위 사상을 부정한다.

3) 모든 종교, 풍속, 관습 및 국민감정을 존중하며 공정을 기한다.

   …(중략)…

풍속

1) 호색적인 저급한 제명을 사용하지 않는다.

2) 외설로 인정되는 것은 회화, 가사, 농담, 자태 등에 포함하거나 암시하지 않는다.

3) 전나체는 원칙상 묘사하지 않으며 탈의 장면, 무용실 장면의 취급에 있어

서 관객의 열정을 자극하지 않도록 주의한다.

4) 부녀자, 아동, 동물에 대한 잔인 행위는 취급하지 않는다.

5) 불구자, 병상자 및 외과 수술의 취급은 관객에게 추오한 감정을 일으키지 않도록 주의한다.

성

1) 결혼 제도 및 가정의 신성을 옹호하며 저급한 성관계를 공인된 형식처럼 취급하지 않는다.

2) 간통과 불륜한 성관계를 정당화하거나 매혹적인 것으로 표현하지 않는다.

3) 연애장면은 열정을 자극하도록 취급하지 않는다.

4) 매춘을 정당화하지 않는다.

5) 색정, 도착, 변태성욕을 제재로 취급하지 않는다.

6) 분만장면을 묘사하지 않는다.

…(중략)…

일반원칙

영화의 내용에 있어 인간성을 유린하거나 국민으로서의 도의성을 저하시키는 작품을 방지한다. 따라서 반국가적인 행위나 범죄를 경시, 동정하거나 또는 미풍양속의 훼손을 사전에 방지한다.[483]

483 〈자율적 정화를 목적 / 「영륜」창립총회 / 「영화윤리규정」을 채택〉, 《한국일보》, 1960.08.07., 석간 4면; 한국영상자료원 편, 『신문기사로 본 한국영화 1958~1961』, 앞의 책, 552쪽에서 재인용.

앞서 언급한 바와 같이 영윤은 기본적으로는 4·19 정신을 기반으로 탄생한 단체였다. 때문에 1957년 영화윤리위원회의 규정과 비교해보면, '국가' 조항에서 "적성국가에 유리한 표현 및 우방에 대한 불리한 표현", "국가적 위험을 내포한 폭력 및 살육"과 같은 문장이 삭제된 사실을 확인할 수 있다. 그 자리를 대체한 것은 "민주주의 정신에 합치하는 사상을 조장하며 이에 어긋나는 사상을 부정한다. 특히, 민권을 존중하며 관료우위 사상을 부정한다.", "모든 종교, 풍속, 관습 및 국민감정을 존중하며 공정을 기한다."와 같은 표현이었다.

허나 여타 조항을 살펴보면 여전히 상당히 많은 부분에서 이전 시기와 거의 유사한 수준의 제재가 가해졌음을 확인해 볼 수 있다. 특히 도덕·풍속(성)과 관련한 조항에서 그러한 경향이 두드러진다. 많은 논란이 되어 온 "키쓰"와 관련한 금지 규정은 사라졌으나, 이전 시기와 마찬가지로 결혼 제도와 가족 제도의 '신성'함이 강조되었으며 성적인 묘사가 극도로 제한되었다.

가족이라는 개념은 그것이 자연적, 생물학적일 것이라는 신념에 기반한 이데올로기라고 할 수 있다.[484] (규범적 개념으로서의)가족은 생산, 재생산, 소비 등의 물질적 관계를 반영함과 동시에 왜곡한다. 이에 계급-구조화된 관계에 의해 실제적으로 발생하는 갈등, 모순, 긴장이 흡수된다. 즉, 가족이라는 개념은 사회적으로 필요한 환상인 것이다.[485] 뿐만 아니라 섹슈얼리티는 가장 사적이고 은밀한 영역으로 치부되고는 하지만, 실상 근대적 주체가 지닌 자아의 핵심이며 권력의 중요한 통제 대상이 된다. 이러한 점에서 당시 영윤이

---

[484] 베리 소온·메릴린 얄롬 편, 권오주 외 역, 『페미니즘의 시각에서 본 가족』, 한울, 2017, 13쪽.
[485] 위의 책, 241쪽.

만든 규정은 사회 변혁에 초점이 있는 것이 아니라 오히려 사회의 보수화·안정화에 기여했다고 평가해 볼 수 있다. 김윤지가 언급한 바 있듯이, 이는 "당시 지식인들이 공유하고 있었던 기독교적 정신주의 사관에 기반"[486]한 현상이었다고도 볼 수 있을 것이다.

영윤의 등장에 힘입어 〈오발탄〉, 〈삼등과장〉 등과 같은 작품이 큰 잡음을 일으키지 않고 개봉할 수 있었던 것은 사실이다.[487] 이외에도, 이진섭은 1960년 제작된 영화 중 신상옥의 〈이 생명 다하도록〉, 강대진의 〈박서방〉, 김기영의 〈하녀〉, 조긍하의 〈과부〉 등 우수한 작품이 등장할 수 있었던 배경에 영윤의 활동이 있었음을 언급하기도 하였다.[488] 하지만 앞서 살펴본 바와 같이 영윤은 미국의 제작·배급협회와 마찬가지로 사회의 '자율적 정화'에 앞장서고 있었다. 사회적으로 큰 변화가 찾아오지 않았듯이 영화적으로도 크게 달라진 것이 없었던 것이다. "허정 과도정부는 스스로 자신의 사명을 축소하고서는 4·19 이전 상태로 사회를 '안정'시키는 일에 주력하는 소극적인 태도를 취하였다. …(중략)… 이러한 양상은 당시 한국 영화계에서도 비슷하게 나타났다."[489] 영화 단체는 계속해서 자신의 권력을 강화하였고, 사리사욕을 채우기 수월한 방향으로 활동을 이어갔다.

---

486 함충범 외, 앞의 책, 97쪽.

487 변재란은 〈현해탄은 알고 있다〉를 이 목록에 포함시키고 있다. 그러나 〈현해탄은 알고 있다〉는 5·16 이후에 개봉한 영화이므로 다른 차원에서 검토될 필요가 있을 것이다. 변재란, 「영화」, 한국예술종합학교 한국예술연구소 편, 『한국현대예술사대계 III』, 앞의 책, 239쪽.

488 이진섭, 〈[해방 20년] 영화⑩ 고개 든 비평운동: 사사건건 문교부와 맞선 「영윤위」〉, 《대한일보》, 1965.07.13., 5면; 한국 영화사연구소 편, 『신문기사로 본 한국영화 1965』, 한국영상자료원, 2007, 253쪽에서 재인용.

489 함충범, 「허정과도정부 시기 한국 영화계 연구: 4.19혁명과의 관련성을 중심으로」, 『순천향 인문과학논총』, 순천향대학교 인문학연구소, 2010, 71~72쪽.

이어령은 「무지(無知)의 가위와 영화」라는 글을 통해 다음과 같이 언급한
바 있다.

한때 영화검열이라는 것이 웃지 못할 넌센스를 많이 저지르고 있었다. 작자
모라비아가 빨갱이라고 해서 〈로마의 여인〉이 상영금지된 일이 있는가 하면,
루키노 비스콘티라는 감독이 공산당원이라고 해서 〈백야(白夜)〉를 위요하고 말
썽이 일어나기도 했다. 그런가 하면 한편 프랑스 재경 작가가 대사를 쓴 〈인생
유전(人生流轉)〉은 버젓이 기체후 일향만강한 가운데 상영되고 있기도 하다.
  …(중략)… 4·19 덕분에 관의 검열이 폐지되어 영윤이라는 자율적인 검열기
관(?)이 생겨났다. 그 바람에 불쾌감없이 영화 감상을 하게 되었으니 갑자기 일
등 문화국가의 백성이 된 느낌이다. 그런데 웬일인지 〈영윤〉은 모두 천리안을
가진 사람들만이 모였는지, 다 만들지도 않은 영화에 심의필증(審議畢證)을 떼
주었던 모양이다.
  …(중략)… 엉뚱한 것에만 침흘리지 말고 〈영윤〉은 자기 자신들부터 심의해
볼 것이다.[490] (밑줄: 인용자)

이어령이 지적한 바와 같이 당시 영윤의 활동은 그리 체계적이지 못하였
다. 뿐만 아니라 외화 수입 과정에서는 여전히 문교부의 수입추천서가 필요
한 상황이었기에, 영윤의 규정은 실질적인 구속력을 갖지 못하였다. 자연스
럽게 영윤 무용론이 대두되기 시작하였다. 이를테면 이원경은 아래와 같이

---

490 이어령, 『지성의 오솔길』, 문학사상사, 1986, 110~111쪽.

장문의 글을 통하여 영윤을 신랄하게 비판하였다.

…… 검열을 앞으로는 문교부에서 하지 않을테니 자율적으로 이 문제를 해결하라고 언명했을 그때 문교부 장관은 어떠한 조건부나 단서가 있었던 것은 아니었다. 그런데도 불구하고 이번에 발표된 영화윤리규정은 무엇 때문에 그렇게 까다롭게 만들어졌는지 만든 사람들의 그 진의를 알 수가 없다. 마치 무슨 전과자처럼 웬하지 않겠다 주의하겠다가 그렇게 많은가? 전 검열 당국자가 강요하지도 않고 그렇다고 관객이 요구하지도 않은 더구나 영화제작 관계자들이 요청하지 않았을텐데 왜 무엇 때문에 그렇게 복잡하게 규정을 많이 늘어놓았을가. 오히려 검열이라는 제도를 반대할 위치에 있는 영화작가가 대부분인 전문위원들이 말이다.

…(중략)… 그렇게 규정을 많이 만들어 놓으면 결국에 가서는 자승자박의 결과를 초래하기 쉬우며 또 간혹 이것이 권력화하는 온상이 되기도 쉽다. 특히 제규정 중 교육 항에 모든 소재나 묘사 표현은 청·소년의 감수성을 고려한다라는 것에 이르러서는 어안이 벙벙해진다. 그러면 옛날 수신(修身)교과서같은 영화만 만들어야 할 게 아닌가. 도대체 「씨나리오」를 쓸 때 이런 제규정을 염두에 두고 쓰다가는 얼이 빠지고 머리가 굳어져 제대로 글줄조차 못 써내려 갈 것이다.[491] (밑줄: 인용자)

이원경은 어느 누구 하나 요청하지 않은 엄격한 규정을 자발적으로 세운

---

491 이원경, 〈자승자박의 길: '영륜'의 윤리규정을 보고〉, 《조선일보》, 1960.08.13., 4면.

영윤의 의도를 도저히 이해할 수 없다고 말하고 있다. 그러면서 영윤이라는 단체가 자칫 권력의 온상이 되어 버릴 수도 있다고 일갈한다. 그가 지적한 바와 같이 영윤의 '진의'란 곧 검열 주체의 이양을 통한 권력 확보였다.

1960년대 영화 평론계는 부단하게 노력을 기울인 끝에 결국 한국 영화의 '황금' 시대에 편승하여 전성기를 구가할 수 있었다. 하지만 그러한 과정에서 영화 비평이란 결국 "쉴틈없이 발로 뛰"[492]며 끊임없이 신상품을 소개하는, 지극히 상업적인 차원에서 이루어질 수밖에 없었다. 1960년대 영화 비평계의 풍경을 묘사한 다음의 진술을 검토해보자.

> 2세대 기자들에게 1세대 영화 기자들의 활동은 여러 면에서 '전설'이었다. 영화 제작 편수가 많고 흥행이 잘되다보니 영화 기자들도 그 풍요를 누렸고 영화계로부터 받는 대접도 쏠쏠했다는 것이다. 영화 기자들의 가장 큰 특권은 개봉하기 전 시사회를 통해 영화를 볼 수 있다는 것이다. 선배들의 말을 종합해보면 1960년대 전성기 영화 시사회는 영화 기자들의 잔치였다고 한다. 암전 속에서도 메모할 수 있게 책상 위에 스탠드가 설치된 곳에서 각종 음료와 스넥은 물론 담배까지 제공했다는 것이다. 끝나면 충무로나 명동에서 뒤풀이를 했고, 가끔은 당시 최고급 사교장인 아스토리아호텔 스카이라운지에서 스타와 감독들과 양주를 마시며 어울리기도 했다니 그야말로 시네마 천국의 전설이 아닐 수 없다.[493]

---

492 위의 글, 17쪽.
493 정중헌, 〈담론과 영화, 그 달콤살벌한 상관관계 1980년대 이전 영화 저널리즘: 영화 보도와 비평의 기틀 놓고 한국영화 융성의 동력 공급〉, 《영화천국》 38권, 한국영상자료원, 2014.06., 16~17쪽.

이 글에서 정중헌은 이전 세대 영화 평론가들로부터 전해 들은 "시네마 천국의 전설"을 추억한다. 그들이 누린 '천국'은 청년 세대가 1960년대 내내 느껴야만 했던 좌절감과는 몹시 괴리된 것이었다. 4·19 1주년을 맞아 서울대학교에서는 침묵 시위가 일어났다. 다음의 선언문은 당시 청년이 느끼고 있었던 절망감을 잘 보여준다.

> 우리는 그 싸움으로써 특권과 단독 정부 사욕 위에 세워진 이승만 체제가 무너지라고 육박했다. 그러나 안팎으로 뿌리 깊게 박혀진 이승만적 반민족적 체제는 모습을 달리했을 뿐 본질에 있어서는 그대로 지속되고 또는 더욱더 나빠지기만 할 뿐이다. …(중략)… 뿐만 아니라 특권의식에 찬 그들에게 정권을 되돌려주는 실패를 가져왔다. 하나에도 열에도 통분이 아닐 수 없으며 거기서 지내온 이 1년간의 정치 기간은 치욕과 울분밖에 갖다 준 것이 없다.[494]

4·19 직후 영화계는 대단히 중요한 기로에 서 있었다. 그러나 비평가는 창작가에게 뚜렷한 방향을 제시해 주지 못했다. 영화는 이전 시기와는 분명 다른 방식으로 현실을 그려내고 있었다. 하지만 그러한 경향이 사회를 변혁시킬 만한 동력으로까지 이어지지는 않았다. 4·19의 주역이었던 청년들의 열기는 점차 차갑게 식어 갔다.

1961년 3월에는 4·19를 기록한 다큐멘터리 〈4월혁명〉이 서울에서 상영할 곳을 찾지 못하는 일이 발생하기도 했다. 〈4월혁명〉은 약 1시간 15분 분량

---

494 지명관, 『한국을 움직인 현대사 61장면』, 다섯수레, 1996, 71쪽.

의 영상으로, 이미 1960년에 여러 차례 시사회를 거친 상태였다. 11월 10일 반도극장에서 개봉할 예정이었으나 극장측에서 돌연 상영을 거절하였고, 이후 다른 모든 극장에서도 받아주지 않았다고 한다. "기록영화라 재미가 없다고 관객수가 적을 것 같아 극장측들이 상영을 꺼리는 것이 아니라, 이 것이 상영되면 입장곤란해질 사람들이 많아서 상영을 못하겠다"[495]는 것이 이유였다. 〈4월혁명〉의 제작자 방대훈은 "어떤 반혁명세력의 유형무형의 압 력에 의하여 상영이 곤란한 사태가 일어날 줄은 꿈에도 예측 못했었다"[496]고 술회하기도 했다.

이상의 진술은 곧 4·19가 진정한 의미에서의 혁명은 아니었음을 증명하 는 사례가 될 것이다. 4·19 당시 대다수는 '4월 혁명'이라는 용어를 사용하 였다. 그러나 일부는 "진정한 혁명은 사회구조의 근본적 변혁이 있어야 한 다며 이승만 정권의 몰락은 혁명이 아니라 단순한 정권교체에 불과하다"[497] 고 예리한 시각을 드러냈다. '혁명'은 일반적으로 "헌법의 범위를 벗어나 국 가 기초, 사회 제도, 경제 제도, 조직 따위를 근본적으로 고치는 일"[498], 또 는 "기존의 사회 체제를 변혁하기 위하여 이제까지 국가 권력을 장악하였던 계층을 대신하여 그 권력을 비합법적인 방법으로 탈취하는 권력 교체의 형 식"[499] 등으로 정의된다. 이러한 측면에 비추어 볼 때에도 4·19는 '미완의 혁

---

495 〈괄시받는 「4월혁명(四月革命)」〉, 《한국일보》, 1961.03.26., 5면; 한국영상자료원 편, 『신문기사로 본 한 국영화 1958~1961』, 앞의 책, 870쪽에서 재인용.

496 위의 기사, 5면.

497 전국역사교사모임, 『심마니 한국사 2: 개항에서 현대까지』, 역사넷, 2002, 299쪽.

498 「표준국어대사전」, 〈https://ko.dict.naver.com/#/entry/koko/2bb51049687a4e2a8e4b660da92ba410〉 (검색일: 2022.04.16.)

499 「고려한국어대사전」, 〈https://ko.dict.naver.com/#/entry/koko/2bb51049687a4e2a8e4b660da92

240   한국영화와 리얼리즘 1

명'[500]이었다고 볼 수 있을 것이다. 그리고 영화계 역시 '미완'의 상태로 변화를 지체하고 있는 상황이었다.

2) 5·16 쿠데타와 국가 검열의 강화

4·19 이후에도 대다수 사람은 구시대의 관성으로부터 자유롭지 못했다. 봉기의 주축이 되었던 학생들 역시 마찬가지였다. 심지어 일부는 자신이 그토록 비판했던 권력층의 모습을 너무나도 닮아 있었다.[501] 승리를 독식한 민주당은 분열과 무능력으로 얼룩진 채 혼란을 수습하지 못하고 있었다. 이러한 상황에서 5·16이 일어나는데, 수 년 간 예고되어 온 사건이 현실화된 것일 뿐이었다.

이를테면 1959년 11월 1일 미국 상원 외교분과위원회에 제출된 '콜론 보고서'를 통해 그러한 사실을 확인해 볼 수 있다. 이 보고서는 로버트 스칼라

---

ba410〉 (검색일: 2022.04.16.)

500 김영명은 정치적 독재에 항거한 4·19를 '평가절하'하는 것은 아님을 밝히면서 다음과 같이 서술한다. "미완의 혁명이라는 용어 속에는 일정한 방향으로의 사회 변혁을 의도하는 목적론과 한국사의 사건들을 미화하고자 하는 국수주의적 경향들이 묘하게 섞여 있다. 그 경향들의 문제점은 …(중략)… 엄밀한 사실 분석을 방해하고 따라서 역사적 사실의 과학적 이해를 훼손하는 데 있다." 김영명, 『한국 현대 정치사』, 을유문화사, 1992, 218~219쪽.

501 강원용은 다음과 같이 증언한다. "하루는 내가 시내의 길을 걷고 있는데, 갑자기 내 앞에 웬 세단차가 와서 탁 서는 것이었다. 그러더니 차에서 사람이 나오는데 보니까 우리 교회에 나오는 대학생이었다. 그는 4·18 고대생 데모 때 국회의사당 앞에서 선언문을 읽었던 4·19 주역 중의 하나였다. 그는 나를 보고 '목사님, 타시지요. 어디까지 가는지 모셔다 드리겠습니다' 하고 말했다. 나는 깜짝 놀라 '누구 차냐?' 고 물었더니 자기 차라는 대답이었다. 그때 버스를 타고 다녔던 나는 그의 대답에 놀라지 않을 수 없었다. 더구나 그가 차안에 앉아있는 예쁘장한 여자를 가리키며 '제 비서입니다.'라고 소개를 할 때는 '어찌 학생이 이럴 수 있는가' 하는 생각이 절로 드는 것이었다." 강원용, 『빈들에서: 나의 삶, 한국현대사의 소용돌이 2-혁명, 그 모순의 회오리』, 열린문화, 1993, 139쪽.

피노(Robert Scalapino) 등 동아시아 정치 문제 전문가들이 직접 한국을 방문한 후 작성한 문서였다. 1960년 1월호 《사상계》는 이를 번역하여 게재하기도 하였는데, 구체적으로 다음과 같은 사실이 지적되어 있다.

양대정당 다 파벌을 형성하고 있는 기본적인 차이는 정책이나 사상이 아니고 지위와 권력의 문제이다.

…(중략)… 현재 불법화되어 있는 진보당등의 집단으로 되어있는 좌익은 아직 비교적 약하다.

이것은 아직도 뿌리깊은 한국의 보수주의 한국전쟁이 좌익에게 미친 충격, 정부의 억압정책등 여러가지 요소에 기인한다.

그러나 좌익은 언제까지나 약세로 머물어있지 않을 것이다. 위에서 말한 바와 같이 젊은 세대는 차차 반발적으로 나타나며 나이 많은 층안에 있어서도 상당한 사회정치적인 변화가 일어나고 있다. 다른 아시아의 국가처럼 한국에서는 젊은 교육 받은 계급이 그들의 재능과 힘을 충분히 발휘할 곳을 찾지 못해 「인테리 푸로레타리아트」로 발전해 갈 상당한 위험성이 있다. 이 문제는 한대 일본이 그러했듯이 한국에서는 특별한 면을 갖고 있다. 가난한 가정(家庭)의 유능한 자제(子弟)가 일반대학에 들어가는 수(數)는 학자(學資)부족으로 대단히 제한되어 있다. 그들에게 어떠한 고등교육(高等敎育)의 기회가 있다면 그것은 보통 군부학교(軍部學校)를 통해서다. 이리하여 하층 경제계급출신의 유망한 청년장교(靑年將校)가 다수(多數) 생기며 「특권적(特權的)」 관리·정치가에 분노를 갖게 된다. 이것은 폭발(爆發)할 우려도 있는 것이다.

넓은 의미에서 한국이 타국(他國)의 예를 따라 군사지배(軍事支配)가 정당을

대체하는 그런 사태가 있을 수 있나 하는 의문은 정당한 것이다.[502]

이처럼 콜론 보고서는 청년 계층의 움직임을 예의주시하는 가운데 군부에 의한 쿠데타 가능성까지 점치고 있었다. 당시 군부에서도 《사상계》를 애독하는 인원이 적지 않았는데, 특히 소장파 장교들이 보고서로부터 큰 자극을 받았던 것으로 보인다. 이를테면 김윤근은 한 해병 중위가 "한국군 장교들을 기개가 없다고 비웃"은 콜론 보고서에 대해 분노하며 "구국을 위해 군부의 궐기가 필요하다"고 주장한 것을 회상한바 있다.[503] 뿐만 아니라 김종필은 5·16 직후 쿠데타 계획을 구상하는데 《사상계》를 참조했다고 직접적으로 밝히기도 하였다.[504]

당시 미국은 《사상계》에게 금전적인 지원을 하고 있었고, 《타임》지와 《라이프》지의 한국어판을 판매할 수 있는 저작권까지 제공하고 있었다. 뿐만 아니라 잡지 발간에 필요한 여러 가지 정보를 제공하기도 했다.[505] 따라서 콜론 보고서가 《사상계》에 게재된 것은 미국 측의 고도로 계산된 행위였다고도 볼 수 있을 것이다.

이후에도 미국은 계속해서 한국 정세를 분석한 보고서를 작성하였다. 5·16 직전에는 '팔리 보고서'가 작성된다. 이 보고서는 "1961년 2월 한국은

---

502 〈[콜론·어쏘시에이츠 보고서(報告書)] 미국(美國)의 대아세아정책(對亞細亞政策): 미국상원외교위원회(美國上院外交委員會)의 요청(要請)으로 「콜론·어쏘시에이츠」사(社)가 작성(作成)한 보고서(報告書)〉, 《사상계》 78호, 1960.01., 126~127쪽.

503 정대철, 『장면은 왜 수녀원에 숨어 있었나』, 동아일보사, 1997, 71~72쪽.

504 ("한국엔 신망·조직력 갖춘 군인 없다" …), 《중앙일보》, 2015.03.16., 6~7면.

505 그렉 브라진스키, 나종남 역, 『대한민국 만들기 1945~1987: 경제성장과 민주화, 그리고 미국』, 책과함께, 2011, 100쪽.

병든 사회이다."라는 문장으로 시작하는데, 무능력한 장면 정부가 4월을 넘기기 힘들 것이라고 전망하였다. 뿐만 아니라 사회주의 세력이 중심이 된 혁명이 일어날 가능성을 언급하면서, 최악의 경우에는 군사 쿠데타가 발생할 가능성도 있기 때문에 미국이 적극적으로 개입해야 한다는 주장을 담고 있었다.[506]

한국 사회가 머지않아 큰 변화를 겪게 될 것이라는 견해는 국내에서도 쉽게 찾아볼 수 있었다. 당시 지식인들은 장면 정부가 국가적 난제를 해결할 능력을 결여하고 있다고 판단하였다. 함석헌은 《사상계》1961년 1월호를 통하여 〈국민감정과 혁명완결〉이라는 글을 발표한다. 여기에서 함석헌은 "4·19혁명은 실패"라는 서술을 반복하며 다음과 같은 해결책을 제시한다.

그럼 어찌 할까?
또 다시 혁명해야지. 혁명 밖에 다른 길 없다. 뱃 속에 병이 들었으면 아퍼도 쓰려도 끔찍해도 불구자가 되는 한이 있어도 하다가 죽는대도 배를 가르고 수술해야지, 그 길 밖에 길이 없지, 별 수가 없다.[507]

함석헌은 정권을 쥔 사람을 바꾸는 것, 혹은 헌법을 고치는 것만으로는 근본적인 문제가 해결되지 못하리라고 보았다. 그렇기 때문에 학생이 주축이 되고 지식인이 교두보와 같은 역할을 하여 사회 구조를 완전히 "뒤집어

506 김일영, 『건국과 부국』, 기파랑, 2012, 306~307쪽.
507 함석헌, 〈국민감정과 혁명완결〉, 《사상계》 90호, 1961.01., 31쪽.

엎"[508]어야 한다고 주장하였다. 그런데 인상적이게도, 그는 다음과 같이 예언적인 문장을 통해 글을 끝맺고 있다.

길가의 막 돌을 되는대로 던지는듯한 이 글을 다 썼는데 때 아닌 겨울장마가 한 주일이나 계속하다가 해가 나나부다 했더니 또 눈을 뿌린다. 그것은 무슨 예언인가?[509]

함석헌의 의미심장한 표현대로 1961년 5월 16일 대한민국은 또 다시 큰 변화를 맞이하게 된다. 쿠데타가 발생하자 당시 지식인들은 무능한 기존 정권 대신 군사 정권이 혁명적인 역할을 수행할 수 있으리라 기대하였다. 그러나 그러한 예상은 결과적으로 빗나간 것이 되었다. 학생들은 쿠데타 직후에도 여전히 '깃발(이념)이 없음'을 토로하였고,[510] 때가 되면 언제든지 정권을 이양하겠다는 군부의 약속은 끝내 지켜지지 않았다.

정권을 잡은 군사 정권은 빠른 속도로 사회를 '안정화'하기 시작했다. 그러한 조치는 문화·예술계에도 동일하게 적용되었다. 1961년 5월 20일 계엄사령부는 포고 제5호를 통해 다음과 같은 사항을 준수할 것을 공표하였다.

---

508 위의 글, 33쪽.

509 위의 글, 43쪽.

510 이에 대해서는 다음의 구절을 참고해 볼 만하다. "…(중략)… 또 지난 12월 고대신문이 졸업반생(卒業班生)들을 모아 놓고 자기네들을 반성케 한 좌담을 가졌다. 이런 말들이 있다. 「깃발이 없읍니다. 아주 서두르며 달려나가는 듯한 한국의 현대행렬에는 깃발이 없읍니다. 더구나 그 앞장에 서야 할 청년들은 빈손이 아닙니까? 그야말로 〈깃발없는 기수〉입니다.」우리 사회에 이념이 없음을 개탄하고 자기 불만을 토로하고 있는 것이다." 김성태, 〈5·16이후의 청년심리: 청년심리의 일반성과 5·16이후의 학생심리〉,《사상계》 107호, 1962.05., 215쪽.

일(一), 영화연극 기타 일체의 문화예술 행사는 사전에 검열을 받으라

이(二), 저촉내용은 (가) 혁명정신과 목적 수행에 위배되는 내용 (나) 사회윤리와 미풍양속 및 도덕심을 해하는 내용

삼(三), 입장료는 흥행세를 포함하여 5월 15일 수준을 초과해서 받지 못한다[511]

이 중 특히 눈에 띄는 부분은 영화, 연극 등 일체의 문화·예술 행사에 대한 사전 검열이 재개되었다는 점이다. 영윤은 5·16 직전인 1961년 4월 18일 임시총회를 통하여 "유지기구(외화배급협회와 제작가협회)의 손아귀에서 농락되지 않는 자주적인 규약으로 개정할 것"[512]을 가결하였다. 그들은 이를 통하여 단체의 쇄신을 꾀하였는데, 계엄사령부의 발표와 동시에 완전히 기능을 상실해버리고 말았다. 포고 제5호 발표와 더불어 국가기관(서울특별시청 검열과)에 의한 영화 검열 업무가 다시 시작되었음을 확인해 볼 수 있다.[513] 1961년 10월 2일에는 정부 기구가 개편되었고, 이에 따라 영화와 관련한 행정 업무는 공보부로 이관된다. 이후 영화 검열 역시 보다 체계적인 모습으로 정비된다.[514]

정부는 영화 산업을 강력하게 통제하고 관리해 나가기 시작했다. 1961년 6월 22일에는 「국립영화제작소설치법」이 제정된다. "정부의 영화제작사무

---

511 〈문화예술등(文化藝術等) 사전(事前)에 검열(檢閲) 계엄사포고오호(戒嚴司布告五號)〉, 《경향신문》, 1961.05.22., 3면.

512 〈작금(昨今)의「무윤(舞倫)」과「영윤(映倫)」〉, 《경향신문》, 1961.04.22., 4면.

513 〈일부를 변경 / 영화 연극 검열〉, 《한국일보》, 1961.05.23., 석간 3면; 한국영상자료원 편, 『신문기사로 본 한국영화 1958~1961』, 앞의 책, 909쪽에서 재인용.

514 배수경, 「한국 영화검열제도의 변천에 관한 연구: 정권별 특징과 심의기구의 변화를 중심으로」, 중앙대학교 석사학위논문, 2005, 33쪽.

를 분장하게 하기 위하여 공보부장관소속하에 국립영화제작소를 둔다."[515] 라는 문구를 통해 알 수 있듯이, 영화를 통해 정부의 시책을 홍보하고 장려하기 위한 조치의 일환이었다. 1961년 8월에는 「공보목표, 정책, 지침 및 공보활동의 방침과 구체적인 방안」이 발표된다. 이 방안은 다음과 같이 크게 여섯 가지의 공보목표를 설정하고 있었다.

> 첫째, 국가의 기본정강과 정부시책을 정확 신속하게 홍보선전한다.
> 둘째, 반공태세의 강화에 공보 매개체를 총동원한다.
> 셋째, 명랑한 국민생활과 활달한 사회기풍을 조성한다.
> 넷째, 건전한 자유언론을 창달한다.
> 다섯째, 국민여론을 올바르게 계도한다.
> 여섯째, 대외선전을 강화한다.[516]

이는 곧 "신문, 잡지를 비롯한 모든 간행물, 방송, 연극, 영화, 사진, 시가, 음악, 미술, 조각, 연설, 포스터, 삐라 등 각종 전파수단의 광범한 보급을 통하여"[517] 정부의 시책을 홍보하겠다는 목적을 지니고 있었다. 특히 그 중에서도 대중에게 광범위한 영향력을 행사하고 있었던 영화는 직접적인 관리의 대상이 되었다.

---

515 「국립영화제작소설치법」, 법제처 국가법령정보센터, 〈https://www.law.go.kr/법령/국립영화제작소설치법/(00632,19610622)〉(검색일: 2022.05.01.)

516 윤상길, 「1960년대 박정희 정부 공보선전 정책의 정치적 성격」, 『한국언론학보』 61권 6호, 2017, 155~156쪽.

517 위의 논문, 155쪽.

1961년 9월 30일 문교부는 고시 제148호를 발표한다. 이에 1955년부터 1961년까지의 제작 및 수출 실적을 토대로 영화사가 통·폐합되었다. 방화사의 경우 15점, 외화사의 경우 12점이 통·폐합의 기준이 되었는데 결과적으로 방화사는 65개에서 16개로, 외화사는 28개에서 7개로 압축되었다.[518] 뿐만 아니라 1962년 1월 20일에는 「영화법」이 제정된다. 영화의 제작과 수입·수출에 있어서 공보부가 직접적으로 개입하게 되었으며, 일반 영화 상영시 문화영화 상영이 의무화되었다. 또한 정부는 '우수영화 장려'라는 보상 제도와 '상영허가 취소', '상영정지'라는 징벌 제도를 마련함으로써 영화 작품을 일정한 방향으로 통제하려 하였다.

영화사 통·폐합과 영화법 발표는 산업적인 측면에서 영화를 성장시키기 위한 방편이기도 하였다. 그렇기 때문에 영화인들은 처음에는 이와 같은 조치를 반겼다. 하지만 정부의 시책은 결과적으로 사회 비판적인 목소리와 다양성을 말살하는 결과를 낳게 되었다. 영화법은 이후에도 수차례 개정되었는데, 그 과정에서 여러 가지 시행착오와 부작용이 이어졌다.

뿐만 아니라 1962년 12월 26일에는 개정 헌법이 공포되었다. 제19조에 "모든 국민은 학문과 예술의 자유를 가진다"는 문구가 존재하였지만, 제18조에는 "공중도덕과 사회윤리를 위하여는 영화나 연예에 대한 검열을 할 수 있다"고 예외를 두고 있었다.[519] 이로써 영화는 국가가 판단하는 '도덕'과 '사회윤리'를 추구하게 되었으며, 예술의 자유 또한 그러한 범주 안에서만 가능

---

518 〈[영화계 근황] 내·외 영화사 통합〉, 《경향신문》, 1961.10.29., 석간 4면.

519 「대한민국헌법」, 법제처 국가법령정보센터, 〈https://www.law.go.kr/lsInfoP.do?lsiSeq=53191&ancYd=19631226&ancNo=00006&efYd=19631217&nwJoYnInfo=N&efGubun=Y&chrClsCd=010202&ancYnChk=0#0000〉 (검색일: 2022.05.13.)

하게 되었다.

1964년은 영화법을 폐기해야 한다는 목소리가 두드러진 해였다. 김대중 등 국회의원은 군사정권 하에서 만들어진 영화법이 "군소영화기업을 없애고 대기업을 육성하자는 입법 취지에 반하여 한 편도 영화를 만들지 않은 큰 영화사들이 명의만 빌려주어 '브로커'로 타락하고 있으며, 조제품(粗製品)이 범람하여 오히려 질이 저하되고 있다고 주장"[520]하면서 「영화법폐지법률안」을 제안하였다.

영화인들 역시 정부에 영화법을 폐기해야 한다는 건의문을 제출하였다. 그들은 크게 세 가지 이유를 거론하였는데, 첫째로는 제작 경험이 없는 학교 재벌과 모리 재벌이 영화 산업에 진출한다는 점, 둘째로는 등록 기준의 강화로 인하여 선의의 제작자가 탈락하는 한편 거짓으로 등록한 업자가 명의 대여, 수입 생필름과 외화 쿼터의 암매 등 각종 부정적인 이권을 행사한다는 점, 셋째로는 연간 15편이라는 제작 기준 탓에 졸작과 해적판 등이 쏟아져 나온다는 점이었다.[521]

1960년대에 접어들며 한국 영화 산업은 빠른 속도로 몸집을 부풀릴 수 있었다. 영화 제작 편수와 더불어 총 관객 수가 이전 시기에 비해 크게 증가하였기 때문이다. 하지만 정부가 하향식으로 추진한 영화 산업의 근대화는 시설기준이나 제작편수 등 표면적인 사항을 성장시키는 데 국한되어 있었다. 제작자는 의무 제작 편수를 채우기에 급급하였고, 반공, 산업화, 명랑화 등 정부 시책에 부응하는 작품이 꾸준하게 양산되는 상황이었다. 1965년 12월

---

520 〈영화법폐지안 제출〉, 《동아일보》, 1964.11.07., 1면.
521 〈영화법폐기를 건의〉, 《조선일보》, 1964.12.04., 3면.

한 신문 기사는 당해에 생산된 영화 수가 무려 170여 편으로 "방화사상 최고로 다산"을 기록했지만, 일확천금을 노린 실력 미달의 "사이비 감독군", 혹은 "사이비 영화인"이 횡행한 탓에 쓸만한 영화를 걸러내 본다면 다섯 손가락에 꼽힐 정도라고 탄식을 내뱉었다. 이 기사에서는 개인 프로덕션이 제작한 〈순교자〉, 〈저 하늘에도 슬픔이〉, 〈갯마을〉, 〈비무장지대〉, 〈시장〉과 같은 작품이 "기적처럼 잡초를 뚫고 솟아났다"고 표현하면서, 영화 산업에 다양성이 확보되어야 함을 역설하였다.[522]

2. 모더니즘의 확장과 리얼리즘에 대한 재인식

1) 문화·예술계의 일반적 경향

1960년대 한국의 일반적인 예술사적 경향을 살펴보면, 리얼리즘적인 경향과 모더니즘적인 경향이 병존하는 가운데 서구식의 근대 후기 예술 경향이 본격화하는 모습을 보인다.

한국의 1960년대 모더니즘은 1950년대의 모더니즘과의 연속성을 지니면서도 새로운 경향성을 나타냈다. 문학의 경우, 1950년대 후반부터 본격적으로 활동해 온 최인훈, 김수영 등이 1960년대를 대표하는 작가로 자리를 잡으며 모더니즘의 심화가 이루어졌다. 동시에 김승옥, 이청준, 김춘수 등의

---

[522] 〈다산(多産)…170편〉, 《경향신문》, 1965.12.18., 5면.

새로운 작가가 등장하여 모더니즘을 새로운 주류로 확실하게 정착시킨다. 이는 미술계에서도 마찬가지였다. 1950년대 말 '앵포르멜운동'을 주도한 신진 작가층이 4·19를 계기로 크게 성장하여 추상미술이 주류적 경향을 차지하게 된다. 연극계의 경우, 리얼리즘적 경향이 여전히 우세를 차지하고 있었지만 이근삼, 오태석 등의 작가가 등장하여 새로운 경향성을 형성하였다.[523] 영화계에서도 모더니즘적인 흐름이 강화되기 시작하였는데, 특히 1960년대 중반 이후부터 실험적 경향이 짙은 작품이 활발하게 창작되었음을 확인해 볼 수 있다.

이는 곧 정권 교체의 경험, 그리고 도시화·산업화의 본격적인 진행이라는 시대적 상황과 맥을 함께 한다. 하지만 이전 시기와 마찬가지로, 이 시기의 모더니즘적 경향 역시 서구의 것과는 근본적인 차이를 나타낼 수밖에 없었다. 당시 한국은 정통성을 결여한 군부에 의해 강압적이고 하향적인 방식으로 근대화가 이루어지기 시작하였기 때문이다. 즉 근대화의 방식뿐만 아니라 진행 단계 역시 서구의 것과 일치하지 않는 상황이었다.

서구 모더니즘은 합리적, 통합적, 계몽적 사유로 인간과 세상의 관계를 파악하고자 했던 기존의 낙관적 시도가 좌절되면서 등장하였다. 근대 초기에 형성된 예술사적 경향을 과감하게 해체하고, 외부 세계와 철저하게 단절하면서 내면에 대해 천착하는 태도를 추구하였다. 반면 한국의 모더니즘은 서구 근대성의 이상을 내면화한 지식인에 의해 전개되었는데, 서구의 상황에 턱없이 못 미치는 한국의 현실에 대한 좌절과 절망에 뿌리를 두고 있었

---

523 한국예술종합학교 한국예술연구소 편, 『한국현대예술사대계 III』, 앞의 책, 23쪽.

다. 이영일의 다음과 같은 진술을 통해서도 그러한 사실을 확인해 볼 수 있다.

우리는 1960년대 후반에 달성한 경제적 성장과 국토의 근대화 등을 배경으로 본다면 자유와 번영을 확대해야 하며 1970년대에는 국제사회에 뛰어드는 정신적 근대화를 이루어야 할 것이다. 정신적인 후진성과 전근대성을 탈피해야 하는 것이다.[524]

요컨대 1960년대 한국에서의 모더니즘은 근대에 대한 회의와 더불어 근대적인 것을 성취하려는 열망이 혼재된 채 매우 복잡한 형태로 발현되었다. 스타일적인 측면에서는 과격성과 전위성이 강하게 두드러졌으나, 그것이 한국 사회의 근대성에 대한 강한 거부와 저항으로까지 이어지지는 않았다. "이식된 유럽의 전위가 그 형식만으로 한국에서 역시 전위가 될 수"[525]는 없었던 것이다.

한편 1960년대는 예술을 통한 현실 재현에 대한 가능성이 새롭게 점쳐지기 시작한 시기이기도 했다. 리얼리즘과 관련한 다양한 논쟁이 촉발되었으며, 현실 사회에 대한 새로운 인식을 보여주는 작품 역시 활발하게 창작되었다.

작가가 "현실의 모순적 구조를 인식하고 인간다운 삶에 대한 실천적 관심

---

[524] 이영일, 『한국영화전사(개정증보판)』, 앞의 책, 326쪽.

[525] 이를테면 강혜승은 '앵포르멜' 작가들이 "4·19 혁명과 이후 군정으로 후퇴를 거듭한 1960년대의 정치적 급변 상황을 작품을 통해 말하지 않았다"는 점을 지적한다. 강혜승, 「1960년대 한국미술비평에서의 '전위', 저항과 참여의 간극」, 『미술이론과 현장』 31호, 한국미술이론학회, 2021, 68~69쪽.

을 드러내기 위해서는 무엇보다 대상(현실)을 거시적으로 조망할 수 있는 '거리감'이 전제되어야 한다."[526] 1960년대는 분단과 전쟁이라는 사건을 역사화할 수 있을 만한 시간적 거리감이 확보된 시기였다. 때문에 그러한 소재를 보다 사실적인 태도로 다룬 문예 작품이 크게 증가하였다. "황순원, 손창섭, 선우휘, 정한숙, 서기원 등은 1950년대까지만 하더라도 전시체제 하의 위기의식이나 전후의 반공의식을 주제로 한 작품을 주로 발표했던 작가"[527]였지만, 1950년대 후반기 무렵부터는 사회의 혼란을 지적하고 그것을 극복하고자 하는 의지를 적극적으로 피력하기 시작하였다.

1960년대 리얼리즘에 대한 논쟁은 기성세대에 대한 비판적 인식으로부터 출발하였다고 볼 수 있을 것이다. 이를테면 최일수는 4·19라는 정치적인 변혁이 이루어졌음에도 불구하고 문화계는 "부패를 연장시키려는 기존세력들의 갖은 비책"[528]이 난무하는 상황이라고 표현하였다. 그는 기존의 '종파주의'를 극복해야 한다고 말하였는데, "적어도 예술이란 이러한 종파적인 지배에서 벗어나 창조활동을 자유롭게"[529] 할 수 있어야 한다는 것이 주장의 핵심이었다. 최일수는 "영화계 연극계 그리고 무용 방송 등 모든 문화기관에 이러한 종파적인 독소가 잠입하여 그들의 문화발전을 결정적으로 저해했고 또한 문교부는 이러한 파벌주의자를 적극 엄호해주었던 것이다."[530]라고 하면서 기성 문화·예술인과 정부를 직접적으로 비판하였다. 이후 최일수는

---

526 위의 책, 76쪽.
527 한국예술종합학교 한국예술연구소 편, 『한국현대예술사대계 III』, 앞의 책, 81쪽.
528 최일수, 〈문화혁명과 종파주의〉, 《동아일보》, 1960.07.20., 4면.
529 위의 기사, 4면.
530 위의 기사, 4면.

객관적인 역사 인식과 리얼리즘에 바탕을 둔 비판 정신을 최우선 과제로 설정하면서 분단 현실을 극복하고 통일을 지향하는 민족문학의 주체성을 일관되게 강조하였다.

미술계의 경우, 이전 시기의 관념적인 리얼리즘적 경향에 대한 비판이 본격적으로 이루어졌다. 김영주는 1960년 8월 4일자 신문 기사를 통하여 다음과 같이 말하고 있다.

> 돌이켜보건대 한국현대미술의 비극은, 「무식한환쟁이」가 「유식한 예술가」 행세를 하는데서 비롯한다. 지난 십여년 동안 사상과 정치와 경제에 뒤흔들린 미술인의 태반은, 조형은 무언의 표현인줄 착각하고 음성적 활동을 꾀했다. 말하자면 이러한 고정관념에서 세월을 보냈다. 그리하여 오늘날 세계미술사조의 어느구석에서도 찾아보기 힘든 「관념적리어리즘」을 고수해왔다.
>
> …(중략)… 「국전심사원」, 「초대」, 「추천」, 「특선」 등등의 계급을 만들어 반공이 국시인 이나라에 경향주의미술의 씨앗을 뿌렸던 것이다. 게다가 소위 「대통령상」 「부통령상」 「문교부장관상」 등속을 난발하여 관제미술 천하를 만들었던 것이다.[531] (밑줄: 인용자)

김영주는 '관념적 리얼리즘'이라는 용어를 사용하면서, 이전 시기의 '사이비'적인 경향이 미술 문화의 본질로 자리 잡은 현실을 통렬하게 반성해야 한다고 언급한다. 그의 말에 따르면 재야의 미술인이 탄압을 받고 있는 와중

---

[531] 김영주, 〈혁신과 재건에 대한 제의〉, 《동아일보》, 1960.08.04., 4면.

에, 독재 정권의 쇄국적 정책에 편승한 작가들은 자신들의 후진성을 감추기 위해 한국 미술의 국제 진출을 고의적으로 막기까지 하였다. 김영주는 "불순한 사회제도, 부정경제, 썩은 문화질서는 반혁명적인 수정주의 경향을 밟고 있다. 주동세력이 없었던 혁명 뒷처리에, 방관자들에 의한 기존법, 기성관념이 그대로 통용되는 모순은, 아마도 앞으로의 역사진전에 따르는 질과 구성에 커다란 혼란을 일으킬 것 같다."라고 당시 상황을 진단하였다. 그러면서 이를 극복하기 위한 방편으로 작품을 통한 작가의 사회 참여를 강하게 주장하였다.

주지하다시피 리얼리즘, 혹은 사회 참여와 관련한 논쟁이 가장 활발하게 일었던 예술 분야는 문학이었다. 순수문학 진영에서는 〈현대문학의 맹점〉[532], 〈소설의 제문제〉[533] 등과 같은 연재 평론을 통하여 자신들에게 가해지는 공격을 방어함과 동시에 보다 체계적인 문학관을 수립하려고 노력을 기울였다.

이러한 상황에서 김우종은 《동아일보》에 〈파산의 순수문학〉[534]이라는 글을 발표한다. 그는 순수의 기치를 내세워 온 한국 문학이 이제는 맹점을 자인(自認)해야 할 단계에 도달하였다고 말한다. 독자가 한국 문학을 외면하는 것은 장사꾼들이 '외국산'부터 선전하는 탓도 있겠지만, 문학계 내부의 문제

---

532 김상일, 〈현대문학의 맹점 (1)〉, 《현대문학》 94호, 1962.10; 김상일, 〈현대문학의 맹점 (2)〉, 《현대문학》 95호, 1962.11.

533 원형갑, 〈소설의 제문제 (1)〉, 《현대문학》 99호, 1963.03; 원형갑, 〈소설의 제문제 (2)〉, 《현대문학》 100호, 1963.04; 원형갑, 〈소설의 제문제 (3)〉, 《현대문학》 101호, 1963.05; 원형갑, 〈소설의 제문제 (4)〉, 《현대문학》 102호, 1963.06.

534 김우종, 〈파산의 순수문학: 새로운 문학을 위한 문단에 보내는 각서〉, 《동아일보》, 1963.08.07., 5면.

도 크다는 것이다. 김우종은 다음과 같이 서술한다.

이같은 실패책임을 추궁하자면 그것은 대부분이 과거 1930년대부터 전개된 순수문학에 귀착하게 되는 것이다. 한국문학은 그때부터 대중문학과 분가함으로써 숱한 독자와의 연결선을 절단해버렸고, 한편 정치적 도구문학을 반대하던 나머지 정치적 문제와 관련되는 모든 당면현실에 일체 외면하는 경향에까지 탈선하기 시작했다. 그때부터 우리 문학은 유리병 속에 밀폐되고, 우리의 대부분은 그 투명한 「맹물」만이 지고(至高)의 예술이라고 신앙함에 이른 것이다. 그러나 현실의 「흙탕물」 속에서 사는 독자들이 이러한 「맹물」 세계와 감정을 교환할 수 없다는 것은 너무나도 명백한 일이다.[535]

김우종은 이제는 '유리병'을 부수고 '맹물'에 현실의 '흙탕물'을 섞어 넣어야 한다고 주장한다. 다시 말해서 작가가 순수문학의 성벽을 무너뜨리고 민중의 광장, 현실의 광장으로 나아가야 한다는 것이다.[536]

서정주는 1963년 10월 〈사회참여와 순수개념〉[537]이라는 글을 통해 참여문학 진영의 주장을 공박하였다. 그는 한국 현대문학사에서 '사회 참여'가 곧 '사회주의 사상'과 밀접한 관련을 맺고 있었다는 사실을 언급한 뒤, 사회주의 진영이 민족주의까지 공격한 탓에 결과적으로 민족에게 큰 해악을 끼쳤

---

535 위의 기사, 5면.

536 김우종뿐만 아니라 김병걸(〈순수와의 결별〉, 《현대문학》 106호, 1963.10.), 김진만(〈[평론5편] 보다 실속 있는 비평을 위하여〉, 《사상계》 128호, 1963.12.) 등이 비슷한 시기에 참여문학 진영의 입장을 대변하는 글을 연이어 발표하였다.

537 서정주, 〈사회참여와 순수개념〉, 《세대》, 1963.10.

다고 주장하였다. 서정주는 이와 같은 현상이 서양 사상의 소화 불량과 동양 전통 정신의 단절 때문이라고 분석하면서, 1960년대에 새롭게 대두된 사회 참여적 경향에 대해 '어쩐지 불안하다'는 우려 섞인 표현을 남겼다.

이형기의 〈문학의 기능에 대한 반성〉[538] 역시 유사한 내용을 담고 있었다. 그는 순수문학을 이론화한 김동리의 글 어디에서도 참여론자가 주장한 '순수문학의 현실 외면'을 찾아볼 수 없다고 하면서, 순수문학이 오히려 좌우 투쟁의 물결에 적극적으로 뛰어든 참여 행위였다고 말하였다. 이형기는 문학이 모종의 목적을 달성을 위한 수단이 아니라 '인생도로의 허망을 달래주는 장난감'이기에, 생명감을 중시하는 문학은 필연적으로 정치성을 배격하며 인간성을 주요 가치로 내세우게 된다고 주장하였다.

이와 같은 순수문학 진영의 주장들은 이내 강한 반박을 사게 되었다. 홍사중은 1964년 4월 〈작가와 현실〉[539]을 통해 한국에서 작가의 사회 참여는 언제나 현실에 대한 불만이 충족할 때 대두되었다는 점을 말한 뒤, 1930년대 순수 지향은 맑스주의를 거부하기 위해서만이 아니라 일제의 탄압적인 정책으로부터 도피하기 위한 현상이었다고 비판하였다. 그의 표현에 따르면 순수문학이 지향하는 바는 '판단 중지'라는 또 하나의 의사 표현에 불과하다. 홍사중은 작가란 문학을 통한 시대의 증인이기 때문에 역사와 현실로부터 도피하지 말아야 한다고 주장하였다. 이외에도, 김우종 역시 1964년

---

538 이형기, 〈문학의 기능에 대한 반성〉, 《현대문학》 110호, 1964.02.
539 홍사중, 〈작가와 현실〉, 《한양》 26호, 1964.04.

5월 〈저 땅 위에 도표를 세우라〉[540], 1965년 7월 〈순수의 자기기만〉[541] 등의 글을 통해 순수문학 진영의 주장을 비판하였다.

이처럼 1960년대에 접어들면서부터는 해방 이후 형성된 '한국적'인 예술 사조가 철학을 결여하고 있다는 문제의식이 예술계 전반에 걸쳐 직접적으로 표출되었고, 이것이 순수/참여 등의 문제와 결부되며 다양한 논의로 이어지게 되었다. 이를테면 염상섭은 자신이 '사실주의'를 지향해왔노라고 언급한 바 있으나,[542] 서정주·김동리가 문단의 지도자가 된 이후부터는 자연주의적 작가로 탈이념·탈정치화된 채 오랜 기간 이해되어 왔다. 그러다가 염상섭은 1963년 타계한 이후부터 비로소 리얼리즘적인 시각하에 재조명받게 된다. 사르트르와 실존주의 역시 1960년대 중반 이후부터는 '앙가주망', 즉 '참여' 개념을 중심으로 재인식되기 시작한다. 주지하다시피 이는 앙가주망(혹은 사르트르)의 좌경화 논쟁으로까지 이어진다.

문학계의 리얼리즘 논의는 1970년대로 접어든 이후에도 꾸준하게 유지되었다. 예를 들면, 4·19 10주년을 맞아 《사상계》는 '4·19와 한국문학'이라는 주제로 좌담회를 개최하였다. 여기서 구중서는 4·19 정신을 계승하기 위한 방법론으로 리얼리즘을 제창하였는데, 그는 이후 《창작과비평》을 통해 자신의 논의를 정리한 〈한국 리얼리즘 문학의 형성〉[543]을 발표한다. 이를 통해

---

540 김우종, 〈저 땅 위에 도표를 세우라〉, 《현대문학》 113호, 1964.05.

541 김우종, 〈순수의 자기기만〉, 《한양》 41호, 1965.07.

542 이에 대해서는 염상섭이 작성한 다음의 두 기사를 참고하라. 염상섭, 〈[문예] 나의 창작여담: 〈사실주의에 대한 일언〉 (상)〉, 《동아일보》, 1961.04.27., 4면; 염상섭, 〈[문예] 나의 창작여담: 〈사실주의에 대한 일언〉 (하)〉, 《동아일보》, 1961.04.28., 4면.

543 구중서, 〈한국 리얼리즘 문학의 형성〉, 《창작과비평》 17호, 1970, 314~367쪽.

"4·19 이후 제출되었던 참여문학의 방향은 리얼리즘이라는 방법론을 획득하게 되었고, 이는 70년대 초반 걸출한 시인·작가들의 성취와 결합하면서 하나의 미학 기준으로 확고하게 자리를 잡아 나갔다."[544]

2) 영화계의 경향

이와 같은 문화·예술사의 흐름을 고려하여 영화계의 경향을 확인해 볼 필요가 있다. 상술한 바와 같이 1960년대에는 문화·예술사 전반적으로 리얼리즘에 대한 재인식이 이루어졌다. 또한 영화계는 리얼리즘을 한국의 전통적 경향으로 꾸준하게 언급해 왔기 때문에, 리얼리즘과 관련한 논의가 활발하게 일어났으리라고 짐작해 볼 수 있다. 하지만 실상은 그렇지 않았다. 영화계 내부의 논의는 여전히 피상적인 근대화 담론과 맥을 함께 하고 있었다. 새로운 방법론을 확립해야 한다는 목소리가 다시금 대두되자, 영화계는 모더니즘적인 방식에서 해법을 찾고자 하였다.

영윤의 위원장이었던 이청기는 1960년 12월 4일 《조선일보》를 통하여 4·19 이후 한국 영화가 나아가야 할 방향에 대하여 다음과 같이 말하였다.

『…하루 속히 영화가 기업화되어 「푸로듀서·시스템」이 되어야겠읍니다. 그리고 기술적인 후진성을 극복해야겠읍니다 그러기 위하여 영화인들의 해외유학이 매우 긴급한 일인데 정부가 너무 무성의한 것 같습니다…』 …(중략)… 『…

---

544 홍기돈, 「참여문학의 이론적 원리와 비판적 리얼리즘의 성취: 구중서의 리얼리즘론에 대하여」, 『영주어문』 31집, 영주어문학회, 2015, 328쪽.

우리 영화계에 신인들로 새 분포도가 이루어질 때 한국영화계는 발전할 것입니다.』[545]

이청기는 4·19 이후 '전환점'을 맞이한 영윤의 계획을 밝히는데, 구체적으로는 '청소년 권장 영화'를 제정하겠다는 내용을 언급한다. 또한 그는 한국 영화계의 발전 방안에 대하여 크게 두 가지 해결책을 제시한다. 하나는 기업화와 관련된 것이었고, 나머지 하나는 신인 인력 양성과 관련된 것이었다. 이청기는 정부 차원에서 영화인의 해외 유학에 관심을 가져야 하며, 시나리오계에서의 신인 인력 발굴이 시급하다고 말한다. 그런데 이와 같은 주장은 실상 1950년대의 주장과 크게 달라진 것은 아니었다.

1960년 12월《조선일보》는 여러 분야의 인물을 초빙하여 '61년에 지표를 둔 경자문화'라는 대담회를 마련하고 이를 지면에 연재하였다. 영화계의 인사로 선정된 것은 이청기와 유현목이었다. 이청기는 1959년에 비해 1960년도의 영화 제작 편수가 감소한 상황을 지적하는데, 이에 유현목은 다음과 같이 원인을 분석한다.

네- 그러면 왜 제작량이 줄었느냐 하는 문제가 나오는데…나는 이렇게 봅니다. 영화계의 하나의 권태기가 오지 않았나…이런 생각을 합니다. 그런데 다행히 그 권태기의 절정에서 사월혁명이 있었기 때문에 커다란 자극이 되었는데요…그러나 <u>사월혁명 이후의 안정 안 된 경제사정은 제작의욕을 감퇴시켰고</u>…

---

545 이청기, 〈새 윤리는 역사의 흐름속에서 한국영화는 신인이 나와야…〉,《조선일보》, 1960.12.04., 석간 4면.

또 다른 면에서는 급격히 변한 사회적인 현실 속에서 어떤 소재와 주제를 택할 것이냐 하는 모색기로서의 주저가 따랐기 때문에 결과적으로 제작량이 줄지 않았나 하고 생각합니다.[546] (밑줄: 인용자)

이처럼 유현목은 당대의 사회적 상황과 결부하여 영화계의 문제점을 파악하고 있었다. 한편 이청기는 자신이 영화계에 직접 관계하고 있지는 않아서 그런지 절망에 가까운 생각이 든다면서, "특히 얼마 전에 일본 영화계를 돌아보고 와서 우리 영화계의 실정을 생각하니 답답한 마음 뿐입니다."라고 소회를 밝힌다. 이어서 그는 다음과 같이 말한다.

우리나라는 예술작품은 커녕 기업적인 토대조차 제대로 잡히지 않았으니 답답하다는 말입니다. 제 생각으로는 든든한 기업적인 토대 위에서만 예술적으로 좋은 작품이 나오리라고 생각되는데요 …(중략)… 나는 군소제작자들이 7, 8개의 큰 덩어리로 뭉쳤으면 해요. 그렇게 되면 제작도 합리화되어 제작비도 적게 들고 감독들도 마음 놓고 일할 수 있을텐데요…

이청기는 이 대담을 통해서도 영화의 기업화, 혹은 중소 영화사의 통폐합을 역설하였다. 또한 시나리오 작가와 역량 있는 신인 감독이 부족하다는 점, "한국영화가 정상적으로 발전하려면 국제적으로 진출해서 해외시장을 개척해야" 한다는 점 등을 거론하였다. 그의 견해에 따르면 국내 영화인이

---

546 〈대담〉 61년에 지표를 둔 경자(庚子)문화, 《조선일보》, 1960.12.28., 4면.

아시아영화제에 안주해서는 곤란하며, 「깐느」나 「베니스」에 갈 정도의 수준은 갖추어야 한다는 것이다.

앞선 장에서 지적한 바와 같이 이와 같은 문제의식은 신상품을 생산해야 한다는 산업적인 논리에 토대를 둔 것이었는데, 급변하는 현실에 유기적으로 반응하지 못한 채 이전 시기의 논의를 답습하고 있다는 점에서 한계를 드러낸다. 유현목은 이청기의 견해에 대체로 공감을 하면서도, 새로운 주제의식을 확립하려는 감독들의 노력이 역력히 보이고 있기 때문에 "권태기에 대한 반발"이 이내 찾아오리라고 전망하였다.

이영일은 1962년 6월 《동아일보》를 통해 〈『오락산업』 형태 벗어나 『근대화 터전』 마련해야〉라는 글을 발표한다. 그는 "필름은 예술이고 시네마는 산업이다(루이지·꺄리니)", "영화는 예술과 기업이 결혼한 것(앙드레·마르로)"[547]이라는 기존의 논의를 인용하면서, 영화가 '예술'과 '산업'이라는 두 가지 이중적인 속성을 지니고 있음을 지적한다. 특히 이영일은 이 글에서 '예술로서의 영화'에 초점을 두고 논지를 전개하는데, 한국 영화가 아직 구체적인 방법론을 마련하지 못하고 있다고 분석한다. 몇몇 감독이 산발적으로 '예술적'인 의욕을 보여준 것은 사실이지만, 여전히 부족한 점이 많다는 것이다. 이영일은 이러한 문제를 해결하기 위하여 첫째로 작가 의식의 근대화가 이루어져야 한다는 점, 둘째로 작품 형상에 있어서 근대적인 방법론이 모색되어야 한다는 점, 셋째로 영화 예술이 전근대적인 한국 사회(또는 대중)에 저항하며 앞서나가야 한다는 점을 언급한다.

---

547 이영일, 〈『오락산업』 형태 벗어나 『근대화 터전』 마련해야〉, 《동아일보》, 1962.06.24., 석간 4면.

이어서 이영일은 한국 영화가 신파적·전근대적인 감각을 지양하고 새로운 기교와 양식을 모색하여 '근대화의 터닝 포인트'를 맞이해야 한다고 주장하는데, 이러한 가능성을 보여준 감독으로 유현목, 신상옥, 김기영을 거론한다. 이영일은 이들이 근대적 의식 하에 개성적인 작품 세계를 구축할 단계에 접어들었다고 평가한다. 그는 "근대화 과정을 겪은 한국영화는 그 특이한 사회적성격과 현실적인 경험에 의해서 반드시 현대의 첨단적인 가치를 지닌 무엇을 만들어낼 것을 확신한다."[548]라는 문구로 글을 끝맺는다.

이처럼 이영일은 이청기와 마찬가지로 한국 영화가 '전근대성', 혹은 '후진성'을 극복해야 한다고 주장하였으며, 소장파 영화인에게 기대를 걸고 있었다. 그러나 이영일은 '예술로서의 영화'를 언급하면서도 그것이 나아가야 할 구체적인 방향을 제시하지는 못하고 있었다. 이후 그는 멜로드라마의 리얼리티에 주목하기도 했다. 그는 멜로드라마에 "통속적인, 혹은 생활적인 리얼리티가 있어야 된다"[549]고 하면서 다음과 같이 서술한다.

한국의 멜로·드라마가 대중적인 리얼리즘을 발판으로 해서, 아직도 잠재해 있는 전근대적인 봉건성과 질퍽 질퍽한 신파적인 대용만족의 미신에서 깨어나야 되겠다. 그런 대중적인 리얼리즘의 발판에 서서 사회적인 것에, 생활적인 것에, 윤리적인 것에, 인생적인 것에, 솔직하고 진지한 형상을 부여하고 향수하여야 한다.[550] (밑줄: 인용자)

---

548 위의 기사, 석간 4면.
549 이영일, 《『멜로·드라마』의 『리얼리티』『해피·엔드』의 심리적허구를 넘어》, 《동아일보》, 1962.10.11., 5면.
550 위의 기사, 5면.

당시 일반 대중은 멜로드라마적 영화를 선호하는 경향을 나타냈는데, 그러한 이유에서인지 이영일은 멜로드라마를 통한 리얼리즘의 가능성과 역할에 주목하였던 것으로 보인다. 하지만 동시기 여타 예술계에서 활발하게 전개된 리얼리즘 논의와 비교해 볼 때 이영일이 제시한 '대중적인 리얼리즘'이라는 개념은 '코리안 리얼리즘'의 사례와 마찬가지로 그 깊이가 얕았으며 실체 또한 불분명한 것이었다.

한편 1962년 1월에는 '네오 드라마' 동인이 결성된다. 김종원의 회고에 따르면 신봉승의 시나리오 〈두고 온 산하〉가 '단군 이래 최대의 당선금'이라는 300만 환이 걸린 국방부 시나리오 현상모집에서 1등으로 당선하였는데, 이것이 명동의 젊은 문인들에게 큰 자극을 주었다. 시, 소설, 평론에 국한해 있던 젊은이들은 이 사건을 기점으로 영화와 연극 시나리오 부문에 관심을 가지기 시작하였고 새로운 경향의 작품을 창작하자는 생각을 공유하게 되었다고 한다.[551]

네오 드라마 동인의 발족을 다룬 당시 기사에서는 다음과 같이 서술하고 있다.

> 「네오·드라마」 동인들이 모이게 된 이유는 다음과 같은 것이었다. 즉 『현대의 모든 예술은 「에스테틱」한 반(反) 「리얼리즘」을 지향하고 있으나 한국만은 「리얼리즘」의 전통을 버리지 못하고 있다』는 것이다. 이렇게 전제를 하면서 『어떤 부문에선 새로운 시도를 하고 있으나 극작이나 「씨나리오」 창작에 있어서는

---

551 한상언, 「네오 드라마 동인회: 영화평론가 김종원 회고록 44.」, 김종원의 영화평론 60년, 2021.03.10. 〈https://brunch.co.kr/@sangeonhan/70〉 (검색일: 2022.05.08.)

아직도 구각(舊殼)에서 탈피를 못하고 있다」는 것이다.[552] (밑줄: 인용자)

네오 드라마의 초창기 회원은 강민, 강태열, 김상일, 김포천, 김종원, 박봉우, 송혁, 신기선, 신봉승, 오학영, 이시철, 최재복 등 12명이었는데, 위의 인용문에서도 언급되어 있듯이 이들은 "종래의 「리얼이즘」을 지양하고 새로운 반(反) 「리얼이즘」 운동을"[553] 하는 것을 목표로 삼고 있었다.

네오 드라마 동인이 인식한 바와 같이 1960년대 영화사에서는 프랑스의 누벨바그로 대표되는 새로운 모더니즘적 물결이 일기 시작하였다. 이에 대한 감지와 수용은 비교적 빠른 속도로 이루어졌다.[554] 한국 영화 미학이 추구해야 할 지향점이 끊임없이 모색되고 있는 상황이었기 때문이었을 것이다. 물론, 이는 당시 비평 담론이 꾸준하게 추구하고 있었던 "한국영화의 세계화에 대한 욕망을 내포한 것"[555]이기도 하였다.

1965년 4월에는 이영일의 주도로 《영화예술》지가 (재)창간된다. 이 잡지는 "「하나 밖에 없는 전문권위지」(동아일보·대한일보논평)"[556]라는 평가를 받으며 1960년대 영화계의 주류 담론을 견인하는 역할을 맡게 된다. 이영일은

---

552 〈연출의 독자성을 확립: 서정강조하는 「네오·드라마」〉, 《조선일보》, 1962.02.09., 석간 4면.

553 〈네오·드라마 창립〉, 《조선일보》, 1962.01.24., 석간 4면.

554 이를테면 당시 한 기사는 "「유네스코」에서는 1965~66년 사이의 문화활동 「프로그램」 속에 새로운 「코뮤니케이션」 수단으로서의 영화와 「텔리비전」, 그리고 그를 쫓는 창조적인 예술가를 중요시하기로 결정하고 있다. 또한 64년 가을 서독의 「맨하임」 영화제 때에는 앞서와 같은 문제를 다루는 「유네스코」 주최의 원탁회의가 열렸었다"고 말한 뒤, 영화 기자재의 경량화와 더불어 전세계적으로 '새로운' 예술 사조가 대두되고 있음을 언급하였다. 〈새로운 영화예술〉, 《경향신문》, 1965.03.15., 5면.

555 이선주, 「한국 모더니즘 영화의 재구성: 1960년대 비평담론이 상상한 '예술영화'」, 『대중서사연구』 19호, 대중서사학회, 2008, 97쪽.

556 〈[권두언] 서른두번의 난산(難産)〉, 《영화TV예술》, 1968.06., 31쪽.

창간호의 권두논문을 통해 일제강점기부터 이어진 한국 영화의 리얼리즘적 경향에 대해 서술한 뒤 다음과 같이 적고 있다.

> 한국영화에 있어서의 리얼리즘은, 결국 영화작가들의 의식 위를 탱크의 캐타 피라처럼 현실이 짓누르고 간 흔적이라고 말할수가 있다. 그리하여 리얼리즘 은 한국의 현실의 증언이며 그러한 중압 밑에서의 영화작가의 최대한도의 저 항과 진실감의 영상이라고 말할수가 있는 것이다.[557]

> 『7인의 여포로』라는 극영화를 만든 일로 필름이 압수되고 감독자인 이만희 가 검찰에 의해서 구속되었다. 이것은 오늘 현재의 일이다. 이러한 일은 『7인의 여포로』같이 어마어마하게 나타나지는 않았지만, 『남과 북』이나, 『국경아닌 국 경선』 등의 일련의 남북물에서도 야기되었던 일이다.[558]

이와 같은 이영일의 진술은 한편으로는 리얼리즘 개념에 대한 혼란을, 또 다른 한편으로는 리얼리즘적 가치를 고수하는 것이 한계에 봉착했다는 인 식을 보여준다.

이후 1965년 6월호 《영화예술》은 〈현대의 영상〉이라는 특집 기사(지상 심포 지움)를 편성한다. 김정옥은 여기서 "전후 10년 동안은 사실상 「이탤리안·네 오·리얼리즘」이 판을 쳤다고 해도 과언이 아니며 반전과 「휴매니티」에의 강 한 향수를 내세우면서도 대개의 예술적인 영화들은 검은 빛갈의 「페시미즘」

---

[557] 이영일, 〈[권두논문] 한국영화의 좌표: 65년의 시점에서〉, 《영화예술》, 1965.04., 26쪽.
[558] 위의 글, 27쪽.

에 흠뻑 젖어 있었다"[559]고 말한다. 그러면서 동시대 세계 영화의 전위적이고 새로운 조류는 '외부를 향한 시선'보다는 '내부를 향한 시선'을 택하고 있다는 점을 강조한다. 즉 (네오)리얼리즘에 대한 부정과 동시에 모더니즘적인 경향으로의 선회가 이루어진 것이다.

네오 드라마 동인의 결성과 《영화예술》지의 초창기 담론을 통해 확인해 볼 수 있듯이, 1960~1965년 사이 영화계는 기존의 리얼리즘이라는 전통을 과감하게 부정하면서 보다 실험적이며 전위적인 동시대 세계 영화의 창작 경향을 적극적으로 수용하려 했다. 그러나 앞서 언급한 것처럼 당시 영화계가 이해한 모더니즘이란 한국의 특수한 시·공간적 배경 하에서 굴절된 개념이었으며, 이전 시기의 이론적 논의와도 연속성을 지니지 못한 것이었기 때문에 일정 부분 한계를 노정할 수밖에 없었다. 1950년대에 네오리얼리즘을 수용한 방식이 되풀이된 것이다.

서론에서 살펴본 바와 같이 기존의 한국 영화사 서술에서는 1965년을 즈음하여 리얼리즘적 경향이 일단락되었다는 인식이 보편적이었다. 그러나 동시대 여타 예술계의 상황과 비교해 본다면, 영화계에서 이루어진 급격한 리얼리즘의 단절은 평론계 스스로가 만들어간 현상이기도 했다. 그것은 곧 1950년대 비평 담론이 이해하고 만들어낸 리얼리즘 개념이 부실했기 때문이기도 하였을 것이다. 정부의 검열, 관객의 외면, 평론계의 갑작스러운 노선 전환 등과 같은 상황 하에서 영화인들은 시행착오를 겪어가며 스스로 새로운 현실 재현의 가능성을 모색해야만 하였다. 이러한 개별적인 시도는 일

---

559 김정옥, 〈[텍스트 논문] 영화예술은 어디까지 왔는가?: 무엇인가 근본적으로 변했다는 이야기〉, 《영화예술》, 1965.06., 45쪽.

정 부분 성취를 거두기도 했지만, 이론적 구심점을 결여하고 있었기에 많은 부분에서 한계를 지닐 수밖에 없었다.

3. 1960년대 '리얼리즘 영화'의 현실 재현 방식

그렇다면 이제 1960년대 당시에 리얼리즘을 표방하였거나, 후대에 리얼리즘 영화로 호명된 작품의 면모를 살펴보는 것이 중요한 과제로 남게 된다. 해당 작품의 가치와 한계를 되짚어보며 결론을 도출해 볼 수 있을 것이기 때문이다.[560] 이전 장에서와 마찬가지로 본고는 이 시기 '리얼리즘 영화'의 정합성을 따지기보다는, 그것들이 어떠한 방식으로 현실을 재현하였기에 '리얼'한 것으로 인식되어 왔는지에 초점을 두면서 한국식 리얼리즘 영화의 분화, 또는 소멸 과정을 추적해 볼 것이다.

1) '가족 멜로드라마'의 리얼리티와 한계점

1960년대 초·중반에는 소위 '가족 멜로드라마'[561]가 다수 제작되어 관객

---

[560] 다만 본고는 그러한 작품을 단일한 '리얼리즘' 개념으로 묶은 기존의 관점에 동의하지는 않는다. 때문에 제목에서 1960년대 '리얼리즘 영화'라고 작은 따옴표를 써서 표기하였다.

[561] '가족 멜로드라마'에 대한 연구는 1990년대 중반 이후부터 본격적으로 진행되었다. 이들이 대상으로 삼은 작품은 대동소이한 편이지만, 장르 명칭 자체는 '가족 멜로드라마', '가족 희극영화', '가족(홈) 드라마', '인정극', '서민 희극' 등으로 다양하게 사용되어 왔다. 다만 본고에서 언급된 〈돼지꿈〉을 비롯한 일부 작품은 비극으로 마무리되기 때문에 '희극'이라는 용어를 사용하는 것에는 무리가 있다. 본고는 '가족'이라는 요소와 이영일이 언급한 '멜로드라마'라는 개념에 초점을 두고 있으므로 '가족 멜로드라마'라는 표기를 채택해서 사용하였다.

의 인기를 끌었다. 이들 작품은 대체로 소시민적인 일상을 주제로 삼았고, 김승호가 아버지 역할을 연기한 경우가 많았다. 이영일은 『한국영화전사』에서 "1960년에 나왔던 〈로맨스빠빠〉(신상옥)의 영향을 받은 서민가정을 그린 홈드라마가 잇달아 여러 편 나왔다"[562]고 언급하며, 이를 1960년대 후반기에 대두된 '복고풍의 신파 멜로'와 구별해서 서술한다. 그는 멜로드라마의 하위 범주로서 '홈드라마'라는 용어를 사용하는데, 이에 대해 다음과 같이 적고 있다.

> 이 무렵의 홈드라마는 그 어느 때보다도 가정의 모럴이 건전했고 인정과 애정, 이해와 융합이 흐뭇하게 그려졌던 때였다. 가족 단위의 시민의식이 멜로드라마의 주제로 선택되었던 때였다. …(중략)… 이러한 건강한 시민의식 또는 개인의식 속의 충족감은 이 무렵에 나온 다른 작품에서도 볼 수가 있었다.[563] (밑줄: 인용자)

이후 이영일은 "가족의 단합을 그린 홈드라마"[564]라는 표현을 사용하기도 했다. 이와 같은 서술을 통해서 확인해 볼 수 있듯이 1960년대 초·중반 가족 멜로드라마는 건전한 '가정의 모럴', '건강한 시민의식'과 같은 지배적 이데올로기의 재생산에 기여한 바가 크다. 하지만 서민 가정의 일반적인 생활상을 재현했기 때문에 당시의 시대상이 사실적으로 드러나 있는 것 또한 사

---

562 이영일, 『한국영화전사(개정증보판)』, 앞의 책, 347쪽.

563 위의 책, 347~348쪽.

564 한국예술연구소 편, 앞의 책, 90쪽.

실이다. 즉, 이 시기의 가족 멜로드라마는 사회에 대한 비판적인 시각과 순응적인 태도를 동시에 나타내는 점이 특징적인 면모라고 할 수 있다. 이어지는 내용을 통해서는 개별 작품의 전반적인 특징을 살펴보고, 이영일이 구상한 '대중적인 리얼리즘'에 대해서도 보다 상세히 고찰해보기로 한다.

가장 먼저 이영일이 '홈드라마'의 원류라고 언급한 〈로맨스빠빠〉(1960)를 살펴볼 필요가 있다. 이 영화는 한 가정을 중심으로 하여 현실에서 있을 법한 소소한 일화들을 보여준다. 특히 그 중에서도 돈에 대한 문제는 영화의 시작부터 끝까지 중요한 테마가 된다. 극중 아버지(김승호 분)의 월급은 4만 5천 환이다. 다섯 명의 자식을 부양하기에는 부족한 돈이다. 자식들은 '수단 좋은 아버지'를 둔 친구를 부러워한다. 어머니(주증녀 분)는 "부모의 가치가 돈에 따라 좌우되다니."라는 푸념 섞인 대사를 내뱉고, 자식들은 "나에게 돈과 시간과 자유를 달라!"라는 구호를 외치며 장난 섞인 투쟁을 벌인다.

어느 날 집 안에 도둑(주선태 분)이 든다. 아버지는 재치를 발휘하여 자신 역시 도둑인 것처럼 행세한다. 그리고는 도둑과 함께 이런저런 이야기를 나눈다. 도둑은 12명의 자식과 만삭의 아내를 부양해야 하는 자신의 처지를 털어놓는다. 이야기를 경청하던 아버지는 부엌으로 가서 미역을 꺼내 온다. 하지만 이내 가족이 들어오면서 아버지의 정체가 탄로 나고, 도둑은 황급히 도망쳐 버린다. 짧은 에피소드지만 도둑질로 내몰릴 수밖에 없는 빈곤층의 처지가 잘 드러나는 대목이다.

〈로맨스빠빠〉는 4·19 이전에 개봉한 영화인데, 이를 암시하는 듯한 장면이 삽입되어 있다는 점이 흥미롭다. 이를테면 아버지와의 팔씨름 대결에서 승리한 차남(신성일 분)은 "우리 집안 최대 권력하고 싸워서 이겼어!"라고 소리친다. 결과에 승복하지 못한 아버지는 씨름 대결까지 제안하지만, 마찬가지로 패배를 맛보게 된다. 심지어는 넘어지며 부상마저 입는다. 차남을 비롯한 가족 일동은 당황하며 아버지를 방 안으로 옮겨 정성스럽게 간호한다. 이와 같은 장면은 통쾌함보다는 오히려 아버지에 대한 안타까움과 동정심을 자아낸다. 결과적으로 영화는 신구세대 간에 존중과 화해가 필요함을 이야기하는 듯하다.

아버지는 어느 날 일자리를 잃게 된다. 그는 장남을 제외한 나머지 가족에게 이 사실을 숨긴다. 가장의 자존심을 지키기 위해서이다. 아버지는 일자리를 구해보려고 노력하지만 번번이 실패하고, 급기야는 시계까지 팔게된다. 가족은 뒤늦게 모든 사실을 알고 슬퍼한다. 이때 차남이 나서서 아버지를 도와드려야겠다고 선언한다. 차녀(도금봉 분)는 "왜, 맨날 최고 권력, 최고 권력 하면서 싸워서 이겨야 한다더니."라고 핀잔을 준다. 그러자 차남은 "이젠 아버지한텐 아무 권력도 없잖아."라고 말한다. 결국 가족은 시계를 다시 구매해 아버지에게 선물한다. 아버지는 감동의 눈물을 흘린다. 모든 가족이 잔칫상을 앞에 두고 화기애애하게 박수를 치는 장면으로 영화는 마무리된다.

이처럼 신상옥은 당시의 시대 상황을 적당히 비판적인 시각으로 그려내되, 이를 대다수 관객이 납득할 수 있을 만한 이야기 구조로 봉합한다. 이러한 연유로 〈로맨스빠빠〉는 평단과 관객 모두로부터 긍정적인 반응을 받았으며, 앞서 언급하였듯이 동시기 가족 멜로드라마의 전형이 될 수 있었다.

강대진이 연출한 〈박서방〉 역시 당시 사회의 부정적인 모습을 조망하는 가운데 근대와 전근대, 혹은 구세대와 신세대 간의 충돌을 그려낸다. 박 서방(김승호 분)은 신식 가치관과 문물에 적응하지 못하는 인물이다. 그는 값비싼 양주가 입에 맞지 않으며, 딸들이 자유롭게 연애하는 것 역시 못마땅하기만 하다. 어느 날 박 서방과 황 서방(김희갑 분)은 술집에서 젊은이와 시비가 붙게 되는데, 그들은 청년 세대에 대한 적개심을 직접적으로 표출하기도 한다.

극중 계급적 구조에 대한 비판적 시각이 가장 강하게 드러난 부분은 박 서방이 안주식(방수일 분)의 '하와이 고모(유계선 분)'를 만나는 대목이다. 박 서방은 하와이 고모의 집에서 넘을 수 없는 계급의 벽을 마주하게 된다. 이를 단적으로 보여주는 사물은 홍차 티백이다. 박 서방은 홍차를 어떻게 우려내어야 할 지 몰라 안절부절하다가 결국 봉지를 뜯어 찻잎을 물에 부어 버린다. 하와이 고모는 박 서방의 행동을 유심히 관찰하다가 비웃음을 터트린다. 그리고 박 서방에게 주식과 딸의 만남을 끝내 달라고 말한다. "대학 출신은 대학 출신끼리, 명문의 집안은 명문의 집안끼리, 노동자는 노동자의 집안끼리"라는 하와이 고모의 대사는 박 서방에게 큰 충격과 절망감을 안겨준다. 이후부터 박 서방은 조금씩 달라진다. 장남(김진규 분)에게 외국행을 허락하고, 딸들의 연인인 재천과 주식에 대한 마음도 열어가기 시작한다.

결국 영화는 하와이 고모를 비판하는 것보다는, 열심히 노력해서 계층을 상승시키는 것만이 해답임을 역설한다. 박 서방은 성실하게 노동하며 가세를 일으키려는 장남에게 의지하며 살아 왔다. 그렇기 때문에 처음에는 장남의 해외 파견 근무를 극구 반대하였다. 하지만 하와이 고모와의 만남을 통해 장남을 떠나보내는 것만이 살 길임을 깨닫는다. 박 서방과 장남은 한밤중에 울면서 작별인사를 나눈다. 박 서방은 떠나가는 비행기를 뒤로 한 채

한없이 걸어가고, 장남은 비행기 안에서 고개를 숙인 채 눈물을 흘린다. "돌아올 때 떡두꺼비 같은 아들이나 두어 명 낳아가지고 오너라."라는 박 서방의 읊조림과 함께 영화는 마무리된다. 이러한 결말은 아버지 세대의 퇴장을 보여줌과 동시에 아들 세대가 계승한 산업화에 대한 소명을 강조한다. 뿐만 아니라 계급에 대한 문제의식을 가부장적 가족주의 담론을 통해 희석하는 것이기도 하다.

이러한 강대진의 화법은 〈마부〉(1961)에서도 반복된다.[565] 주인공 하춘삼 (김승호 분)은 일제 강점기와 6·25를 겪은 기존 세대를 상징하는 인물이다. 극 중 춘삼을 비롯한 마부들은 근대를 상징하는 자동차로 인하여 수입이 급감한 처지에 놓여 있다. 마부들을 고용하고 있는 것은 황사장(주선태 분)인데, 하루는 교통사고를 내서 춘삼에게 부상을 입히게 된다. 그러나 황사장은 적반하장의 태도를 보인다. 사과를 하는 것은 오히려 춘삼이다. 춘삼의 아들 수업(신영균 분)은 황사장을 찾아가 소극적인 항거를 해 보지만 돌아오는 것은 비아냥거림과 모욕뿐이다.

이처럼 〈마부〉는 전근대적 가치와 근대적 가치가 충돌하며 급속도로 변모해 나가는 1960년대 초반 한국 사회를 예리한 시각으로 그려내고 있다. 뿐만 아니라 비정한 자산가 계층에 대한 비판적인 인식을 표출하기도 한다.

---

565 〈마부〉의 시나리오는 임희재에 의해 작성되었다. 그는 〈초설〉과 같은 리얼리즘 계열 작품을 꾸준히 창작해온 작가였는데, 김윤정은 다음과 같이 임희재와 〈마부〉의 성취와 한계를 지적한 바 있다. "비록 '사회성 짙은' 작품이라고는 하나, 〈마부〉는 현실에서는 일어나기 힘든 기적과 같은 해피엔딩을 말하는 '멜로드라마'에 가까운 작품이라는 점이다. 이미 임희재는 멜로드라마의 길에 들어서 있었던 것이다. 사실상 이는 임희재의 사실주의 정신의 퇴보라고밖에는 설명할 수 없다. 결론적으로 〈마부〉는 대중예술의 한복판으로 뛰어들었던 임희재가 마지막으로 보여준 사실주의 정신의 소산이면서도 그 한계를 보여주고 있는 작품인 것이다." 김윤정, 「임희재론: 〈마부〉가 놓인 자리」, 『개신어문연구』 34호, 개신어문학회, 2011, 218쪽.

그러나 영화가 제시하는 결말은 여타 대다수 가족 멜로드라마의 사례와 마찬가지로 체제 봉합적이다. 이를테면 옥희(엄앵란)는 동양제과공장에 취직하는 것으로, 막내 대업(김진 분)은 학업에 열중하는 것으로 자신의 과오를 뉘우친다. 뿐만 아니라 수원댁(황정순 분)은 주인으로부터 말을 구매하여 춘삼에게 선물하며, 장남 수업은 그토록 염원하던 사법시험에 합격한다. 가족 일동은 수업의 합격을 축하하면서 수원댁을 어머니로 맞이하는데, 이와 함께 모든 고민이 일소되며 영화가 마무리된다. '정상 가족'으로 거듭난 그들은 눈 내리는 거리를 희망차게 걸어간다.

이는 곧 박선영이 지적한 바와 같이 기계신에 의한 결말에 가까운 것이라 할 수 있다.[566] 개봉 당시에도 〈마부〉는 "소재가 현실과 가깝기는 했지만 작품에는 우리의 현실과는 동떨어진 세계가 그려져 있을뿐만이 아니라 지나치게 통속적"[567]이라는 비판을 받았다. 한 기사는 "스크린에서 우리들 한국인의 모습을 찾아볼 수 없다는 것"[568]이 한국영화의 문제였다고 언급하면서, 임희재가 시나리오를 맡고 신진 감독 강대진이 연출한 〈마부〉에 대한 기대를 드러내기도 했다. "서민의 생활상을 소재로 하고 있어 우선 호감을 갖게" 한다는 것이었다. 하지만 여타 비평과 마찬가지로, 〈마부〉의 현실 묘사가 통속적인 수준에 머물러 있음을 아래와 같이 지적하였다.

---

566 박선영, 「공간, 관계, 여성으로 다시 읽는 '가족드라마' 〈박서방〉」, 『영상예술연구』 27권, 영상예술학회, 2015, 45쪽.

567 〈파문 던진 백림영화제 출품작 선정〉, 《조선일보》, 1961.04.23., 8면.

568 〈호감 주는 서민의 생활상: 「마부」〉, 《조선일보》, 1961.02.22., 석간 4면.

…(중략)… 장남이 고시에 합격됨으로써 불행하던 일가가 행복해질 것이라는 결말도 상식적이고 안이하다. 서민의 생활 속에는 좀 더 긴박한 우리의 현실이 깃들어 있을 것이다. 그것을 파헤치지 않고 인정을 주축으로 해서 줄거리 본위로 전개한 것에 이 영화가 통속 영화가 된 주요한 원인이 있는 것이다.[569]

즉 〈마부〉를 둘러싼 비판은 대체로 서사의 마지막 부분과 관련된 것이었는데, 현실과 유리된 결말은 리얼리즘을 표방한 작품으로서 〈마부〉가 지니는 한계라고 볼 수 있을 것이다.

〈마부〉는 작품 외적인 측면에서도 대단히 주목해 볼 만한 영화이다. 〈오발탄〉과 같은 기대작들을 밀어내고 베를린 영화제 출품작으로 선정되면서 큰 파문을 일으켰기 때문이다. 1961년 제11회 베를린 영화제 출품작 선정 과정은 영화계뿐만 아니라 수많은 일반 대중의 관심을 샀다. 문교부 문화국 예술과는 오영진, 이병일, 오종식, 김은우, 윤봉춘, 정충량을 비롯하여 문교부 문화국장, 문교부 예술과장, 외무부 방교국장, 법무부 정보과장, 국무원 사무처 영화과장까지 총 11명으로 심사위원회를 구성하였다. 그리고 1961년 4월 17일부터 20일까지 시사회를 가진 뒤 투표로 출품작을 선정하였다. 투표 당시에는 오영진, 오종식, 국무원 사무처 영화과장이 빠진 상태로 8명이 참가하였다고 한다. 1위는 4점, 2위는 3점, 3위는 2점, 4위는 1점을 주는 형태로 투표가 이루어졌는데, 많은 사람의 예상을 뒤집고 〈마부〉가 31점을 기록하며 1위를 차지하였다. 〈이 생명 다하도록〉은 18점, 〈제멋대로〉

---

569 위의 기사, 석간 4면.

는 17점을 받았으며, 가장 큰 기대를 모은 〈오발탄〉은 13점으로 최하 등수를 기록하였다.

이와 같은 결과는 이내 반발의 목소리를 사게 되었다. "부당한 관제 심사위원회의 영화예술에 대한 몰상식"[570]이라는 표현과 더불어 "당국의 무식한 관제 심사가 무식에 그치지 않고 무식을 넘어서 횡포가 된 것"[571]이라는 비판이 이어졌다. 당시 기사의 표현을 빌자면 '조금이라도 영화를 안다는 사람'이라면 누구나, 심지어는 외국인까지도 〈오발탄〉이 최고의 작품임을 인정하는 상황이었다고 한다. 그럼에도 불구하고 〈오발탄〉이 최하점을 받은 것은 '상식이 뒤집히는' 처사로 이해되었다.

〈오발탄〉이 최하점을 받은 이유는 영화가 지나치게 비관적인 태도를 취하고 있었기 때문이었다. 반면 〈마부〉는 긍정적인 결말 구조를 취하고 있었으므로, 현실과는 동떨어져 있으며 통속적이라는 평가를 받았음에도 불구하고 영화제 출품작으로 선정될 수 있었다. 이전 장에서 국가 권력이 자신의 입맛에 맞는 영화를 선별하여 해외 영화제에 출품한 사례를 확인하였는데, 그러한 현상은 1961년에도 되풀이되고 있었다. 4·19라는 사건과 영윤의 활동으로 인하여 영화계에 일정 수준의 독자성과 자율성이 확보되었다고 여겨졌으나 실상은 그렇지 못했던 것이다. 베를린 영화제 출품과 관련된 논란은 이내 잠잠해진다. 〈마부〉가 은곰상(심사위원 특별상)을 수상하는 이례적인 사건이 발생하였기 때문이다. 신문 지면은 이내 한국영화에 대한 기대감을 드러내는 글로 채워졌으며, 〈마부〉에 대한 비판 역시 잠잠해지는 모습을

---

570 〈파문 던진 백림영화제 출품작 선정〉, 《조선일보》, 1961.04.23., 8면.

571 「「오발탄」의 뒷이야기〉, 《경향신문》, 1961.04.26., 석간 4면.

보였다.

〈마부〉 이후에도 일련의 가족 멜로드라마 영화가 연이어 개봉하였다. 이들 역시 일부 단점을 지니기는 하지만 자본과 계급에 관한 문제, 신·구세대 간의 가치관 충돌을 비롯한 정치적인 문제 등 당시의 여러 시대상을 비교적 사실적인 태도로 재현하고 있었음을 확인해 볼 수 있다. 그러한 경향이 두드러지는 작품을 시기순으로 살펴보면 다음과 같다.

우선 〈삼등과장〉(1961)의 경우, 세대 간의 가치관 대립이 중요하게 다루어진다. 극중 영희(도금봉 분)가 취직하자 할아버지(이일선 분)는 "옛날 같으면 계집애를 일터에 내보내는 것은 그리 자랑스러운 일이 못 된다."라고 말한다. 그러자 할머니(복혜숙 분)는 툭하면 '옛날 같으면'을 반복하는 할아버지의 봉건적인 태도를 지적한 후, 몸이 아프면 '신식' 양의학을 찾는 할아버지의 이중성을 비판한다.

또한 〈삼등과장〉에서는 4·19와 관련된 내용이 반복적으로 등장한다. 할머니는 "4·19혁명도 별수가 없구나."라는 대사를 내뱉고, 영구(박성대 분)는 자신을 포함한 대학생들이 4·19의 주역임을 강조한다. 이외에도 영화에서는 사회 비판적인 경향을 읽어볼 수 있는데, 어머니(황정순 분)는 전기 수급이 원활하지 못한 상황을 비판하기도 하고, 선거철만 되면 지키지 못할 공약을 남발하는 '도둑놈'과 같은 정치가들을 비판하기도 한다. 전무(김희갑)가 방귀를 뀌자 옆에 있던 사원(윤왕국 분)은 "속이 시원하시겠습니다."라고 말하는데, 이 역시 이승만과 관련한 일화를 풍자한 장면이다.

한형모의 〈돼지꿈〉(1961)에서도 4·19와 관련된 내용을 어렵지 않게 찾아볼 수 있다. 이를테면 아들 영준(안성기 분)은 아버지에게 "나도 데모를 할까

봐."라고 말한다. 이유인즉슨 어머니가 독재를 일삼기 때문이라는 것이다.
이외에도 〈돼지꿈〉은 다양한 각도에서 사회를 비판한다. 도입부에 삽입된
내레이션은 40만 서울 시민 가운데 절반 이상이 무주택자임을 말한다. 있는
사람은 호화 주택에서 살지만, 없는 사람은 산꼭대기나 개천가에 판잣집을
짓고 산다는 것이다. 이와 함께 카메라는 길거리, 고급 주택, 판자촌 등 서울
의 다양한 풍경을 화면에 담아 낸다(그림 12).

[그림 12]

　　이어서 내레이션은 정부가 주거 문제를 해결하기 위해 매년 교외에 3천
호씩 후생주택을 지어 공급한다고 언급한다. 허나 이러한 진술이 정부 시책
을 홍보하는 것은 아니다. "물론 그냥 주는 것은 아니겠죠."라는 구절을 통
해 알 수 있듯이 영화는 기본적으로 후생주택 제도에 대한 비판적인 시선을
전제하고 있다.[572]
　　〈돼지꿈〉은 자식을 통해 대를 이으며 희망을 이야기하는 대다수의 가족
멜로드라마와는 달리 비극적인 결말을 취하고 있다. 서사의 초반부에 손창

---

572 극중 손창수는 술에 취한 채 자신의 집을 찾지 못하고 우왕좌왕한다. 그는 우여곡절 끝에 귀가한 후, 모
든 집들이 똑같이 생겼다며 불평을 늘어놓는다. 이 역시 비판적인 시선이 담긴 지점이라 할 수 있을 것이
다.

수는 돼지꿈을 꾼다. 그러한 탓인지 새끼 돼지가 뜻하지 않게 생기기도 하고, 밀수를 통해 적지 않은 돈을 거머쥘 기회가 생기기도 한다. 하지만 결국 모든 것은 수포로 돌아가 버리고 만다. 체면과 양심을 버리고 돈을 좇은 결과로 창수 부부는 하나뿐인 아들까지 교통사고로 잃게 된다. 하지만 그들에게 마냥 손가락질을 하기는 어렵다. 시대적 상황과 사회적 구조가 그들로 하여금 금전적 가치를 좇도록 만들었기 때문이다.

〈서울의 지붕밑〉(1961) 역시 서울의 여러 풍경을 보여주면서 내레이션과 함께 서사를 시작한다. 특히 "오늘도 새로운 시대와 낡은 시대가 어깨를 겨누고 사는……"이라는 구절은 영화의 주제 의식을 함축하는 대목이라 할 수 있다. 극중 한의사 김학규(김승호 분)는 구세대를 상징하는 인물로, 양의사 최두열(김진규 분)은 신세대를 상징하는 인물로 설정된다. 김학규는 자식들의 연애와 동네에서 일어나는 문제에 사사건건 간섭하며 아집을 부리는 인물이다. 그는 최두열의 양보에도 불구하고 지방선거에서 낙마하고 마는데, 이후 신세대의 뜻을 따르기로 결정한다. 구세대적 가치관이 몰락하던 1960년대 초반의 시대상이 반영된 것으로 이해해 볼 수 있을 것이다.

5·16 이후 가족 멜로드라마 영화의 경향은 점차 변화하기 시작한다. 사회 비판적인 메시지의 비중이 감소하고, 지배적 이데올로기에 부합하는 메시지의 비중이 증가함을 확인해 볼 수 있다. 구체적인 예시를 들어 보면 다음과 같다.

〈골목안 풍경〉(1962)은 다자녀 가족의 애환을 다룬 작품이다. 대풍신약주식회사에서는 1961년 말부터 100만 환 상금을 건 라디오 드라마 각본을 모집하였는데, 1962년 2월 15일 이성재의 〈골목안 풍경〉이 당선되었다. 영화는 이성재의 동명 각본을 토대로 제작되었다. 비슷한 시기에 대풍신약주식회사에서는 "원치 않는 임신은 피하고 모체의 건강을 지키자"[573]는 문구와 함께 일본에서 수입한 '삼풍(Sampoon)'이라는 약품을 홍보하고 있었는데, 이성재의 각본이 당선된 배경에 이와 같은 점이 중요하게 작용했을 것으로 보인다.

영화의 주제인 '가족계획'은 당시 정부 방침과도 일치하였다. 5·16 이전부터 폭발적인 인구 증가에 따른 부작용이 사회적으로 우려되고 있었다. 이에 군사정부는 1961년 10월 27일 민간인 단체였던 '대한가족계획협회'를 사단법인으로 인가하였고, 같은 해 11월 13일 국가재건최고회의에서 가족계획 추진을 국가시책으로 채택하였다.[574]

[그림 13]

573 〈원치않는 임신은 피하고 모체의 건강을 지키자〉, 《동아일보》, 1962.03.31., 석간 3면.

574 〈약제기구(藥劑器具) 극빈자(極貧者)엔 무상으로〉, 《동아일보》, 1961.12.27., 3면.

〈골목안 풍경〉은 초반부에 수많은 인파로 북적이는 서울의 여러 풍경을 보여줌과 동시에 내레이션을 통해 주제의식을 이야기한다(그림 13). 내레이션의 내용인즉 한국뿐만 아니라 전세계가 폭증하는 인구로 인해 문제를 겪고 있다는 것이다. 내레이션은 구체적인 수치를 제시하면서 "놀랄 만한 인간 인플레"가 조속히 해결되어야 함을 역설한다.

스타일적인 측면에서 볼 때, 이와 같은 오프닝 시퀀스는 이전 시기의 가족 멜로드라마 영화와 유사성을 형성하고 있다. 핸드헬드을 통해 촬영된, 연출되지 않은 동시기 서울의 모습은 일종의 사실성을 담보하고 있기도 하다. 그러나 이전 시기 작품들이 권력과 제도를 비판하는 것에 초점을 맞춘 반면, 〈골목안 풍경〉은 오히려 권력과 제도에 힘을 실어주고 있음을 확인해 볼 수 있다.

〈월급쟁이〉(1962)는 5·16의 흔적이 뚜렷하게 드러나 있는 대표적인 작품이다. 주인공 박중달(김승호 분)은 회사에서 경리를 맡고 있다. 그는 경제적으로는 궁핍할지언정 정직하게 살자는 태도를 견지하는 인물인데, 없는 처지에도 더 어려운 남을 도와주는 "양심가"로 언급된다. 어느 날 회사 상사들(주선태, 김희갑 분)은 중달에게 사장이 없는 틈을 타 장부를 조작하자고 권유한다. 제안을 거절한 중달은 결국 회사에서 내쫓기고 만다. 빚을 갚을 수 없게 된 그는 한 편의 자살극을 연출한다. 사회적·경제적인 죽음을 맞이한 그의 처지를 상징적으로 보여주는 대목이다.

고초를 겪던 중달은 새로운 회사에 입사할 기회를 포착한다. 나이를 보지 않고 오로지 실력만으로 인재를 채용하겠다는 공고문에 중달은 희망을 가진다. 중달의 부인(주증녀 분)은 아이들에게 "너희들도 이제부턴 공부를 착실히 해야 한다. 혁명(5·16) 후엔 웬통 실력주의 세상이 됐지 않니?"라고 말하기도 한다. 허나 흥미롭게도, 영화 속에 묘사된 한국 사회는 여전히 실력주의와는 거리가 멀다. 내정자로 선정되어 기뻐하던 중달의 큰딸 고분(엄앵란 분)은 시험장에서 아버지를 마주하고 눈물을 흘린다. 고분이 "시험은 공연한 짓"임을 털어놓자 중달은 현실을 믿지 못하면서 분개한다. 결국 고분은 아버지에게 답안을 유출하게 된다. 흥미롭게도, 줄곧 양심가로 묘사되었던 중달은 이 장면에서만은 매우 적극적으로 부정행위를 저지르는 이중적인 모습을 보인다.

이후 중달은 고분과의 팔씨름 대결에서 승리하며 건재함을 과시한다. 앞서 살펴본 〈로맨스빠빠〉에서도 팔씨름 장면이 삽입되어 있었는데, 이 경우는 차남이 승리를 거두면서 아버지로 대표되는 기존의 가치관이 힘을 잃어가고 있음을 보여주었다. 반면 〈월급쟁이〉의 팔씨름 장면은 기존의 가치관이 여전히 건재함을 보여준다. 이는 '혁명'으로서의 4·19가 좌절된 후 보수적 이데올로기를 기반으로 한 사회 재건이 새로이 도모되던 당시의 시대적 상황을 상징적으로 드러내는 것이라 할 수 있다.

중달은 입사시험에서 최고점을 거두었지만 고령이라는 사유로 탈락하고 만다. 사회적 표어이자 회사가 내세운 '실력주의'는 결국 지켜지지 못했던 것이다. 사장은 대신 고분을 채용하겠다고 하면서 "노병은 죽지 않고 사라지는 법"이라는 말로 중달을 위로한다. 하지만 가부장으로서 중달의 위상은 무너지지 않는다. 미국에서 치료를 마치고 귀국한 이전 회사(동신산업) 사장이 중달의 집에 강림하기 때문이다. 그는 중달의 누명을 벗겨줌과 동시에 그 자리에서 즉시 상사들을 파면한다. 그리고 중달을 새로운 경리과장으로 임명한다. 가족들은 활기차게 새로운 아침을 맞이하는데, 푸른 하늘에는 "저축하는 새가정 재건되는 새나라"[575]라는 표어가 나부낀다.

끝으로, 기존의 리얼리즘 영화사 서술에서 반복적으로 언급된 〈혈맥〉(1963)을 살펴볼 필요가 있다. 〈혈맥〉은 김영수가 1947년 발표한 동명 희곡을 임희재가 각색한 작품으로, 해방촌을 배경으로 다양한 인간 군상을 묘사하고 있다. 그런데 한 가지 주목해 볼 것은 원작이 해방 직후를 시대적 배경으로 설정한 것과 달리 영화는 각색 과정에서 1960년대 당시의 서울 풍경을 삽입하고 있다는 점이다. 이에 영화에서는 두 개의 시간대가 공존하는 모습을 보인다.

인물 설정에서도 일부 차이가 나타난다. 이를테면 원칠(최무룡 분)은 원작에서 징용 노동자로 탄광에 끌려가 동료의 죽음을 목격한 트라우마를 지닌 인물인데, 영화에서는 이와 같은 점이 삭제되어 있다. 뿐만 아니라 옥희(김지미 분)는 댄서에서 양공주로 각색되면서 멜로드라마의 여주인공과 같은 면모를 강하게 나타내게 되었다. 즉, 영화 〈혈맥〉에서는 해방공간과 1960년대라는 두 시간대가 혼재된 탓에, "그 이질감을 허무는 과정에서 식민지시기를 직접 연상케 하는 원작의 발화들이 생략"[576]되었다.

또한 원작의 결말은 원팔의 부인이 세상을 떠남과 동시에 다소 비극적인 어조로 마무리되지만, 영화는 새로운 화소를 추가하며 명랑하고 긍정적인 분위기로 서사를 마무리한다. 거북(신성일 분)과 복순(엄앵란 분)은 각자의 아버

---

575 내자(內資) 동원을 위한 재무부의 표어 가운데 하나였다. 정무용, 「박정희 정권기 저축동원의 전개과정과 성격」, 서울대학교 박사학위논문, 2019, 47쪽.

576 전지니, 「김영수 작 「혈맥」(1948)의 변주양상 연구」, 『한국문학이론과 비평』 60집, 한국문학이론과 비평학회, 2013, 170쪽.

지를 자신들이 일하고 있는 영등포 나일론 공장으로 초대한다. 공장에 도착한 털보(김승호 분)와 깡통(최남현 분)은 공장의 규모에 감탄한다. 영화는 희망찬 배경음악과 함께 공장의 전경을 화면에 담아낸다(그림 14). 털보와 깡통은 자녀 간 혼례에 대한 이야기를 넌지시 주고받고, 바람직한 노동자로 거듭난 자식을 보며 기뻐한다. 네 사람은 검은 연기를 내뿜고 있는 공장을 향해 걸어간다(그림 15).

[그림 14]

[그림 15]

이처럼 영화 〈혈맥〉은 멜로드라마적 화법을 통해 조국 근대화의 낙관성을 그려내는데, 그러한 과정에서 원작이 지니고 있던 주제의식이 다소 흐려져 버렸다. 개봉 당시에도 이러한 점이 지적된 바 있다. 다음의 인용구를 확인해 보자.

영화는 「혈맥」의 뜻이 우선 희미해지고 단지 어느 판자촌의 다양한 인간들의 생활을 「파노라마」처럼 펼쳐놓는 데 그치고 있으며 안이한 결말은 원작이 시도한 「드라마」와는 거리가 있다. 영화가 꼭 원작에 충실해야 할 필요는 없겠지만 이 영화의 창의(創意)가 반드시 평가될 것인가는 의문이다. 또한 영화 작가가 지나간 어느 시대를 재현한다는 것은 중요한 일이다.

("뜨거운 것이 좋아"(외화)가 단순한 희극을 넘어서 평가되는 것은 현재의 시점에서 1920년대 미국 사회를 풍자한 데 있었다.)

김수용 감독은 분장(扮裝)의 묘(妙)를 얻어 간간이 해방 직후를 상기시켜주지만 「현재」와 「그 당시」가 뒤섞여있고 그렇다고 지금의 시점에서 그 당시를 비판하는 「눈」이 보이지 않는다.[577] (밑줄: 인용자)

하지만 이러한 비판에도 불구하고 〈혈맥〉은 제1회 조선일보영화상(청룡상) 작품상, 제3회 대종상 작품상 등을 수상하였다. 한국 사회가 나아가야 할 청사진을 제공하는 모범적인 작품이었기 때문이다.

이상에서 확인해본 것과 같이 1960년대 가족 멜로드라마는 민중이 겪고 있던 고통과 혼란을 스크린에 반영하고 있었다. 동시기 박수근이 그림을 통해, 한영수가 사진을 통해 평범한 서민들의 일상을 온정어린 시선으로 담아냈듯이 영화도 그러한 사실들을 불가피하게 노출하였던 것이다. 하지만 '코미디'와 '해피엔딩'이라는 장르적 요소로 인해 부정적인 현실은 낭만적으로

---

577 〈의욕과 실험의 『갭』 『혈맥』〉, 《동아일보》, 1963.10.11., 7면.

봉합되는 경향을 나타냈다. 이와 같은 이질적인 양상을 "4·19와 5·16 사이의 공모와 배신의 문화적 기원"[578]이라고도 독해해 볼 수 있다. 어쩌면, 이는 곧 새로운 세상을 기대하는 한편 그것이 폭력적·급진적 형태가 아닌 화목하고도 점진적인 형태로 이루어지기를 바랐던 대중적 무의식이 반영된 결과일 수도 있을 것이다.

개별 작품이 지닌 한계점이 이론적 조직화를 통해 극복되지 못했다는 점역시 아쉬움으로 남는다. 이영일은 『한국영화전사』를 통해 일제 강점기 연극계에서 이미 리얼리즘과 신파라는 두 가지 중요한 흐름이 형성되어 있었다고 서술한다. 그의 견해에 따르면 리얼리즘은 "인간 문제나 사회 문제를 합리적인 의식을 통해 제시"하는 반면, 신파는 "사회 문제를 다루기는 하나 해결 가능한 것으로 제시하지 않는다." 즉 신파에서 사회란 서럽고 비참하다는 이야기를 전개할 수 있는 무대로만 활용된다는 것이다. 이어서 이영일은 리얼리즘과 신파 모두가 근대에 대한 갈망과 콤플렉스를 드러낸다고 해석한다.[579]

이러한 차원에서, 이영일이 언급한 '대중적인 리얼리즘' 개념을 다시 돌아볼 필요가 있다. 앞서 언급하였듯이 그는 한국의 멜로드라마가 '대중적인 리얼리즘' 개념을 발판으로 하여 "전근대적인 봉건성과 질퍽 질퍽한 신파적인 대용만족의 미신에서 깨어나야"[580] 한다고 말한 바 있다. 즉 이영일은 전

---

578 전우형, 「1960년대 한국영화의 가난 재현의 기술과 정치학: 영화 〈마부〉의 코미디와 해피엔딩, 그리고 가난의 판타지」, 한국어문학연구 61, 2013, 141쪽.

579 이영일, 『한국영화전사(개정증보판)』, 앞의 책, 22쪽.

580 이영일, 〈『멜로·드라마』의 『리얼리티』 『해피·엔드』의 심리적허구를 넘어〉, 《동아일보》, 1962. 10. 11., 5면.

근대와 봉건성, 그리고 신파를 극복하기 위해 멜로드라마가 재현하는 '근대적'인 현실을 높게 샀던 것으로 보인다. 허나 영화 속 묘사된 문제 가운데 많은 것들은 급속도로 이루어진 근대화 자체로 인한 것이었기 때문에, 근대화를 통해 이를 해결한다는 것은 모순이 될 수밖에 없었다. 결과적으로 가족 멜로드라마 영화에 드러난 사회 비판적 경향은 목적의식을 잃고 부유하거나, 잘못된 방향을 향해 나아가는 모습을 보였다. 그리고 그마저도 시간이 흐를수록 정치적 경직성과 함께 변질되고 퇴색되어 갔다.

2) 이전 시기와의 공통점과 차이점

지금까지 해방 이후부터 1960년대 이전까지의 경향을 살펴보면서 아동을 주인공으로 하여 사회상을 드러낸 작품, 네오리얼리즘을 표방한 작품, 휴머니즘·실존주의적 경향을 나타낸 작품, 소장파 감독이 '작가정신'을 보여준 작품 등 다양한 경향의 영화가 리얼리즘적인 것으로 독해되었음을 확인해 보았다. 이어지는 내용을 통해서는 1960년대라는 시대적 특수성 하에 그러한 경향이 어떠한 형태로 유지, 또는 변화되었는지를 구체적으로 분석해 볼 것이다.

먼저, 이윤복의 동명 수기를 원작으로 한 〈저 하늘에도 슬픔이〉를 살펴볼 필요가 있다. 이 영화는 이윤복이 재학 중이던 대구의 명덕국민학교에서 촬영되었으며, 대다수 아역이 전문 배우가 아닌 일반 아동이었다고 한다.[581]

---

581 「저 하늘에도 슬픔이(1965) GV 김수용, 김홍준」, 유튜브, 2014.06.23. 〈https://www.youtube.com/watch?v=DIU2Y7ZMSLA〉 (검색일: 2022.06.19.)

극중 주인공 윤복(김천만 분)은 가난으로 인해 비참한 삶을 살고 있다. 하지만 김동식(신영균 분) 선생의 헌신적인 노력 끝에 일기가 출판되어 그 사연이 세간에 널리 알려지게 된다. 사회 각계각층으로부터의 지원이 이어지고, 어머니까지 집으로 돌아오게 되면서 윤복은 비로소 고통에서 해방된다. 이전 장들에서 언급한 바와 같이 사회로부터 소외된 아동이 선생님의 희생으로 인해 광명을 되찾게 되는 서사 구조는 〈수업료〉, 〈집 없는 천사〉, 〈태양의 거리〉 등으로 이어지는 한국식 리얼리즘 영화의 전통적인 한 경향이었다.

〈저 하늘에도 슬픔이〉는 1965년도 최고의 흥행 성적을 거둔 영화로 기록되어 있다. 시대는 변화하였을지언정 어린이는 취약 계층으로서 항상 위험에 노출될 수밖에 없는데, 바로 그러한 점이 관객의 보편적인 정서를 자극한 것으로 보인다. 뿐만 아니라 1960년대에 전성기를 구가한 김수용 감독의 안정적인 연출력 역시 영화의 흥행에 일조하였을 것이다. 추가로, 가난의 극복이 시대적 과제로 설정되었던 당시의 상황을 중요하게 고려해 볼 필요가 있다. 이를테면 박정희는 1964년 연설을 통해 "사랑과 협동으로써 한 덩이로 뭉치는 국민"이 되어 "빈곤과 대결하여 우리들의 가까운 주변으로부터 가난을 물리치는 일"을 중요한 과제로 설정한 바 있다.[582]

실제로 일기가 출판되기 이전부터 많은 매체가 이윤복의 삶을 앞다투어 보도하며 화제를 만들었고, 일기의 정식 출판과 거의 같은 시기에 영화화가 시작되었다.[583] 앞서 언급한 바와 같이 근대화를 통해 가난을 몰아내야 한

---

582 박정희, 「1964년 대통령 연두교서」, 『박정희대통령 연설문 제1집』, 대통령공보비서관실, 1965; 이영재, 「1965와 1968 사이에서, 두 '가난'과 '양심'」, 『상허학보』 58권, 상허학회, 2020, 20쪽에서 재인용.

583 이윤복의 일기가 정식 출판된 것은 1964년 11월이었고 영화화 계약이 체결된 것은 같은 해 12월이었다. 〈『저하늘에도슬픔이』영화화 25만원에 정식계약〉, 《동아일보》, 1964. 12. 28., 3면.

다는 시대정신이 주요하게 작동하였던 것으로 보인다. 그런데 여기서 주목해 볼 점은, 영화를 통해 빈곤한 시대상이 묘사되는 것은 가능했지만 이것이 결코 '불온'함으로 연결되어서는 안 되었다는 것이다. 즉, 이 시기에는 가난 역시 통제의 대상이 되었다. 김수용 감독의 회고에 따르면 〈저 하늘에도 슬픔이〉를 베니스 국제영화제에 출품하기 위해 모든 준비를 마쳐 둔 상황이었으나, 한국을 지나치게 궁핍한 국가로 묘사하고 있다는 이유로 공보부에서 출품을 금지했다고 한다.[584] 이영일 역시 〈저 하늘에도 슬픔이〉가 지니는 시대적 한계에 대해서 지적한 바 있다. 그가 1966년 1월《영화예술》지에 발표한 다음의 글을 확인해보자.

『저하늘에도 슬픔이』는 극빈한 한 소년을 주인공으로 한 이야기다. 작중에서 형제가 말다툼을 한다.

윤복 : 「김동식선생이 그러시는데, 가난은 우리죄가 아니라카더라⋯⋯」
윤식 : 「그럼 누구죄고!」

「그럼 누구죄냐」고 다구처 묻는 동생의 말에 윤복소년은 한말이 없다. 「누구의 죄냐」는 이 물음에 김동식선생도 말이 없다. 「누구의 죄냐」는 이 물음에 영화작가도 말이 없다.

윤복의 아버지가 취직을 한다고 울산지구에 갔다가 그냥 돌아온다. 「울산에 가면 거대한 공업지구가 있는데 왜 취직을 못하고 왔느냐」 하는것이 뒤에 검열 당국에서 나온 말이라고 한다. 푸로듀서측은 여기에 대비해서 윤복의 아버지

---

584 「저 하늘에도 슬픔이(1965) GV 김수용, 김홍준」, 앞의 웹사이트.

를 알콜중독에다가 상습도박의 버릇이 있는 자로 설정을 했다고 말한다.[585]

요컨대, 윤복이 가난에 처하게 된 구조적인 문제는 결코 드러나서는 안 되는 사항이었다. 이에 원래 시나리오에 비해 아버지(장민호 분)의 무능력함이 강조될 수밖에 없었다. 그러한 아버지에 비해 김동식 선생은 젊고 유능하며 사회를 위해 헌신하는 존재로 묘사된다. 이는 '신진세력'으로서 무능한 '구(舊)정치인' 타파를 주장한 박정희 정권의 지향점과도 일치하는 것이었다.[586] 박정희 역시 김동식과 마찬가지로 대구사범학교를 졸업한 교사 출신이었다는 점에서, 극중 동식의 이미지는 더더욱 박정희와 부합하는 것이 된다. 영화 말미에 동식은 기자들의 요청에 다음과 같이 일장연설을 하는데 이는 곧 박정희 정권이 민중에게 보내는 메시지이기도 하였을 것이다.

이 아는 남을 도울 줄 아는 깁니더. 그런데 윤복이는…… 아무도 돕지를 않았십니더. 당신들이 도왔십니꺼? 이웃이 도왔십니꺼? 이 아는 제 혼자만 잘 되면 다라고 생각하는 이 민족의 가슴에 못을 박은 깁니더. …(중략)… 우리들은 잘 살아야 합니다. 잘 살기 위해서는 그 누구도 윤복이의 서러움을 되씹을 수는 없는 깁니더.[587]

---

585 이영일, 〈1960년의 「한국영화」: 얻은 것과 얻지 못한 것〉, 《영화예술》, 1966.01., 40쪽.

586 〈10·15선거 마지막 유세〉, 《동아일보》, 1963.10.13., 호외 1면.

587 원래 김동식의 대사 중에는 "나랏돈으로 산을 깎아먹고, …… 한 놈이 굶어 죽어도 외면하는 족속" 등의 표현이 존재하였으나, 이를 수정하라는 검열 당국의 지시가 있었다고 한다. 이화진은 그 결과 "제 혼자만 잘 되면 다라고 생각하는 이 민족"과 같은 표현이 등장한 것으로 추정한다. 이화진, 「가난은 어떻게 견딜 만한 것이 되는가」, 『한국극예술연구』 60집, 한국극예술학회, 2018, 64쪽.

이러한 과정에서, 윤복이 겪고 있는 문제는 주위 사람들의 도움으로 충분히 극복될 수 있는 것으로 왜곡되고 만다. 즉 빈곤이 발생하는 것은 부모의 보살핌, 나아가 공동체의 관심이 부족했기 때문이라는 결론으로 귀결된다. 윤복 개인은 주위 사람들의 도움을 받아 재기를 꿈꿀 수 있게 되었지만, 그렇지 못한 제2, 제3의 윤복은 근대화된 조국을 꿈꾸며 오랜 기간 고통을 감내할 수밖에 없었을 것이다.

이외에도, 아동을 주인공으로 설정하며 리얼리즘 작품으로 평가받은 대표적인 영화로 박상호 감독의 〈비무장지대〉(1965)를 들어볼 수 있다. 〈비무장지대〉의 주인공인 어린이들은 모두 비전문 배우였다. 뿐만 아니라 이 영화는 다큐멘터리적인 연출을 가미하였다는 점에서 긍정적인 평가를 받았다. 다음의 기사들을 확인해 보자.

> 방화 50년 사상 최초의 세미더큐멘터리로서 박상호 감독의 의욕은 「경의(敬意)감」이다. 올해의 A급 문제작.[588]

> 휴전선 비무장지대(DMZ)에 세계 최초로 「카메라」를 메고 들어가 촬영을 감행한 반기록적극영화(半記錄的劇映畫)이다. …(중략)… 박상호 감독을 비롯한 그「스타프」진이 올린 개가는 그래서 값진 것이고 그들의 작가정신은 영화의 됨됨이를 떠나 우선 높이 평가되어야겠다. …(중략)… 이 영화는 방화사에 남을 문제작이다.[589] (밑줄: 인용자)

---

588 〈민족의 비극 다룬 문제작〉, 《조선일보》, 1965.12.10., 4면.

589 〈높이 평가될 작가정신〉, 《경향신문》, 1965.12.11., 5면.

〈비무장지대〉는 한국전쟁 이후 최초로 휴전선 부근의 풍경을 카메라에 담아낸 '세미다큐멘터리' 작품으로 소개되었는데, 실제로 비무장지대 일대에서 촬영한 여러 장면이 서사 사이에 삽입되어 있다. 뿐만 아니라 감독은 한국전쟁 당시 촬영된 사진 및 영상 자료를 적극적으로 활용하기도 한다. 이러한 연출적 특징들은 모두 영화의 '사실성'을 높이기 위한 방편이었다고 이해해 볼 수 있을 것이다.

그런데 여기서 주목해 볼 사항은, 사실성을 담보한다고 할 수 있는 뉴스릴이 허구적인 서사와 밀접하게 연결된 대목이 존재한다는 점이다. 이를테면, 극중 아이들은 감자를 조리하다가 지뢰 폭발 사고를 일으키고 만다. 내레이션은 이 사건으로 인해 UN군과 북한군 사이에 긴급 정전회담이 개최되었다고 언급한다. 그러면서 화면에는 실제 UN군과 북한군 사이의 정전 회담 영상이 삽입된다. 그러나 당연하게도, 현실 세계에서의 정전 회담은 영화 속 세계에서의 지뢰 사고와는 전혀 무관한 것이었다. 때문에 두 장면은 조화하지 못하고 어색한 느낌을 가져다 준다.

지그프리트 크라카우어(Siegfried Kracauer)가 지적한 바 있듯이 다큐멘터리는 현실 세계를 효과적으로 재현할 수 있는 대표적인 장르 중 하나이다. 여기서 문제시되는 점은 스토리를 억제할 것인가 혹은 부각할 것인가이다. 카메라의 눈을 통한 진술은 사진 작가의 감정적 분리를 전제로 하는데, 이는 '사진적 리얼리즘'이 지니는 독보적인 가치이기도 하다. 허나 스토리를 억제하는 것은 인간에 대한 관심을 회피할 우려가 있다는 측면에서 다큐멘터리

창작에 방해가 될 수도 있다.[590] 즉, 다큐멘터리적 연출에서는 스토리의 개입과 절제가 대단히 중요하게 고려되어야 한다. 그러나 앞서 언급한 것처럼 〈비무장지대〉의 지뢰 시퀀스에 삽입된 뉴스 릴은 다소 무리하게 허구적 서사와 연결되면서 인위적이고 이질적인 느낌을 유발한다.

이는 곧 극영화적인 장면이 대폭 삭제된 탓에 발생한 문제이기도 하다. 원본 〈비무장지대〉의 러닝타임은 약 1시간 35분이었으나, 아시아영화제에 출품되는 과정에서 60분 가량으로 재편집되었다. 박상호 감독은 다음과 같이 언급한 바 있다.

> 그래 가지고 배우도 동원시켰지. 남궁원이라는 사람도 나오고 김희갑이란 사람도 나오고, 이런 사람들 다 나오고 그랬어요. 나중에 영화제에 출품할 적에 픽션 부분을 다 걸러버리고 다 없애 버리고 가운데 헤매고 다니면서 애들 저거 하는 거 벌어진 일들만 담았어요.[591]

즉, 극적 면모가 두드러진 원본에서는 지뢰 사고와 관련한 에피소드가 관객의 흥미를 불러일으킬 만한 장면 가운데 하나로 독해될 수 있었겠으나, 다큐멘터리적인 면모가 보다 부각된 편집본에서는 돌출적인 장면으로서 이질감을 남기게 된 것이다.

장우진이 언급한 바와 같이 〈비무장지대〉에서 극영화적인 부분이 축소되

---

590 Siegfried Kracauer, *Theory of film: the redemption of physical reality* (Princeton, NJ: Princeton University Press, 1997), 212-213.

591 한국영상자료원 편, 『한국영화를 말한다: 1950년대 한국영화』, 이채, 2004, 163쪽.

고 다큐멘터리적인 면모가 강조된 것은 아시아영화제에서 수상하기 위한 하나의 '기발한 전략'이었다. 다시 말해, 여타 국내외 우수 극영화와의 경쟁을 피하면서 수상 확률을 높이기 위한 방편이었던 것이다.[592] 결과적으로 이와 같은 판단은 유효했다. 당시 기사는 〈비무장지대〉가 아시아영화제에서 '독주'[593]하며 성공을 거두었다고 언급하였으며, 비(非)극영화 부문에 〈비무장지대〉를 출품한 한국 측의 전략을 「히트」[594]라고 표현하기까지 했다.

〈비무장지대〉는 완성 이전부터 영어 자막 삽입이 계획되어 있었는데,[595] "휴전선의 의미를 세계에 널리 알리기"[596] 위함이었다고 한다. 제작을 맡은 제일영화사는 군소 업체였음에도 불구하고 재편집 등으로 20만 원 가량을 투자하였다.[597] 영화제에서 수상할 경우 외화 수입권이 보장되었기 때문이다. 그 결과 김희갑, 남궁원, 조미령이 등장하는 도입부와 마지막 부분이 대폭 삭제된 판본이 만들어지게 되었다.[598] 박상호 감독은 평소 다큐멘터리적 연출에 큰 관심을 나타내고 있었고, 재편집을 맡은 것이 영화계 입문을 도운 스승 신상옥이었기 때문에 큰 이견 없이 비(非)극영화로의 장르 전환에 동의하였던 것으로 보인다.

그런데 〈비무장지대〉가 아시아영화제에서 수상한 직후, 정부는 극영화

---

592 장우진, 「〈비무장지대〉(1965)의 장르 전환과 정책」, 『영화연구』 40호, 한국영화학회, 2009, 199쪽.

593 〈시소벌인『은막(銀幕)의영광(榮光)』〉, 《조선일보》, 1966.05.10., 5면.

594 〈『갯마을』작품상후보〉, 《경향신문》, 1966.05.04., 5면.

595 〈자막도 영어로: '비무장지대', 촬영 한창〉, 《서울신문》, 1965.08.28., 4면.

596 〈[연예수첩] 비무장지대서 『로케숀』〉, 《동아일보》, 1965.08.28., 7면.

597 〈「비극영화(非劇映畫)」 육성책을… 「비무장지대」의 경우〉, 《한국일보》, 1966.06.07., 7면.

598 박상호, 〈나의 대표작: 피맺힌 분단 비극을 고발한 〈비무장지대〉〉, 《영화예술》, 1993.03; 박상호·김종원, 『비무장지대 DVD 소책자』, 한국영상자료원, 2010, 15쪽에서 재인용.

수상작에 한해 외화 수입권을 배정할 것이라는 계획을 발표한다. '문화영화'[599]의 경우에는 별도의 보상책이 마련되어 있지 않다는 것이 근거였다. 감독과 제작자는 "문화영화 장려를 위해 특전을 베풀어 달라"[600]는 진정서를 제출하였으며, 언론에서도 정부의 조치가 불합리하다는 사실을 다음과 같이 비판하였다.

문화영화 육성을 담당할 당국이 스스로 문화영화 발전을 가로막는 결과를 조금이라도 초래한다면 그야말로 「아이로니컬」한 일이 아닐 수 없다. 국립영화제작소의 중요성도 인정하지 않을 수 없겠으나 민간 문화영화 제작의 보호 육성도 또한 중요한 일이다.

…(중략)… 오락과 흥행이 위주가 아니고 영리성을 띠지 않은 문화영화에는 극영화의 경우보다 더 정부의 보상책이 따라야 할 것이다. 그러나 오늘까지 국립영화제작소가 우수 문화영화를 만들어 온 형편이라 보상책이 마련되고 있지 않다.

「아시아」영화제에서도 국립영화제작소 작품이 수상한 일이 있으나 관(官)이 관(官)이 만든 영화에 보상할 수 없었을 것이다.

…(중략)… 정부의 이러한 모순된 정책은 <u>황무지라 할 수 있는 문화영화계를 육성하기는커녕 아주 말살시키는 결과</u>를 낳게 하고 있다.[601] (밑줄: 인용자)

---

599 '문화영화'라는 용어는 독일어 'Kultur film'을 직역한 것이다. 1960년대 제정·개정된 영화법을 종합적으로 살펴보면, 당시 문화영화는 '사회, 경제, 문화 분야에서 교육적·문화적 효과를 나타내거나, 사회 풍습을 묘사·설명하기 위해 사실 위주로 제작한 영화'로 규정되고 있었다.

600 〈푸대접 심한 비극영화(非劇映畵)〉, 《동아일보》, 1966.06.09., 5면.

601 〈육성외면…문화영화〉, 《경향신문》, 1966.06.04., 5면.

위의 기사가 지적하듯이, 문화영화는 손익분기점을 넘기기 힘들었기 때문에 민간 업자보다는 국립영화제작소 등 공공 기관이 독점적으로 제작하고 있었다. 다큐멘터리적 작품은 현실의 문제를 사실적으로 드러낼 수 있는 가능성을 지니고 있었는데, (그러한 연유에서인지) 실질적인 지원은 미비한 상황이었다. 그 결과 민간이 제작한 다큐멘터리는 점진적으로 사멸하고 말았다. 대신에, 교육적·계몽적 목적으로 공적인 차원에서 제작한 문화영화가 빈자리를 채워 나갔다.

한편, 변인식은 이성구의 〈젊은 표정〉(1960)을 리얼리즘적 작품으로 분류한 바 있다. 이 영화를 제작한 것은 '신예(新銳)프로덕션'이었는데, 유현목을 비롯하여 전량서, 김지헌, 이성구, 이강원이 주축이 되어 설립한 조직이었다. 이들은 "상업 영화의 위기"를 부르짖음과 동시에 "국산 영화계의 전위대"를 자처하였다.[602] 앞서 언급한 것처럼 유현목은 1960년도에 한국 영화계의 상황을 진단하며 "「씨나리오」의 빈곤을 타개"하고 "작가정신의 결여"를 타파해야 한다고 역설한 바 있는데,[603] 신예프로덕션은 이를 현실화하기 위한 방편 가운데 하나였다.

〈젊은 표정〉은 특히나 신예프로덕션의 첫 작품이라는 점에서 주목을 받았다. 한 기사는 "우리나라 최초의 본격적인 「푸로덕숀」 운동의 첫 시도"[604]라는 말로 〈젊은 표정〉을 소개하기도 했다. 영화의 내용을 간략하게 요약해 보면 다음과 같다.

---

602 〈영화계에 젊은 지대(地帶)〉, 《동아일보》, 1959.11.11., 조간 4면.
603 〈[대담] 61년에 지표를 둔 경자(庚子)문화〉, 앞의 기사, 4면.
604 〈「젊은 표정」 촬영완료〉, 《조선일보》, 1960.01.20., 석간 4면.

의리에 못 이겨 교장직을 물러난 아버지에게 적으나마 시골학교 재건비를 마련해주고픈 대학생 양수(이대엽 분)와 첩살이하는 어머니를 행복하게 하고픈 도섭(남양일 분)은 동창인 신흥재벌의 딸 신자(엄앵란 분)의 도움으로 헌 병 장사를 시작한다. 그 뒤 그들은 삼각관계를 이루고 또 잘 되어가던 장사는 일조(一朝)에 망하여 그로 인한 과음으로 도섭은 깨뜨린 병에 깔려 죽고 만다는 것이 대강의 이야기.[605]

위의 줄거리를 통하여 확인해 볼 수 있듯이, 〈젊은 표정〉은 "불안과 그늘만을 물려 준 부모들 세대에 의지할 희망을 잃고, 자신들의 힘으로 새로운 생활을 이룩하겠다는 젊은이들의 꿈"[606]이 허망하게 무너지는 내용을 담고 있었다. 이는 곧 4·19 무렵 젊은 세대가 지니고 있었던 보편적인 감성 구조를 반영하는 것이기도 했다.

여기서 주목해 볼 만한 사실은, 당시에 영화에 대한 부정적인 평가와 긍정적인 평가가 공존하였다는 점이다. 다음의 기사들을 확인해 보자.

작자들이 그려보려던 세대의 의식이 불투명한 관념으로 상회하고 만 느낌을 주는 것은 씨나리오의 탓인 것 같다. 그러나 <u>20대의 군상들에게 렌즈를 비쳐 참신한 연출 감각을 스크린에 뿜어 준 신인 이성구 감독과 이 영화를 내논「신예푸로」들의 진지한 의욕은 평가하고 싶다.</u>[607] (밑줄: 인용자)

---

605 〈참신한 소재와 의욕〉, 《조선일보》, 1960.03.03., 석간 4면.
606 〈[신영화] 20대에 비쳐본 렌즈:『젊은 표정』〉, 《동아일보》, 1960.02.26., 석간 4면.
607 위의 기사, 석간 4면.

인물의 성격이 깊이 부각되지 못하고 「훼손」의 설정에 생활적인 공감이 안 가 강렬한 의욕과 진지한 노력만이 풍길 뿐 젊은 세대의 반항과 성실성이 마음에 까지 절실하게 젖어 오지 않는다.

…(중략)… 그러나 결과적으로 피상적이었다는 것을 접어두고도 <u>이 영화가 지니는 값진 의의는 영화 제작의 새 경지를 개척했다는 것과 아울러 젊은 영화 인들의 양심과 의욕이 내일의 풍성한 결실을 약속해 주기 때문</u>이다.[608] (밑줄: 인용자)

이들은 〈젊은 표정〉이 지니는 작품 내적인 한계를 공통적으로 지적하는 데, 그럼에도 불구하고 새로운 시도를 높게 평가하고 있다. 왜냐하면 영화 산업의 활성화를 위해서는 (특히 시나리오 부문에서) 젊은 피를 수혈하는 것이 시급하다는 공감대가 형성되어 있었기 때문이다. 여기서, '진지한 의욕' 혹은 '양심'과 같은 표현이 체제에 대한 저항이나 변혁에 대한 의지와는 다소 거리 감이 있는 것임에 유념해야 한다. 그것은 오히려 끊임없이 신상품을 생산해야 하는 자본주의적인 논리와 보다 친연성을 형성하는 것이었다.

자신의 작품 세계를 끊임없이 갱신하며 젊은 '작가정신'을 보여준 가장 모범적인 사례는 유현목이었다. 그는 실존주의·휴머니즘 등의 개념을 성찰하면서 한국 리얼리즘의 활로를 모색해 온 대표적인 감독으로 자리매김해 있다. 특히나 한국 영화사에서 〈오발탄〉은 '한국 최고의 리얼리즘 영화'라 불릴 만큼 매우 각별한 위치를 점해 왔다.

---

608 〈참신한 소재와 의욕〉, 《조선일보》, 1960.03.03., 석간 4면.

서론에서 언급한 바와 같이 김소연은 〈오발탄〉의 위상에 대해 재검토한 바 있다. 즉 개봉 이전에는 리얼리즘의 문제작이 되리라는 주목을 받았으나, 개봉 이후에는 비판적인 평가도 뒤따랐으며 흥행 성적 역시 좋지 못했다는 것이다. 김소연은 〈오발탄〉이 해외영화제에 출품되는 과정에서 '문제작'으로서의 우수성을 공인받게 되었고, 1980년대 국내에서 재조명이 이루어지게 되며 한국 리얼리즘 영화의 대표작이 될 수 있었다고 주장한다.[609]

여기에서 본고는 〈오발탄〉이 1960년대 당시에 실제로 리얼리즘 작품이라고 평가받았다는 사실 자체에 주목해 보고자 한다. 즉, 지금까지 분석한 내용을 토대로 〈오발탄〉의 '리얼'함을 구성하는 요소가 무엇인지를 보다 면밀히 살펴볼 필요가 있다. 우선, 이에 대해서는 다음의 인용문을 참고해 볼 만하다.

「오발탄」의 영화 속에서 손에 땀을 쥐는 「스릴」이나 달콤한 사랑을 기대하는 사람은 실망이 크다. 그러나 이 영화는 확실히 이 땅의 어떤 어두운 면들의 「진실」을 그리고 있다. 4·19 전이나 후나 다름없이 깜깜하게 앞길이 막힌 그 수많은 군상들의 「현실」을 있는 그대로 그려져 있는 것이 이 영화가 지금까지의 모든 한국영화와 다른 점이라고 말할 수 있다. 물론 더러는 「진실」을 그려보려고 애쓴 흔적이 보이는 영화가 있었기는 했다. 그러나 영화들은 모두 「해피·앤드」로 끝냈다. 문제를 제기하고 그러한 문제들을 영화가 스스로 해결하고 말았었다. 「오발탄」이 다른 점은 바로 여기에 있다.

…(중략)… 「진실」에 대하여 눈을 가린 지금까지의 모든 「멜로드라마」 작품에

---

609 김소연, 『환상의 지도』, 울력, 2008, 65~71쪽.

대담하게 도전한 것이 「오발탄」이라는 영화가 아닌가 싶다.[610] (밑줄: 인용자)

위의 기사는 "〈오발탄〉은 아무런 재미도 없는 영화"이지만, 그것이 곧 '진
실(현실)'에 가깝다고 서술한다. 이전 장에서 살펴본 바와 같이 당대에 큰 인
기를 구가하였던 가족 멜로드라마의 경우, 한국 사회의 부정적인 면모를 묘
사한 경우가 많았으나 대다수가 봉합적인 결말 구조를 취하고 있다는 점에
서 한계를 나타냈다. 그러나 〈오발탄〉의 경우는 다르게 인식되었다. 이와
같은 특징은 〈오발탄〉이 리얼리즘적 영화로 독해될 만한 지점이었다.

위의 인용문을 통해 추가로 확인할 수 있는 사실은 〈오발탄〉에 대한 긍
정적인 평가와 부정적인 평가가 혼재되어 있다는 점이다. 이는 앞서 언급한
〈젊은 표정〉의 경우와 유사하다고 할 수 있을 것인데, 여기에 대해서는 다음
의 예시를 추가로 검토해 볼 만하다.

마냥 세상을 부정적으로 살아가며 실의 속에서 헤매는 인간군을 「현실」이라
는 현미경의 시야 안에 집약·분석한 작품으로 한국영화의 풍토에서 일단 문제
를 삼을만한 영화이다. 진지한 의욕의 여과공(濾過工)으로서 이른바 예술(영상)
파의 기수로서 높은 평가를 받아온 감독 유현목씨의 여덟 번째 작품으로…(중
략)…

이렇게 「현실」을 가혹하게 투시해가는 「레일」을 용하게 달린 이 작품에 오발
탄 같은 흠이 없는 것이 아니다.[611] (밑줄: 인용자)

---

610 〈지평선〉, 《한국일보》, 1961.04.14., 1면; 한국영상자료원 편, 『신문기사로 본 한국영화 1958~1961』, 앞
   의 책, 881쪽에서 재인용.

611 〈[신영화] 부정적 인간군의 집약 분석: 오발탄〉, 《서울신문》, 1961.04.20., 석간 4면; 위의 책, 886쪽에서

〈오발탄〉은 허무함과 상실감 등을 주제로 삼은 이전 시기의 실존주의적 경향을 계승한 영화였는데, 당시의 일반 대중이 선호할 만한 작품은 아니었다. 허나 앞서 예시로 든 것처럼, 유현목은 '신예프로덕션' 등의 활동을 통해 꾸준하게 '작가정신'을 추구해 온 감독으로 자리매김하고 있었다. 이에 평단은 다양성 확보라는 측면에서 유현목 감독의 가치를 높게 샀던 것으로 보인다. 1961년은 신상옥 감독의 〈성춘향〉이 개봉한 해이기도 하였다. 이에 평단은 신상옥과 유현목을 '오락'과 '진지'라는 이분법적인 구분을 통해 나누되, 두 사람 모두를 긍정적으로 평가하는 모습을 보였다.

> 오락영화 밭에서 많은 경쟁자를 뒤떨어지게 한 신상옥씨와 똑같은 진지(眞摯) 영화 밭에서의 존재는 유현목씨다.[612]

> 어쨌든 『오발탄』과 『성춘향』은 오랜 습작기를 벗어나기 시작한 한국영화에 새로운 가능성을 보여준 영화로서 이야기되어도 좋을 것이다.[613]

이처럼 〈오발탄〉과 〈성춘향〉은 모두 나름의 가치를 지닌 작품으로서 평가되었다. 그러한 과정에서 〈오발탄〉은 작가정신, 예술성 등을 뚜렷하게 구현한 작품으로 자리매김하게 된 것이다. 주지하다시피 한국 영화사의 근간

재인용.

612 〈[극장가] 영화계의 두 가지 성격: 가령 「성춘향」과 「오발탄」〉, 《한국일보》, 1961.04.23., 5면; 한국영상자료원 편, 『신문기사로 본 한국영화 1958~1961』, 앞의 책, 891쪽에서 재인용.

613 〈한국영화계에 일대전기(一大轉機)를 마련〉, 《조선일보》, 1961.04.28., 석간 4면.

이 된 것은 '리얼리즘'이었는데, '상업/예술'이라는 이분법적 구도 하에서 '예술적'이고 '작가적'인 것은 곧 '리얼리즘'적인 것으로 여겨졌다. 그리하여 〈오발탄〉은 스타일적인 특징과는 무관하게 당위적으로 리얼리즘 영화가 되어야만 했던 것이다.

지금까지 이루어진 논의를 모두 종합해 본다면, 〈오발탄〉은 경향적 색채를 강하게 드러내지 않으면서도 사회를 비판적 시각으로 그려냈고, 상업성보다는 예술성을 추구하며 작가주의적 태도를 고수하는 30대 소장파 감독에 의해 창작되었으며, 실존주의·휴머니즘적인 색채를 지닌 우수한 작품으로서 국제무대에 출품될 만한 요건을 갖추고 있었다. 때문에 당대에 리얼리즘 작품이라고 독해될 수 있었다.

김소연은 "한국 영화의 '암흑기'라고 표현되는 70년대 내내 〈오발탄〉은 거의 잊혀지게 된다"[614]고 하였으나, 실상은 그렇지 않았던 것으로 보인다. '영상시대'의 동인이자 1세대 평론가 중에서도 핵심 인물 가운데 하나였던 변인식은 1975년 한 신문 기사를 통하여 해방 후 30년 동안의 영화사를 정리하였는데, 여기에서 〈오발탄〉을 가장 중요한 작품 가운데 하나로 배치하고 있다.

> 1961년은 영화사적으로 볼 때 춘사 나운규가 「아리랑」을 발표했던 1926년과도 비교될 수 있는 매우 중요한 해였다. 그것은 오랜 진통 끝에 유현목의 「오발탄」이 마침내 햇볕을 쐴 수 있었던 해였기 때문이다.
>
> …(중략)… 유현목은 종래 한국영화가 가졌던 고루한 형식인 스토리 텔링(대

---

614 김소연, 앞의 책, 71쪽.

사 위주)에서 과감히 탈피하여 이른바 영상주의적인 수법을 시도하여 한국영화
의 수준을 높이는 역할을 크게 담당하였다. 결국 「오발탄」이 나옴으로써 한국
영화는 영상시대의 막을 열게 된 것이다.[615]

위의 인용문을 통해 확인해 볼 수 있듯이, 변인식은 '영상시대'의 뿌리에
〈오발탄〉이 위치하고 있음을 명시해두고 있다. 그런데 여기에서 중요한 사
실은, 〈오발탄〉이 '리얼리즘'의 대표작이라는 진술은 확인되지 않는다는 점
이다. 오히려 변인식은 〈오발탄〉의 영상 미학을 중요하게 언급한다. 따라
서, 〈오발탄〉이 표방하였던 리얼리즘이 과연 구체적인 실체를 지닌 것이었
는가에 대해서는 여전히 의문이 남게 된다. 유현목은 〈오발탄〉 이후에도
〈잉여인간〉(1964)과 같은 '리얼리즘' 계열 작품을 창작한 바 있다. 이 영화는
손창섭의 동명 단편 소설을 원작으로 한 것이었는데, "『오발탄』의 속편"[616]
혹은 '같은 계열'[617]의 작품으로 이해해 볼 수 있다. 그런데 유현목은 〈잉여인
간〉이 개봉하기 한 해 전인 1963년, 〈5.16 혁명 2주년을 맞은 문화인들의 소
감과 소망〉이라는 기사를 통해 다음과 같이 언급한 바 있다.

혁명 이후 검열이 심해서 위축당하고 무난주의에 흐른 것은 어쩔 수 없는 일
이다. 「리얼리즘」 작품이 나오기 힘들었고 질적으로 비약을 못 하고 있으며 영
화계의 민주화를 위해 영륜의 재발족이 있어야겠다.[618]

---

615 〈해방30년…문화1세대 (7) 외화홍수속 칠전팔기 영화〉, 《경향신문》, 1975.08.25., 5면.

616 이효인, 『한국의 영화 감독 13인』, 앞의 책, 384쪽.

617 〈새로운 의욕의 화면구도 『잉여인간』〉, 《동아일보》, 1964.04.16., 7면.

618 〈5·16 혁명 2주년을 맞은 문화인들의 소감과 소망〉, 《조선일보》, 1963.05.16., 5면.

이와 같은 진술은 곧 〈오발탄〉도, 이듬해 개봉할 〈잉여인간〉도 온전한 형태의 리얼리즘 작품이 아닐 수 있다는 유현목의 무의식을 반영하고 있다. 따라서 〈오발탄〉의 리얼리즘 여부를 세밀하게 분석하는 것 보다는, 유현목이 경직된 시대 속에서 현실을 재현하는 방식에 대하여 나름의 방향 모색을 하였다는 점에 가치를 부여하는 것이 바람직하리라 생각된다.

이외에도, 기존의 리얼리즘 영화사에서 이만희 감독이 연출한 작품이 반복적으로 확인된다. 앞서 언급하였듯이 1960년대에 접어들면서부터 문학계를 중심으로 분단과 한국전쟁에 대한 재인식이 이루어졌는데, 영화계에서도 유사한 흐름이 관찰되기 시작하였다. 도식적인 반공영화의 틀을 탈피한 대표적인 사례로 〈돌아오지 않는 해병〉(1963)을 들어볼 수 있다. 이 영화는 북한에 대한 적개심보다는 반전(反戰)의식에 초점을 두고 있다는 점이 특징적이다.

서사의 초반부에 해병대원들은 참혹한 학살 현장을 목격한다. 구 일병(이대엽 분)은 여동생 숙희의 시신을 발견하고 울부짖는다. 그는 처음에는 북한군에 대한 분노를 표출하며 뛰쳐나가지만 이내 동료들의 제지를 받고 원래의 자리로 돌아온다. 여동생을 끌어안은 구 일병은 "누가" "왜" 숙희를 죽였느냐고 외친다. 구 일병의 외침에 대원들은 아무 말도 하지 못하고 제자리에 선 채로 눈물을 흘린다.

〈저 하늘에도 슬픔이〉의 경우, 주인공 윤복은 가난이 '누구의 죄'인지에 대해 구체적으로 말할 수 없었다. 사회의 구조적인 문제를 지적할 경우 자칫 '불온'하다고 여겨질 우려가 있기 때문이었다. 반면 〈돌아오지 않는 해병〉의 경우에는 '누가' 숙희를 죽였는지를 명확하게 밝힐 필요가 있다. 그렇게 함으로써 '불온'하다는 의혹으로부터 벗어날 수 있기 때문이다. 그러나 감독은 이에 대한 대답을 생략하고 있다.

이외에도 영화 속에서는 반전의식을 강조하는 대사가 다수 삽입되어 있다. 이를테면 구 일병은 최 일병(최무룡 분)에게 여동생이 "전쟁이 없고 죽음이 없는 평화로운 곳에 태어나 잘 먹고 잘 입고 잘 살게" 명복을 빌어 달라고 한다. 영화 말미에 분대장(장동휘)은 "인간은 반드시 전쟁이 필요한가 물어봐라."라는 대사를 내뱉기도 한다.

뿐만 아니라 기존에 한국전쟁을 재현한 대다수의 영화는 남한과 북한이라는 이분법적인 대결 구도를 택하였으나, 〈돌아오지 않는 해병〉은 UN군과 중공군을 등장시켜 비판의 대상을 민족 외부로 분산하고 있다. 그리고 이러한 구분 역시 완전한 선악구도로 다루어지지는 않는다. 이를테면 최 일병은 중공군의 시체를 향하여 "죽은 다음엔 상호 간에 미울 게 없으니까 치워주는 게 옳지."라고 말한다.

이처럼 〈돌아오지 않는 해병〉은 현실 재현의 또 다른 가능성을 보여 주는 사례였다. 하지만 이와 같은 시도 역시 시대적인 한계에 봉착할 수밖에 없었다. 1963년 제20회 베니스 국제영화제 출품작을 선정하는 과정에서, 〈돌아오지 않는 해병〉은 "이태리적 수법의 개가(凱歌)"[619]라는 평을 받은 〈굴비〉와 함께 최종 후보로 올랐다. 하지만 다음과 같이 수상 가능성이 적다는 이유로 두 작품 모두 출품이 좌절되었다.

심사원의 말에 의하면 사상성이 짙은 영화가 「베니스」 영화제에서 시상된 예

---

[619] 〈『아시아』 속의 한국영화〉, 《경향신문》, 1964.07.06., 5면.

가 없으니 6·25 때의 국군 해병대의 선전 분투를 그린 『돌아오지않는 해병』은 그런 견지에서 가망이 없어 보이고, 『굴비』는 한국적인 냄새를 풍겨서 좋으나 너무 비약이 심한 것이 흠이라는 것.[620]

1962년도의 한 기사는 "한 영화로써 그 나라의 영화 수준을 짐작하게 하는 국제영화제에는 신중한 출품 태도가 언제나 요망"[621]된다고 적고 있다. 이와 같은 표현을 통해서도 확인해 볼 수 있듯이, 국제영화제는 단순한 예술 행사의 장이 아니라 국가적인 차원에서 관리가 필요한 공식적인 무대로 여겨지고 있었다.

익히 알려져 있듯이, 이만희는 1964년 말 〈7인의 여포로〉(1965)로 인해 용공 논란에 휘말리게 된다. 국군을 허약하게 묘사한 반면 감상적 민족주의를 내세워 북한군을 찬양하였고, 미군에게 학대 받는 '양공주'들의 참상을 과장되게 묘사함으로써 외세 배격을 주장하였다는 것이 죄목이었다.[622] 공보부 자문위원들은 이 영화가 무난한 국산 영화이며, 애국적 내용을 강조하는 반공 영화에 오히려 가깝다는 의견을 표명하였다.[623] 하지만 결국 이만희는 구속되었고, 10만 원의 보석금을 낸 후에야 풀려날 수 있었다.[624] 그는 거듭되는 회유와 강요에도 개작에 동의하지 않았는데, 영화는 제작사에 의하여 많

---

620 해당 기사에서는 "사상성"이 정확하게 무엇을 의미하는지는 구체적으로 서술되어 있지 않다. 〈만물상〉, 《조선일보》, 1963.06.23., 1면.

621 〈세계의 영화제 메모〉, 《경향신문》, 1962.04.16., 조간 4면.

622 〈반공법에걸린 영화 「7인의여포로」 이만희감독에 구속영장신청〉, 《조선일보》, 1964.12.19., 3면.

623 〈문제된 7인의여포로〉, 《경향신문》, 1964.12.21., 8면.

624 〈〈영화감독〉이만희씨 보석〉, 《동아일보》, 1965.03.16., 7면.

은 부분이 편집된 후 〈돌아온 여군〉이라는 제목으로 상영되었다.[625]

영화계의 풍경을 통해 확인해 볼 수 있듯이 1960년대 중반 한국 사회는 점차 반동적인 형태로 회귀하고 있었다. 유현목은 1965년 3월 23일 '세계문화자유회의' 한국 본부 주최로 열린 세미나에서 「은막의 자유」라는 글을 발표하였다. 그는 대한민국 헌법 제14조의 '모든 국민은 학문과 예술의 자유를 가진다.'라는 구절을 언급하였다. 그리고 '괴뢰군을 인형으로만 설정하고 그래서 생명을 부여하지 않는 것이 반공이라면 언제까지나 영화 예술의 차원을 높여갈 수는 없을 것'[626]이라는 주장을 펼치며 이만희를 옹호하였다. 당연하게도, 유현목 역시 반공법 위반으로 입건되었다.

이만희는 1965년 〈흑맥〉과 〈시장〉이라는 작품을 연출한다. 〈시장〉은 "「코리언리얼리즘」의 바탕을 만드려는데 뜻을 둔 작품"[627], 혹은 "한국적 「리얼리즘」을 추구한 영화"[628] 등의 문구로 소개되었다. 이문희의 동명 소설을 원작으로 한 〈흑맥〉 역시 리얼리즘 계열의 영화였다.[629] 두 작품 모두 필름은 남아 있지 않지만 이들이 표방한 '한국식' 리얼리즘이란 곧 최대한으로 허용된 범위 내에서 '불온'하지 않은 형태로 현실을 재현하는 차원에 머무를 수밖에 없었을 것이다.

1960년대 중반 한국 사회에서는 한일협정, 베트남전 파병 등에 반발하는

---

625 김수용, 앞의 책, 66쪽.

626 〈은막의 자유〉, 《경향신문》, 1965.03.24., 5면; 〈은막의 자유〉, 《조선일보》, 1965.03.25., 5면.

627 〈『시장』크랑크·업 호(壜)·최신규사(崔新規社)등록〉, 《경향신문》, 1965.12.04., 5면.

628 〈다산(多産)…170편〉, 《경향신문》, 1965.12.18., 5면.

629 신성일의 회고에 따르면 '흑맥'은 썩은 보리를 뜻하는데, 당시 사회적으로 버림받은 자들을 일컫는 은어였다고 한다. 영화 〈흑맥〉은 서울역 일대를 배경으로 소외된 청춘의 삶을 그린 작품이었다. 〈청춘은 맨발이다: 남기고 싶은 이야기〉, 《중앙일보》, 2011.07.26., 23면.

목소리가 거세게 대두되었다. 이를 억압하려는 시도 역시 끊임없이 이어지는 상황이었다. 이와 같은 혼란 속에서, 이영일은 1965년 9월 《영화예술》지를 통하여 다음과 같이 서술하고 있다.

반대로 집권층으로서 보면, 그들 자신도 가난이나 후진성이나 모순을 고쳐야 하겠다는 것은 잘 알고 있다. 그러나 정치현실로서 그들의 권력구조는 그러한 현실을 발판으로 하고 성립하고 있으며, 그러한 현실을 유지하므로 해서 권력이 유지되는 것이다. 그렇기 때문에 현실을 어느 정도 묘사하는 것까지는 좋으나 그러한 현실이 다른 무엇인가로 변혁되는 것은 용납할 수가 없는 것이다. 사실 후진사회만큼 권력자의 권력에의 욕망을 충족시켜주는 온상은 없는 것이다. 이러한 집권자의 횡포가 일제의 조선총독에게도 있었고 판잣집만 나오면 잘르라는 독재자의 체제하에도 있었다. 그들은 영화를 두려워하고 있었던 것이다.[630]

이영일의 현실 인식은 놀라우리만치 정확한 것이었다. 하지만 아쉽게도 이러한 인식이 이론적·창작적 성과로까지 확대되지는 못하였다. 한국 사회는 불완전한 '혁명'의 열기를 고스란히 군사 정권에게 이양한 채 혼란을 마주하여야만 했다. '리얼리즘' 개념을 둘러싼 한국 영화계의 혼란스러운 모습은 이와 같은 한국 사회의 모습을 반영하는 것이기도 했다.

---

630 이영일, 〈영화와 현대사회: 전후 한국영화의 20년에 붙쳐〉, 《영화예술》, 1965.09., 77쪽.

제5장
—
결론

본 연구는 한국 영화사에서 신화화되어 온 리얼리즘 개념을 비판적으로 검토하는 것을 목표로 출발했다. 영화계의 경우, 1945년 이전/이후 시기 통용된 리얼리즘 개념은 불연속적인 것이었다. 뿐만 아니라 해방 이후에 전개된 리얼리즘 담론 역시 통일성 있게 전개된 것이 아니었다. 따라서 시간이 흘러갈수록 리얼리즘이라는 개념 자체가 모호해졌다. 물론, 여기에는 정치적 상황이 악화되었다는 점과 더불어 검열과 처벌이라는 실제적인 위협이 대두되었다는 점이 중요하게 고려되어야 할 것이다.

1967년 이어령은 유아적 언어인 '에비'의 공포로부터 벗어나 문학이 본격적으로 권력에 맞서 싸워야 한다고 주장한 바 있다.[631] 이에 김수영은 문화·예술인의 침묵이 소심함과 무능력함에서 기인하는 것이 아니라 실제적인 정치권력의 탄압에서 비롯되는 것이라고 반박하기도 했다.[632] 적어도 영화계에서 만큼은, '에비'는 직접적이면서도 명확한 금제의 힘으로 작동하였으며 구체적인 실체를 갖춘 존재였다. 영화는 대규모 인력과 자본이 투입되는

---

631 이어령, 〈「에비」가 지배하는 문화〉, 《조선일보》, 1967.12.28., 5면.
632 김수영, 〈지식인의 사회참여: 일간신문의 최근 논설을 중심으로〉, 《사상계》 177호, 1968.01., 89~94쪽.

탓에 정치적 변화에 보다 민감하게 반응할 수밖에 없기 때문이다.

따라서 1960년대 중반 이후, 영화를 통한 현실 재현과 비판은 리얼리즘적 기법보다는 오히려 은유적이고 추상적인 형태를 통해서 가능하게 되었다. 이를테면 이만희의 〈휴일〉(1968)은 분위기가 지나치게 어둡고 주인공을 무기력하게 그렸다는 이유로 상영되지 못했다. 시대가 요청하는 '명랑함'과 뚜렷한 '목적성'에 대하여 영화는 '우울함'과 '무목적성'으로 대답한 것이다. 하지만 이와 같은 간접적인 저항 역시 표출되기 어려운 상황이었다. 검열 당국은 주인공이 삭발하고 입대하는 것으로 결말을 바꾼다면 상영을 허가하겠다고 제안하였으나, 제작진 일동은 필름을 사장하는 길을 택했다.

이러한 맥락에서, 1960년대 중반 이후 많은 감독이 리얼리즘적 스타일로부터 이탈하게 되었다. 하지만 현실을 영화에 반영하면서 한국 사회를 비판하려는 노력은 계속해서 이어졌다. 그러한 사례의 성취와 한계를 온당하게 평가하면서 한국 영화 역사의 지형도를 종합적으로 (재)완성할 필요가 있을 것이다. 이를 위해서는 무리하게 계보화된 기존의 리얼리즘 영화 역사를 과감하게 부정해야 한다. 즉, 1945~1965년 사이에 형성된 '한국식(코리안) 리얼리즘' 개념을 끊임없이 비판하고 해체할 필요가 있다.

한편 서론을 통해 살펴본 바와 같이, 대다수의 문헌은 1960년대 중반 이후 리얼리즘적 영화 창작 경향이 일단락되었다고 적고 있다. 하지만 본고는 1960년대 중반 이후 리얼리즘 영화 담론 및 작품의 전개 양상을 추적해보는 것 역시 중요한 과제라고 생각한다. 특히 사회 변혁 운동과 더불어 본격적으로 성장한 1980년대 이후의 리얼리즘 영화사를 이제는 종합적·체계적으로 다루어 볼 필요가 있다. 이제는 그것을 역사화할 만한 시대적 거리감이 확보되었기 때문이다.

　1980년대 영화계에서 주창된 리얼리즘 개념은 민족주의 혹은 사회주의 담론과 맥을 공유하는 것이었다. 때문에 직전 시기의 리얼리즘 담론보다는, 오히려 한 시기를 건너뛴 일제강점기의 리얼리즘 담론과 친연성을 가지고 있었다. 이와 같은 특수성에 주목하면서 한국 영화사의 전반적인 리얼리즘 전개 양상을 되짚어볼 필요가 있을 것이다. 이와 같은 사항들을 후속 연구 과제로 남겨 둔다.

참고문헌

단행본

Adorno, Theodor. "On Popular Music." In *Essays on Music*, edited by Richard Leppert, 437-469. Berkeley: University of California Press, 2002.

G. 루카치 외, 이춘길 편역, 『리얼리즘 미학의 기초이론』, 한길사, 1985.

Kracauer, Siegfried, *Theory of film: the redemption of physical reality*. Princeton, NJ: Princeton University Press, 1997.

Kracauer, Siegfried. "*Paisan* (1948)." in *Siegfried Kracauer's American Writings: Essays on Film and Popular Culture*, edited by Johannes von Moltke, Kristy Rawson, 150-156. Berkeley: University of California Press, 2012.

강원용, 『빈들에서: 나의 삶, 한국현대사의 소용돌이 2-혁명, 그 모순의 회오리』, 열린문화, 1993.

강준만, 『한국 현대사 산책 1940년대편 (1)』, 인물과사상사, 2004.

게오르그 루카치, 김경식 역, 『소설의 이론』, 문예출판사, 2007.

공영민(채록연구), 『2006년도 원로영화인 구술채록자료집 「함완섭 편」』, 한국영상자료원, 2006.

권보드래 외, 『아프레걸 사상계를 읽다: 1950년대 문화의 자유와 통제』, 동국대학교출판부, 2009.

권영민, 『한국현대문학사 1』, 민음사, 2002.

권영민, 『한국현대문학사 2』, 민음사, 2002.

그렉 브라진스키, 나종남 역, 『대한민국 만들기 1945~1987: 경제성장과 민주화, 그리고 미국』, 책과함께, 2011.

길밖세상, 『20세기 여성 사건사: 근대 여성교육의 시작에서 사이버 페미니즘까지』,
　　여성신문사, 2001.

김건우, 『사상계와 1950년대 문학』, 소명출판, 2003.

김동리, 『김동리 문학전집 32: 문학과 인간』, 2013, 계간문예.

김려실, 『투사하는 제국 투영하는 식민지』, 2007.

김룡봉, 『조선영화사』, 사회과학출판사, 2013.

김미현 편, 『한국 영화사: 개화기(開化期)에서 개화기(開花期)까지』, 커뮤니케이션북
　　스, 2006.

김병철, 『한국근대서양문학이입사연구(하)』, 을유문화사, 1982.

김소연 외, 『매혹과 혼돈의 시대』, 소도, 2003.

김소연, 『환상의 지도』, 울력, 2008.

김수용, 『나의 사랑 씨네마』, 씨네21북스, 2005.

김영명, 『한국 현대 정치사』, 을유문화사, 1992.

김웅준, 『리얼리즘』, 연세대학교 출판부, 2009.

김일영, 『건국과 부국』, 기파랑, 2012.

김종원·정중헌, 『우리 영화 100년』, 현암사, 2003.

김현, 『문학과 유토피아-공감의 비평: 김현 문학전집 4』, 문학과지성사, 1980.

김현, 『분석과 해석: 주(鵃)와 비(蜚)의 세계에서』, 문학과지성사, 1988.

노만, 『한국 영화사』, 한국배우전문학원, 1964.

대구광역시 중구 도심재생문화재단 편, 『제2의 고향, 중구를 통해 본 나의 70년 인
　　생: 1941년생 이윤환』, 대구광역시 중구 도심재생문화재단, 2013.

대학문화사 편, 『레디고 (1)』, 대학문화사, 1986.

데이비드 노먼 로도윅, 김수진 역, 『현대 영화 이론의 궤적: 정치적 모더니즘의 위

기』, 한나래, 1999.

데이비드 보드웰, 오영숙·유지희 역, 『영화의 내레이션 2』, 시각과언어, 2007.

로버트 스탬, 김병철 역, 『영화 이론』, K-books, 2012.

롤랑 바르트·수전 손택, 송숙자 편역, 『사진론: 바르트와 손탁』, 현대미학사, 1994.

린다 노클린, 권원순 역, 『리얼리즘』, 미진사, 1992.

문예봉, 『내 삶을 꽃피운 품』, 문학예술출판사, 2013.

문화재청 근대문화재과, 『2007년도 등록문화재 등록조사보고서』, 문화재청, 2008.

박명림 외, 『해방전후사의 인식 6』, 한길사, 2006.

박상호·김종원, 『비무장지대 DVD 소책자』, 한국영상자료원, 2010.

베리 소온·메릴린 얄롬 편, 권오주 외 역, 『페미니즘의 시각에서 본 가족』, 한울, 2017.

변인식, 『영화를 향하여 미래를 향하여』, 공간미디어, 1995.

서울영화집단 편, 『새로운 영화를 위하여』, 학민사, 1983.

스테판 코올, 여균동 역, 『리얼리즘의 역사와 이론』, 한밭출판사, 1982.

신상옥, 『난, 영화였다: 영화감독 신상옥이 남긴 마지막 글들』, 랜덤하우스코리아, 2007.

아르놀트 하우저, 백낙청 역, 『문학과 예술의 사회사 1』, 창비, 2016.

안종화, 『한국영화측면비사』, 춘추각, 1962.

앙드레 바쟁, 김태희 역, 『영화란 무엇인가? IV. 사실성의 미학: 네오리얼리즘』, 퍼플, 2018.

에릭 홉스봄, 이용우 역, 『극단의 시대: 20세기 역사 (상)』, 까치, 1997.

역사비평 편집위원회 편, 『논쟁으로 읽는 한국사 2: 근현대』, 역사비평사, 2009.

연세대 미디어아트센터 편, 『한국영화의 미학과 역사적 상상력』, 소도, 2006.

외국문학연구소 편, 『세계의 소설가 II: 유럽·북미 편』, 한국외국어대학교 출판부,

2001.

유민영, 『한국 근대극장 변천사』, 태학사, 1998.

유영익 편, 『이승만 대통령 재평가』, 연세대학교출판부, 2006.

윤해동 외, 『근대를 다시 읽는다 1』, 역사비평사, 2006.

이근삼 편, 『오영진전집 4: 시나리오 영화평론』, 범한서적, 1989.

이어령, 『지성의 오솔길』, 문학사상사, 2004.

이영미 외, 『정비석 연구』, 소명출판, 2013.

이영일, 『영화개론』, 상구문화사, 1976.

이영일, 『영화개론』, 한진출판사, 1980.

이영일, 『한국영화인열전』, 영화진흥공사, 1983.

이영일, 『한국영화전사(개정증보판)』, 소도, 2004.

이영일, 『한국영화전사』, 한국영화인협회, 1969.

이윤영 편역, 『사유 속의 영화: 영화 이론 선집』, 문학과지성사, 2011.

이중거 외, 『한국영화의 이해』, 예니, 1992.

이토우 츠토무, 서은혜 역, 『리얼리즘이란 무엇인가』, 세계, 1990.

이호철, 『문단골 사람들』, 프리미엄북스, 1997.

이화진, 『소리의 정치』, 현문서가, 2016.

이효인, 『유현목, 한국 리얼리즘의 길찾기』, 도서출판 큰사람, 1999.

이효인, 『한국 영화사강의 1』, 이론과실천, 1992.

이효인, 『한국의 영화 감독 13인』, 열린책들, 1994, 360쪽.

임헌영, 『한국현대문학사상사』, 한길사, 1988.

자크 랑시에르, 양창렬 역, 『정치적인 것의 가장자리에서』, 도서출판 길, 2013.

장백일, 『한국리얼리즘문학론』, 탐구당, 1995.

전국역사교사모임, 『심마니 한국사 2: 개항에서 현대까지』, 역사넷, 2002.

전기철,『한국 전후 문예비평 연구』, 서울, 1994.

전양준·장기철 편,『닫힌 현실 열린 영화: 유현목 감독 작품론』, 제3문학사, 1992.

정대철,『장면은 왜 수녀원에 숨어 있었나』, 동아일보사, 1997, 71~72쪽.

정명환 외,『프랑스 지식인들과 한국전쟁』, 민음사, 2004.

정비석,『자유부인 1』, 고려원, 1996, 7~8쪽.

정종화,『자유만세 DVD 소책자』, 한국영상자료원, 2004.

정태수,『세계 영화예술의 역사』, 박이정, 2016.

정혜연,『피아골 DVD 소책자』, 한국영상자료원, 2006.

조준형,『영화제국 신필름: 한국영화 기업화를 위한 꿈과 좌절』, 한국영상자료원, 2009.

지명관,『한국을 움직인 현대사 61장면』, 다섯수레, 1996.

진인혜,『프랑스 리얼리즘』, 연세대학교 출판부, 2003.

천정환 외,『문학사 이후의 문학사』, 푸른역사, 2013.

최창호·홍강성,『라운규와 수난기 영화』, 평양출판사, 1999.

친일인명사전편찬위원회,『친일인명사전 3』, 민족문제연구소, 2009.

카를 마르크스·프리드리히 엥겔스, 박종철출판사 편역,『칼 맑스 프리드리히 엥겔스 저작 선집 6』, 박종철출판사, 1997.

피에르 부르디외, 김현경 역,『언어와 상징권력』, 나남, 2014.

하리마오,『38선도 6.25한국전쟁도 미국의 작품이었다!』, 새로운사람들, 1998.

한국극예술학회 편,『한국현대대표희곡선집 1』, 월인, 1999.

한국영상자료원 편,『신문기사로 본 한국영화 1945~1957』, 공간과사람들, 2004.

한국영상자료원 편,『신문기사로 본 한국영화 1958~1961』, 공간과 사람들, 2005.

한국영상자료원 편,『한국영화를 말한다: 1950년대 한국영화』, 이채, 2004.

한국영화기획창작협회,『한국영화기획 70년사(1919~1964) I』, 좋은세상, 1998.

한국 영화사연구소 편,『신문기사로 본 한국영화 1965』, 한국영상자료원, 2007, 253
  쪽.

한국예술연구소 편,『이영일의 한국 영화사 강의록』, 소도, 2002.

한국예술종합학교 한국예술연구소 편,『한국현대 예술사대계 I』, 시공사, 1999.

한국예술종합학교 한국예술연구소 편,『한국현대예술사대계 II』, 시공사, 2005.

한국예술종합학교 한국예술연구소 편,『한국현대예술사대계 III』, 시공사, 2005.

한만수,『허용된 불온: 식민지시기 검열과 한국문학』, 소명출판, 2015.

한상언 외,『해방과 전쟁 사이의 한국영화』, 박이정, 2017, 108쪽.

한상언,『해방 공간의 영화·영화인』, 이론과실천, 2013.

한수영,『전후문학을 다시 읽는다』, 소명출판, 2015.

함충범 외,『한국 영화와 4·19: 1960년대 초 한국영화의 풍경』, 한국영상자료원,
  2009.

호현찬,『한국영화 100년』, 문학과사상사, 2003.

학위 논문

공영민,「아시아영화제를 통해 본 한국영화: 1950~60년대 해외진출을 중심으로」,
  중앙대학교 석사학위논문, 2009.

김대근,「영화 재현을 통한 스펙터클 표현의 의미에 관한 연구」, 서강대학교 박사학
  위논문, 2015.

김상민,「한국 '영화적 리얼리즘'의 계보: 근대 영화/문학 비평사 연구」, 연세대학교
  박사학위논문, 2020.

김성희,「1950년대 코리안 리얼리즘 담론 연구」, 중앙대학교 석사학위논문, 2009.

배수경,「한국 영화검열제도의 변천에 관한 연구: 정권별 특징과 심의기구의 변화를
  중심으로」, 중앙대학교 석사학위논문, 2005.

변재란, 「1930년대 전후 프롤레타리아 영화활동 연구」, 중앙대학교 석사학위논문, 1990.

이미혜, 「한국의 불문학 수용사」, 서울대학교 박사학위논문, 1992.

이민호, 「비판적 영화의 재구성을 위하여: 앙드레 바쟁의 지표성 논의를 중심으로」, 중앙대학교 석사학위논문, 2015.

이준희, 「오영진 시나리오의 재현 양식 연구」, 서울대학교 석사학위논문, 2016.

정무용, 「박정희 정권기 저축동원의 전개과정과 성격」, 서울대학교 박사학위논문, 2019.

정진연, 「쿠르베(Gustave Courbet)의 리얼리즘 회화연구」, 동아대학교 석사학위논문, 1999.

조윤주, 「한국영화의 리얼리즘 비판: 영화담론과 두 편의 텍스트를 대상으로」, 서강대학교 석사학위논문, 1997.

학술지 논문

강성률, 「이규환 감독 연구: 이규환에 대한 이중적 평가에 대해서」, 『대학원연구논집: 동국대학교 대학원』 35권, 동국대학교, 2005.

강혜승, 「1960년대 한국미술비평에서의 '전위', 저항과 참여의 간극」, 『미술이론과 현장』 31호, 한국미술이론학회, 2021.

김경숙, 「신문소설의 영화적 변용연구: 정비석의 『자유부인』 그리고 한형모의 〈자유부인〉」, 『아시아영화연구』 11권 1호, 부산대학교 영화연구소, 2018.

김기봉, 「'삶의 비평'으로서 역사」, 『동방학지』 152호, 연세대학교 국학연구원, 2010.

김려실, 「〈자유만세〉의 탈정전화를 위한 시론(試論): 현존 시나리오와 영화의 차이를 중심으로」, 『한국문예비평연구』 28권, 한국현대문예비평학회, 2009.

김상민, 「식민지 시기 오영진의 영화예술론 연구」, 『사이』 26권, 국제한국문학문화학회, 2019.

김성수, 「남북한의 리얼리즘(사실주의)문학비평 개념 비교」, 『현대문학의 연구』 72
　　호, 한국문학연구학회, 2020.

김소연, 「한국 영화사에서 모더니즘의 탈존이라는 문제: 1990년대 코리안 뉴 웨이브
　　영화의 단독성을 해명하기 위한 노트」, 『영화연구』 85호, 한국영화학회, 2020.

김수남, 「비판적 리얼리즘과 한국영화미학에 대한 논의」, 『공연과 리뷰』 21권, 현대
　　미학사, 1999.

김수남, 「"자유만세"의 최인규: 리얼리즘적 한국예술영화의 맥」, 『청예논총』 8권, 청
　　주대학교, 1994.

김옥란, 「1950년대 연극과 신협의 위치」, 『한국문학연구』 34호, 동국대학교 한국문
　　학연구소, 2008.

김윤미, 「오영진 일기 연구」, 『한국극예술연구』 51집, 한국극예술학회, 2016.

김윤정, 「임희재론: 〈마부〉가 놓인 자리」, 『개신어문연구』 34호, 개신어문학회, 2011.

김재석, 「〈동승〉이 지닌 대중극적 성격의 의미」, 『어문론총』 32권, 경북어문학회,
　　1998.

김종원, 「30년 '영평(映評)'의 발자취: 영화 평단의 형성과 영화 평론가 협회의 결성
　　전후」, 『영화평론』 7권, 한국영화평론가협회, 1995.

김종원, 「한국 영화비평의 역사와 영평상 30주년의 회고와 반성」, 『영화평론』 23권,
　　한국영화평론가협회, 2011.

김태희, 「앙드레 바쟁의 '영화적 사실성'」, 『트랜스-』 3권, 성균관대학교 트랜스미디
　　어연구소, 2017.

김한식, 「『백민』과 민족문학: 해방 후 우익 문단의 형성」, 『상허학보』 20권, 상허학회,
　　2007.

김현돈, 「미학적 범주로서의 전형성과 총체성: 게오르그 루카치를 중심으로」, 『시대

와 철학』 7권 1호, 한국철학사상연구회, 1996.

김현정, 「백철의 휴머니즘론에 나타난 주체의 욕망과 변모과정 연구」, 『한국언어문학』 43권, 한국언어문학회, 1999.

류보선, 「그러므로 문제는 문학이다: 최근 문화연구에 대한 비판적 제언 몇 가지」, 『돈암어문학』 32권, 돈암어문학회, 2017.

박선영, 「공간, 관계, 여성으로 다시 읽는 '가족드라마' 〈박서방〉」, 『영상예술연구』 27권, 영상예술학회, 2015.

박성수, 「크라카우어의 영화이론에 대한 재해석: 사진적 매체의 특성을 중심으로」, 『영화·이미지·이론』, 문화과학사, 1999.

박유희, 「현실의 추상화와 기법의 실험: 「요한시집」에 나타난 「구토」의 영향」, 『비교문학』 25권, 한국비교문학회, 2000.

박태균, 「정전협정인가 휴전협정인가」, 『역사비평』 73호, 역사비평사, 2005.

박헌호, 「'문학' '史'없는 시대의 문학연구: 우리 시대 한국 근대문학 연구에 대한 어떤 소회」, 『역사비평』 75호, 역사비평사, 2006.

박헌호, 「'문화연구'의 정치성과 역사성: 근대문학 연구의 현황과 반성」, 『민족문화연구』 53호, 고려대학교 민족문화연구원, 2010.

백문임, 「조선 사회주의 영화담론의 전개」, 『대중서사연구』 37호, 대중서사학회, 2016.

변인식, 「우리영화-전통적 리얼리즘에의 접근, 또는 진화를 위하여」, 『영화 평론』, 한국영화평론가협회, 2005.

심광현, 「한국 영화사 연구의 새 차원: 근대와 전근대가 만나는 유령같은 '역공간'의 생산성」, 『한국음악사학보』 26권, 한국음악사학회, 2001.

안장환, 「이해랑의 리얼리즘과 연출 관점에 대한 소고: 텍스트 "햄릿" 공연 연출을 중심으로」, 『공연문화연구』 22집, 한국공연문화학회, 2011.

알렉스 캘리니코스, 이원웅 역, 「신자유주의적 자본주의의 파열: 세계적 재앙과 오늘날 극우」, 『마르크스21』 40호, 책갈피, 2021.

유현주, 「전환기의 영화이론: 후고 뮌스터베르크 영화이론의 이해」, 『헤세연구』 38집, 2017.

윤상길, 「1960년대 박정희 정부 공보선전 정책의 정치적 성격」, 『한국언론학보』 61권 6호, 2017.

윤일수, 「인문치료적 관점에서 바라본 식민 상황의 "알아차림": 함세덕의 〈동승〉을 중심으로」, 『드라마 연구』 31호, 한국드라마학회, 2009.

윤정임, 「한국의 프랑스 문학 수용에 대하여: 사르트르의 실존주의를 중심으로」, 『국제어문』 27권, 국제어문학회, 2003.

이나영, 「기지촌 형성 과정과 여성들의 저항」, 『여성과평화』 5호, 한국여성평화연구원, 2010.

이민영, 「전후 문학의 세계성과 현대적 전통의 고안: 『문예』지 평론을 중심으로」, 『한국문화』 93호, 서울대학교 규장각한국학연구원, 2021.

이상면, 「초기 영화이론에서 영화와 예술의 관계: 발라즈, 아른하임의 이론을 중심으로」, 『미학』 25호, 1998.

이선주, 「〈영화예술〉의 뉴 시네마(New Cinema) 담론들: 1960년대 영화비평의 전문화와 영화학의 제도화」, 『대중서사연구』 47호, 대중서사학회, 2018.

이선주, 「1950, 60년대 한국영화의 리얼리즘 비평사 연구」, 『대중서사연구』 16호, 대중서사학회, 2006.

이선주, 「한국 모더니즘 영화의 재구성: 1960년대 비평담론이 상상한 '예술영화'」, 『대중서사연구』 19호, 대중서사학회, 2008.

이순진, 「식민지 경험과 해방직후의 영화 만들기: 최인규와 윤봉춘의 경우를 중심으로」, 『대중서사연구』 14호, 대중서사학회, 2005.

이순진, 「한국 영화사 연구의 현단계: 신파, 멜로드라마, 리얼리즘 담론을 중심으로」, 『대중서사연구』 제12호, 대중서사학회, 2004.

이영재, 「1965와 1968 사이에서, 두 '가난'과 '양심'」, 『상허학보』 58권, 상허학회, 2020.

이준엽, 「한국영화40년기념 대전시회(韓國映畵40年記念 大展示會)' 팜플렛 해제」, 『근대서지』 21호, 근대서지학회, 2020.

이준엽·정태수, 「일제 강점기에 대한 새로운 비판 방식: 이준익 감독의 〈동주〉, 〈박열〉을 중심으로」, 『한국예술연구』 21호, 한국예술종합학교 한국예술연구소, 2018.

이준엽·함충범, 「남한과 북한에서 제작된 윤용규 감독 영화에 대한 비교 연구: 〈마음의 고향〉(1949), 〈소년빨찌산〉(1951)을 중심으로」, 『한민족문화연구』 63권, 한민족문화학회, 2018.

이화진, 「『한국영화전사』, 그 이후-최근 식민지 말기 영화 연구의 성과와 한계」, 『사이』 11권, 국제한국문학문화학회, 2011.

이화진, 「가난은 어떻게 견딜 만한 것이 되는가」, 『한국극예술연구』 60집, 한국극예술학회, 2018.

이효인, 「일제하 카프 영화인의 전향 논리 연구: 서광제, 박완식을 중심으로」, 『영화연구』 45호, 한국영화학회, 2010.

이효인, 「최인규와 〈자유만세〉 연구 서설」, 『영화평론』 6권, 한국영화평론가협회, 1994.

이효인, 「카프영화와 프로키노의 전개과정 비교연구」, 『한민족문화연구』 41권, 한민족문화학회, 2012.

이효인, 「한국 독립영화 2세대의 영화미학론」, 『영화연구』 77호, 한국영화학회, 2018.

장우진, 「〈비무장지대〉(1965)의 장르 전환과 정책」, 『영화연구』 40호, 한국영화학회, 2009.

전우형, 「1960년대 한국영화의 가난 재현의 기술과 정치학: 영화 〈마부〉의 코미디와 해피엔딩, 그리고 가난의 판타지」, 한국어문학연구 61, 2013.

전지니, 「김영수 작 「혈맥」(1948)의 변주양상 연구」, 『한국문학이론과 비평』 60집, 한국문학이론과 비평학회, 2013.

정영권, 「한국 영화사에서 사회적 리얼리즘의 전통 1945-2001」, 『씨네포럼』 5권, 동국대학교 영상미디어센터, 2002.

조성면, 「새로운 한국문학 연구를 위한 도전으로서의 문화론: 문화론의 위상과 전망 그리고 가능성과 한계에 대하여」, 『민족문학사연구』 18권, 민족문학사연구소, 2001.

조형근, 「비판과 굴절, 전화 속의 한국 식민지근대성론: 구조, 주체, 경험의 삼각구도를 중심으로」, 『역사학보』 203호, 역사학회, 2009.

최성희, 「문화연구에서 길을 잃다: 한 드라마 연구자의 출구 찾기」, 『비교문화연구』 21권, 경희대학교 비교문화연구소, 2010.

최은영, 「한국 전쟁기 『전북일보』 영화 기사 연구」, 『한국예술연구』 30호, 2020.

최지현, 「학병(學兵)의 기억과 국가: 1940년대 학병의 좌담회와 수기를 중심으로」, 『한국문학연구』 32권, 동국대학교 한국문학연구소, 2007.

피종호, 「크라카우어의 영화미학」, 『뷔히너와 현대문학』 14권, 한국뷔히너학회, 2000.

한상언, 「주인규와 적색노조영화운동(1927~1932)」, 『현대영화연구』 3권, 한양대학교 현대영화연구소, 2007.

한상언, 「프롤레타리아 영화운동과 서광제」, 『예술논문집』 54집, 대한민국예술원, 2015.

한상언, 「해금할 수 없는 것을 해금하기: 월북영화인 해금 30년의 여정」, 『구보학보』 20호, 구보학회, 2018.

함충범, 「해방기 한국영화 속 서울의 공간 재현 양상 연구: 현존 극영화를 중심으로」, 『동양학』 70호, 단국대학교 동양학연구원, 2018.

함충범, 「허정과도정부 시기 한국 영화계 연구: 4.19혁명과의 관련성을 중심으로」, 『순천향 인문과학논총』, 순천향대학교 인문학연구소, 2010.

함충범·이준엽, 「영화 〈청춘쌍곡선〉(1957)과 '부산'이라는 공간의 만남」, 『항도부산』 36권, 부산광역시역사편찬위원회, 2018.

홍기돈, 「참여문학의 이론적 원리와 비판적 리얼리즘의 성취: 구중서의 리얼리즘론에 대하여」, 『영주어문』 31집, 영주어문학회, 2015.

황병주, 「1960년대 박정희 체제의 '탈후진 근대화' 담론」, 『한국민족운동사연구』 56권, 한국민족운동사학회, 2008.

신문 기사

〈(11) 「십대의 반항」미 영화제 특별상 김기영감독 출세작으로 평가〉, 《중앙일보》, 1990.06.24.

〈(16)국가훈장받은 문정복〉, 《중앙일보》, 1986.04.08.

〈[대담] 61년에 지표를 둔 경자(庚子)문화〉, 《조선일보》, 1960.12.28.

〈[명작 추억] 아리랑·유랑 등: 김정혁〉, 《서울신문》, 1946.05.26.

〈[문화] 신영화평: 『마음의 고향』을 보고서 〉, 《자유신문》, 1949.01.15.

〈[문화] 영화법령으로 문화단체서 성명〉, 《자유신문》, 1946.10.24.

〈[물방울] 선뜻 한번 써볼 일이지〉, 《동아일보》, 1955.08.12.

〈[신영화] 「태양의 거리」〉, 《경향신문》, 1952.10.26.

〈[신영화] 20대에 비쳐본 렌즈: 『젊은 표정』〉, 《동아일보》, 1960.02.26.

〈[연예] 지상봉절:『자유만세』고려영화작품〉,《경향신문》, 1946.10.20.

〈[연예수첩] 비무장지대서『로케숀』〉,《동아일보》, 1965.08.28.

〈[영화계 근황] 내·외 영화사 통합〉,《경향신문》, 1961.10.29.

〈[영화장평(掌評)] 신인감독의박력있는연출: 나는고발한다〉,《조선일보》, 1959.04.09.

〈"전체적경향은반공"〉,《조선일보》, 1956.04.10.

〈"조선의용대" 상영중지: 영맹서 검열 철폐 요구〉,《서울신문》, 1946.09.01.

〈"한국엔 신망·조직력 갖춘 군인 없다"…〉,《중앙일보》, 2015.03.16.

〈「마음의 고향」44년만에 27일재공개〉,《조선일보》, 1993.04.23.

〈「비극영화(非劇映畵)」 육성책을…「비무장지대」의 경우〉,《한국일보》, 1966.06.07.

〈「오발탄」의 뒷이야기〉,《경향신문》, 1961.04.26.

〈「자유만세」를 보고〉,《경향신문》, 1946.10.24.

〈「젊은 표정」 촬영완료〉,《조선일보》, 1960.01.20.

〈「피아골」〉,《경향신문》, 1955.04.05.

〈『갯마을』작품상후보〉,《경향신문》, 1966.05.04.

〈『딸라』벌기에한목 영화『악야』미국에진출〉,《동아일보》, 1952.03.20.

〈『시장』크랑크·업 호(㦤)·최신규사(崔新規社)등록〉,《경향신문》, 1965.12.04.

〈『시집가는 날』입상〉,《동아일보》, 1957.05.26.

〈『십대의반항』〉,《동아일보》, 1959.07.17.

〈『아시아』속의 한국영화〉,《경향신문》, 1964.07.06.

〈『영평』영화상설정 매년7월 오개부문(五個部門)에〉,《조선일보》, 1957.06.03.

〈『저하늘에도슬픔이』영화화 25만원에 정식계약〉,《동아일보》, 1964.12.28.

〈『키쓰』場面의是非〉,《동아일보》, 1956.06.10.

〈〈싼프란시스코〉영화제에서 등외상 영화『10대의반항』〉,《동아일보》, 1960.11.04.

〈〈영화감독〉이만희씨 보석〉, 《동아일보》, 1965.03.16.

〈★비교적진지한작품★「돈」〉, 《경향신문》, 1958.03.18.

〈10·15선거 마지막 유세〉, 《동아일보》, 1963.10.13.

〈1952년의 "호프" (4) 영화편〉, 《경향신문》, 1952.01.24.

〈23일부터상영(上映)키로 문제의영화「피아골」〉, 《경향신문》, 1955.09.22.

〈5·16 혁명 2주년을 맞은 문화인들의 소감과 소망〉, 《조선일보》, 1963.05.16.

〈건국과 함께 자라나는 문화: 지상좌담회〉, 《경향신문》, 1949.08.15.

〈고향의 노래〉, 《경향신문》, 1954.08.22.

〈고향의 노래〉, 《경향신문》, 1954.11.21.

〈공산주의는 호열자 같은 세균〉, 《경향신문》, 1957.08.03.

〈공청회에 나타난 영화검열제의시비(是非)〉, 《동아일보》, 1960.05.18.

〈구일(九一)년영화상(映畫賞)결정 작품상에『인생차압』〉, 《동아일보》, 1959.02.06.

〈국가보안법관계로 사상계지필자문초(思想界誌筆者問招)〉, 《조선일보》,
　　　1958.08.09.

〈국산 영화윤리를 규정〉, 《경향신문》, 1957.08.22.

〈국제극장으로 명치좌 개명〉, 《중앙신문》, 1946.01.06.

〈군정법령으로 영화는 검열〉, 《동아일보》, 1946.04.19.

〈극영화『초설』〉, 《조선일보》, 1957.12.23.

〈극장은 국영이거나 문화인에게나: 극장은 민중의 학교〉, 《중앙신문》, 1945.11.11.

〈극장을 예술가에게 맡기라: 문화단체서 건의서 제출〉, 《서울신문》, 1946.03.30.

〈극장입찰은 모리배 호이(好餌): 문화관계 대표들이 반대 건의〉, 《자유신문》,
　　　1946.03.27.

〈기대할수있는신인감독:「꿈이여 다시한번」〉, 《동아일보》, 1959.02.25.

〈기록영화 "조선의용대" 검열 불허가로 상영 불능〉, 《자유신문》, 1946.09.01.

〈네오·드라마 창립〉, 《조선일보》, 1962.01.24.

〈높이 평가될 작가정신〉, 《경향신문》, 1965.12.11.

〈누가 그 조종을 울리는가?〉, 《조선일보》, 1968.02.20.

〈다산(多産)…170편〉, 《경향신문》, 1965.12.18.

〈다채로운 국산영화〉, 《조선일보》, 1959.12.31.

〈단성사로 부활〉, 《동아일보》, 1946.01.31.

〈단연! 국제영화제에 출품예정인 명화중대작(名画中大作)!〉, 《조선일보》,
　　1958.11.04.

〈만물상〉, 《조선일보》, 1963.06.23.

〈문제된 7인의여포로〉, 《경향신문》, 1964.12.21.

〈문제화(問題化)한 문화세계의 창조에 대하여 (1)〉, 《경향신문》, 1955.08.25.

〈문화예술등(文化藝術等) 사전(事前)에 검열(檢閱) 계엄사포고오호(戒嚴司布告五
　　號)〉, 《경향신문》, 1961.05.22.

〈물고(物故)영화인 추도회 집행〉, 《중앙신문》, 1946.01.20.

〈미망인 여감독·박남옥작(朴南玉作)〉, 《동아일보》, 1955.02.27.

〈민족극장문화는 어디로? "극장불하"를 논의하는 좌담회〉, 《중앙신문》, 1947.07.20.

〈민족의 비극 다룬 문제작〉, 《조선일보》, 1965.12.10.

〈반공법에걸린 영화 「7인의여포로」 이만희감독에 구속영장신청〉, 《조선일보》,
　　1964.12.19.

〈백림영화제에 불참〉, 《조선일보》, 1958.05.17.

〈보안법에걸린 「대학교재」〉, 《경향신문》, 1955.08.05.

〈부산영화제, 북한영화 상영키로〉, 《중앙일보》, 2003.10.06.

〈부일영화상 수상자〉, 《조선일보》, 1959.02.22.

〈삼팔이남선 소(蘇)영화상영금지〉, 《자유신문》, 1946.03.12.

〈상식적인 줄거리의 전개〉, 《조선일보》, 1959.02.20.

〈새로운 영화예술〉, 《경향신문》, 1965.03.15.

〈새로운 의욕의 화면구도 『잉여인간』〉, 《동아일보》, 1964.04.16.

〈서울영화사서 「하얀 쪽배」 제작〉, 《자유신문》, 1950.05.18.

〈성실한 작가정신 『인생차압』〉, 《조선일보》, 1958.11.07.

〈세계의 영화제 메모〉, 《경향신문》, 1962.04.16.

〈시소벌인 『은막(銀幕)의영광(榮光)』〉, 《조선일보》, 1966.05.10.

〈신영화: 『파시』〉, 《경향신문》, 1949.11.23.

〈신영화평 자유만세〉, 《자유신문》, 1946.10.25.

〈십대소년들의 난행사건이 의미하는것〉, 《경향신문》, 1960.10.20.

〈아세아 영화의 점묘: 향항총독의 환영받은 우리 대표〉, 《경향신문》, 1956.06.19.

〈악질 모리 방지를 한성극장서 진정〉, 《서울신문》, 1946.03.30.

〈약제기구(藥劑器具) 극빈자(極貧者)엔 무상으로〉, 《동아일보》, 1961.12.27.

〈어디로갈까〉, 《조선일보》, 1958.11.01.

〈연출의 독자성을 확립: 서정강조하는 「네오·드라마」〉, 《조선일보》, 1962.02.09.

〈영화 「마음의 고향」 대통령부인에 감명〉, 《경향신문》, 1949.01.30.

〈영화 「마음의 고향」 파리진출환송공영〉, 《경향신문》, 1950.06.07.

〈영화 「어디로 갈까」는 왜 말썽이 많은가?〉, 《경향신문》, 1958.11.06.

〈영화 『피아골』 상영중지〉, 《조선일보》, 1955.08.25.

〈영화 연륜(年輪)따르지못한 질적향상〉, 《동아일보》, 1975.08.18.

〈영화계에 젊은 지대(地帶)〉, 《동아일보》, 1959.11.11.

〈영화계여류(映畫界女流)새싹들: 기대(期待)해도좋을 그들의앞날〉, 《조선일보》,
    1955.02.19.

〈영화법폐기를 건의〉, 《조선일보》, 1964.12.04.

〈영화법폐지안 제출〉,《동아일보》, 1964.11.07.

〈영화상영허가제 철폐를: 8개 문화단체에서 요구〉,《조선일보》, 1946.10.24.

〈영화수감(隨感)〉,《경향신문》, 1946.10.31.

〈영화연기(演技)의 몇 가지 문제: 「띤」과 「갸방」의 경우 (중)〉,《조선일보》, 1958.06.07.

〈영화예술협회(映畵藝術協會)『악야』를 영화화〉,《경향신문》, 1950.04.04.

〈영화평 똘똘이의 모험〉,《자유신문》, 1946.09.08.

〈예술의 신구상(新構想): 문화건설인의 제일성(第一聲) (영화편)〉,《중앙신문》, 1946.03.10.

〈예술의자유와 영화검열〉,《동아일보》, 1955.08.29.

〈우리영화수출가능: 「시집가는날」입상이준자극(刺戟)〉,《경향신문》, 1957.06.14.

〈우수영화상 결정〉,《경향신문》, 1960.09.06.

〈웃을수만도없는희극「인생차압」〉,《경향신문》, 1958.11.06.

〈원치않는 임신은 피하고 모체의 건강을 지키자〉,《동아일보》, 1962.03.31.

〈육성외면…문화영화〉,《경향신문》, 1966.06.04.

〈은막의 자유〉,《경향신문》, 1965.03.24.

〈은막의 자유〉,《조선일보》, 1965.03.25.

〈의욕과 실험의 『갭』『혈맥』〉,《동아일보》, 1963.10.11.

〈일색(日色) 영화관명을 일소(一掃) 변경〉,《중앙신문》, 1946.01.22.

〈일제의 국책영화 기만 상영으로 모리/ 관객의 물론(物論)이 자자 / 오욕의 열매로 위안 불원(不願)〉,《서울신문》, 1946.03.04.

〈잃어버린청춘〉,《경향신문》, 1957.09.25.

〈자막도 영어로: '비무장지대', 촬영 한창〉,《서울신문》, 1965.08.28.

〈자유·결혼·인생차압 우리 참가작품 결정〉,《경향신문》, 1959.03.07.

〈작금(昨今)의 「무윤(舞倫)」과 「영윤(映倫)」〉, 《경향신문》, 1961.04.22.

〈작품상에 『십대의반항』〉, 《조선일보》, 1960.06.01.

〈장안극장으로 개칭: 조일좌의 새출발〉, 《동아일보》, 1946.01.16.

〈전쟁미망인 구호책전무〉, 《조선일보》, 1955.09.27.

〈제2회 영평상 27일 수상식 성료(盛了)〉, 《경향신문》, 1959.04.29.

〈제일회영평상(第一回映評賞) 결정 씨나리오상에 오영진씨〉, 《조선일보》, 1957.12.19.

〈제작자 울리는데 상통〉, 《동아일보》, 1959.02.22.

〈제작자측상영신청취하(製作者側上映申請取下) 상영중지받은영화 「피아골」〉, 《경향신문》, 1955.08.26.

〈조선영화동맹 삼일(三一)기념행사〉, 《중앙신문》, 1946.02.23.

〈조씨(趙氏) 신대총장(新大總長) 저서사건과학계반향: 학문자유에위협-이제와서 문제됨은이해난(理解難)〉, 《동아일보》, 1955.08.07.

〈참신한 소재와 의욕〉, 《조선일보》, 1960.03.03.

〈청춘은 맨발이다: 남기고 싶은 이야기〉, 《중앙일보》, 2011.07.26.

〈침착한 신인감독작품: 「꿈이여 다시한번」〉, 《경향신문》, 1959.02.26.

〈파문 던진 백림영화제 출품작 선정〉, 《조선일보》, 1961.04.23.

〈파시: CIK프로작품〉, 《동아일보》, 1949.11.22.

〈푸대접 심한 비극영화(非劇映畫)〉, 《동아일보》, 1966.06.09.

〈풍성했던 영화제작〉, 《조선일보》, 1959.12.26.

〈피란민 생활을 박력 있게 묘사: 김기영 감독의 〈초설〉〉, 《한국일보》, 1958.06.01.

〈한국영화계에 일대전기(一大轉機)를 마련〉, 《조선일보》, 1961.04.28.

〈한국영화악야 미국으로진출〉, 《경향신문》, 1952.03.21.

〈해방30년…문화1세대 (7): 외화(外畫)홍수속 칠전팔기 영화〉, 《경향신문》,

1975.08.25.

〈해방4년의 문화족적: [영화] 사이비예술행동: 이태우〉, 《경향신문》, 1948.08.08.

〈호감 주는 서민의 생활상: 『마부』〉, 《조선일보》, 1961.02.22.

김대한, 〈"뛰어난 작가주의 정신 소유": 대구 토박이 민경식 감독〉, 《영남일보》, 2004.04.26.

김소동, 〈10년간의 족적: 연출·연기면을 통해서〉, 《서울신문》, 1954.11.07.

김영수, 〈피란지 대구 전시(戰時)영화의 산실로: 한국영화 어제와 오늘 〈12〉 6·25격동기〉, 《매일신문》, 1999.01.07.

김영주, 〈혁신과 재건에 대한 제의〉, 《동아일보》, 1960.08.04.

김우종, 〈파산의 순수문학: 새로운 문학을 위한 문단에 보내는 각서〉, 《동아일보》, 1963.08.07.

김지석, 〈[스무 살 BIFF, 뜨거 웠던 순간들] 19. 또 다른 전쟁 '프린트 반입'〉, 《부산일보》, 2015.05.07.

박지수, 〈지양돼야할 영화평론: 마니라영화제의 참패를 계기로 (상)〉, 《조선일보》, 1958.05.31.

방대훈, 〈우리 영화의 위치〉, 《조선일보》, 1957.10.08.

백철, 〈[문화] 영화작품의 인상〉, 《조선일보》, 1949.12.29.

변인식, 〈해방 삼십년의 문제작·문제 작가〉, 《중앙일보》, 1975.01.15.

서광제, 〈시사평, 『자유만세』〉, 《독립신보》, 1946.10.23.

아석, 〈『악야』를 보고〉, 《전북일보》, 1952.06.05.

안병섭, 〈'자유만세'와 최인규〉, 《한겨레》, 1989.10.27.

안병섭, 〈영화단상: '자유만세'와 최인규〉, 《한겨레》, 1989.10.27.

안석주, 〈[문화] 건국과 문화제언(5): 민족영화의 창조(하)〉, 《중앙신문》, 1945.11.24.

안석주, 〈[문화] 영화는 민족과 함께 1〉, 《중앙신문》, 1946.01.21.

안철영, 〈영화의 자재난(資材難) 정치문제와 동시해결(同時解決)〉, 《경향신문》, 1946.12.15.

양훈, 〈[영화시평] 「자유만세」 뒤에 오는 문제〉, 《중외일보》, 1946.12.14.

염상섭, 〈[문예] 나의 창작여담: 〈사실주의에 대한 일언〉 (상)〉, 《동아일보》, 1961.04.27.

염상섭, 〈[문예] 나의 창작여담: 〈사실주의에 대한 일언〉 (하)〉, 《동아일보》, 1961.04.28.

오영진, 〈예술의욕의 감퇴 하(下)〉, 《경향신문》, 1949.12.22.

유두연, 〈영화기법(映畵技法)의신경향(新傾向)-「네오·레아리즘」에관(關)하여-〉, 《조선일보》, 1954.05.10.

이규환, 〈남기고 싶은 이야기들(2740): 영화 60년 제67화(40)〉, 《중앙일보》, 1980.02.11.

이병일, 〈아시아영화계는 전진하고있다〉, 《동아일보》, 1959.05.15.

이봉래, 〈건전(健全)한오락작품(娛樂作品)-「왕자호동(王子好童)과낙랑공주(樂浪公主)」-〉, 《조선일보》, 1956.06.16.

이어령, 〈「에비」가 지배하는 문화〉, 《조선일보》, 1967.12.28.

이어령, 〈누가 그 조종(弔鐘)을 울리는가?〉, 《조선일보》, 1968.02.20.

이어령, 〈영원한 모순 김동리씨에게 묻는다 하(下)〉, 《경향신문》, 1959.02.10.

이영일, 〈『멜로·드라마』의 『리얼리티』 『해피·엔드』의 심리적허구를 넘어〉, 《동아일보》, 1962.10.11.

이영일, 〈『오락산업』 형태 벗어나 『근대화 터전』 마련해야〉, 《동아일보》, 1962.06.24.

이원경, 〈자승자박의 길: '영륜'의 윤리규정을 보고〉, 《조선일보》, 1960.08.13.

이청기, 〈새 윤리는 역사의 흐름속에서 한국영화는 신인이 나와야…〉, 《조선일보》,

1960. 12. 04.

이청기, 〈주목(注目)되는신구(新舊)의대결(對決)〉, 《경향신문》, 1956. 01. 06.

이태우, 〈[영화시론] 조선영화와 문학 (1)〉, 《경향신문》, 1949. 01. 27.

이태우, 〈조선영화의 발전〉, 《경향신문》, 1949. 01. 06.

이해랑, 〈[문화] 문예영화 「악야(惡夜)」를 보고 (상(上))〉, 《경향신문》, 1952. 03. 19.

이해랑, 〈[문화] 문예영화 「악야(惡夜)」를 보고 (하(下))〉, 《경향신문》, 1952. 03. 20.

임긍재, 〈국산영화의 「스타일」 문제〉, 《조선일보》, 1957. 12. 03.

임긍재, 〈선전가치와 영화예술성: 반공영화비판의 시비 특히 『피아골』을 중심하여〉,
    《동아일보》, 1955. 08. 12.

임헌영, 〈[임헌영의 필화 70년] 뇌물 공무원·이승만 정책 신랄한 고발…5차례나 필
    화 '문제작': (11) 정비석의 '자유부인'〉, 《경향신문》, 2016. 12. 16.

임헌영, 〈'자유부인'의 정치사회적 접근 ②: '공무원 뇌물' 묘사로 연재중단 압력〉,
    《대한매일》, 1999. 02. 11.

정용배, 〈[영화평] 여명을 보고〉, 《자유신문》, 1949. 03. 25.

최인규, 〈영화 제작과 흥행의 양립〉, 《경향신문》, 1950. 01. 10.

최일수, 〈문화혁명과 종파주의〉, 《동아일보》, 1960. 07. 20.

잡지 기사

〈[권두언] 서른두번의 난산(難産)〉, 《영화TV예술》, 1968. 06.

〈[권두언] 아세아영화제와 민간외교〉, 《국제영화》, 1958. 03.

〈[권두언] 흑암(黑暗) 속에 등불이기를: 창간 12주년을 맞으면서〉, 《사상계》 145호,
    1965. 04.

〈[콜론·어쏘시에이츠 보고서(報告書)] 미국(美國)의 대아세아정책(對亞細亞政策):
    미국상원외교위원회(美國上院外交委員會)의 요청(要請)으로 「콜론·어쏘시에

이츠⌐사(社)가 작성(作成)한 보고서(報告書)〉, 《사상계》 78호, 1960.01.

〈한국영화계의 오늘과 내일: 명사들이 말하는 비평과 전망〉, 《현대영화》, 1958.01.

구중서, 〈한국 리얼리즘 문학의 형성〉, 《창작과비평》 17호, 1970, 314~367쪽.

김광주, 〈악야〉, 《백민》, 백민문화사, 1950.02.

김기영, 〈나의 대표작: 반역정신으로 영화 《초설》을 만들던 때〉, 《영화예술》, 1992.05.

김병걸, 〈순수와의 결별〉, 《현대문학》 106호, 1963.10.

김상일, 〈현대문학의 맹점 (1)〉, 《현대문학》 94호, 1962.10.

김상일, 〈현대문학의 맹점 (2)〉, 《현대문학》 95호, 1962.11.

김성태, 〈5·16이후의 청년심리: 청년심리의 일반성과 5·16이후의 학생심리〉, 《사상계》 107호, 1962.05.

김소연, 〈《오발탄》은 어떻게 "한국 최고의 리얼리즘 영화"가 되었나?〉, 《계간 영화언어》, 2004년 봄호.

김수영, 〈지식인의 사회참여: 일간신문의 최근 논설을 중심으로〉, 《사상계》 177호, 1968.01.

김우종, 〈순수의 자기기만〉, 《한양》 41호, 1965.07.

김우종, 〈저 땅 위에 도표를 세우라〉, 《현대문학》 113호, 1964.05.

김정옥, 〈[텍스트 논문] 영화예술은 어디까지 왔는가?: 무엇인가 근본적으로 변했다는 이야기〉, 《영화예술》, 1965.06.

김진만, 〈[평론5편] 보다 실속있는 비평을 위하여〉, 《사상계》 128호, 1963.12.

김태완, 〈[김태완의 인간탐험] 한국 영화평론의 산증인 金鍾元: "영화 〈기생충〉은 〈오발탄〉의 사회비판, 〈만추〉의 감각, 〈하녀〉의 속물성 담고 있어"〉, 《월간조선》, 2020.03.

김팔봉, 〈학생과 예술〉, 《사상계》 23호, 1955.06.

노능걸, 〈이태리 영화의 향방과 과제: 현대적 네오·리아리즘의 추구〉,《국제영화》, 1960.10.

박철, 〈서정적 수법이 탁월한 공훈 배우 윤룡규〉,《조선예술》, 1957.08., 90쪽.

변인식, 〈《신인영화평론·본지추천(新人映畵評論·本誌推薦)》 영화현실(映畵現實)과 포오토제니: 이태리언·리얼리즘과 한국영화(韓國映畵)〉,《영화예술》, 1965.06.

변인식, 〈마지막 지사(志士)형 감독 - 이강천〉,《웹진 영상포럼》 5호, 한국영상자료원, 1997년 가을호.

서정주, 〈사회참여와 순수개념〉,《세대》, 1963.10.

양기철, 〈영화론〉,《사상계》 54호, 1958.01.

오영진, 〈작품세계의 우려는 어찌할것인가〉,《국제영화》, 1957.03.

원형갑, 〈소설의 제문제 (1)〉,《현대문학》 99호, 1963.03.

원형갑, 〈소설의 제문제 (2)〉,《현대문학》 100호, 1963.04.

원형갑, 〈소설의 제문제 (3)〉,《현대문학》 101호, 1963.05.

원형갑, 〈소설의 제문제 (4)〉,《현대문학》 102호, 1963.06.

유두연, 〈특집(1) 코리안대(對)이타리안리즘의비교:『코리안 리아리즘』 단상〉,《영화세계》, 1957.02.

이병일, 〈나의 영화편력〉,《월간영화》, 1977.10·11.

이영일, 〈[권두논문] 한국영화의 좌표: 65년의 시점에서〉,《영화예술》, 1965.04.

이영일, 〈1960년의『한국영화』: 얻은 것과 얻지 못한 것〉,《영화예술》, 1966.01.

이영일, 〈영화와 현대사회: 전후 한국영화의 20년에 붙쳐〉,《영화예술》, 1965.09.

이영일, 〈한국(韓國)「리얼리즘」영화(映畵)의 계보(系譜) (1): 그 성격(性格)과 내용(內容)과 전망(展望)과……〉,《씨나리오문예》 3집, 1959.

이정선, 〈이태리영화의 특질〉,《신영화》, 1954.11.

이철혁, 〈제작의도를 어떻게 가질것인가〉,《국제영화》, 1957.03.

이택광, 〈민족의 질문에 대하여〉,《옵.신》 9호, 작업실유령, 2021.

이형기, 〈문학의 기능에 대한 반성〉,《현대문학》 110호, 1964.02.

전창근, 〈[수상] 두 어머니〉,《예술통신》, 1946.11.27.

정중헌, 〈[담론과 영화, 그 달콤살벌한 상관관계] 1980년대 이전 영화 저널리즘: 영
    화 보도와 비평의 기틀 놓고 한국영화 융성의 동력 공급〉,《영화천국》 38권, 한
    국영상자료원, 2014.06.

조남두, 〈평론이란 이름으로 영화계를 흐리는 무리〉,《영화세계》, 1958.02.

함석헌, 〈[권두언] 나라의 주인은 백성이다〉,《사상계》 63호, 1958.10.

함석헌, 〈국민감정과 혁명완결〉,《사상계》 90호, 1961.01.

함석헌, 〈생각하는 백성이라야 산다: 6·25싸움이 주는 역사적 교훈〉,《사상계》 61
    호, 1958.08.

허백년, 〈특집(2) 코리안대(對)이타리안리즘의비교: 한국영화와 이태리영화〉,《영화
    세계》, 1957.02.

홍사중, 〈작가와 현실〉,《한양》 26호, 1964.04.

황영빈, 〈특집(3) 코리안대(對)이타리안리즘의비교: 이타리안 리즘에 대하여〉,《영
    화세계》, 1957.02.

인터넷 자료

「38선 분단 결정하는 데 30분」, KBS, 1990.06.18. 〈https://news.kbs.co.kr/news/view.
    do?ncd=3695585〉 (검색일: 2021.12.05.)

「realism」, Oxford Learner's Dictionaries, 〈https://www.oxfordlearnersdictionaries.com/
    definition/english/realism?q=Realism〉 (검색일: 2021.11.22.)

「スタッフ キャスト:春山潤(はるやまじゅん)」, 東宝オフィシャルサイト, 〈https://

www.toho.co.jp/library/system/people/?43844〉(검색일: 2021.12.15.)

「고려한국어대사전」,〈https://ko.dict.naver.com/#/entry/koko/2bb51049687a4e2a8e4b660da92ba410〉(검색일: 2022.04.16.)

「국립영화제작소설치법」, 법제처 국가법령정보센터,〈https://www.law.go.kr/법령/국립영화제작소설치법/(00632,19610622)〉(검색일: 2022.05.01.)

「꿈이여 다시한번」, KMDb - 한국영화데이터베이스,〈https://www.kmdb.or.kr/db/kor/detail/movie/K/00442〉(검색일: 2022.03.18.)

「대한민국헌법」, 법제처 국가법령정보센터,〈https://www.law.go.kr/lsInfoP.do?lsiScq=53191&ancYd=19621226&ancNo=00006&efYd=19631217&nwJoYnInfo=N&efGubun=Y&chrClsCd=010202&ancYnChk=0#0000〉(검색일: 2022.05.13.)

「리얼리즘」, 국립국어원 표준국어대사전, 2018.07.19.〈https://stdict.korean.go.kr/search/searchView.do?pageSize=10&searchKeyword=%EB%A6%AC%EC%96%BC%EB%A6%AC%EC%A6%98〉(검색일: 2021.11.22.)

「아리랑(1954)」, KMDb - 한국영화데이터베이스,〈https://www.kmdb.or.kr/db/kor/detail/movie/K/00260〉(검색일: 2022.03.04.)

「저 하늘에도 슬픔이(1965) GV 김수용, 김홍준」, 유튜브, 2014.06.23.〈https://www.youtube.com/watch?v=DIU2Y7ZMSLA〉(검색일: 2022.06.19.)

「초설」, KMDb - 한국영화데이터베이스,〈https://www.kmdb.or.kr/db/kor/detail/movie/K/00375〉(검색일: 2022.04.10.)

「표준국어대사전」,〈https://ko.dict.naver.com/#/entry/koko/2bb51049687a4e2a8e4b660da92ba410〉(검색일: 2022.04.16.)

H생(生),〈[영화평] 태양의 거리〉,《매일신문》, 1952.10.17., 2면;「태양의 거리」, 한국영화데이터베이스,〈https://www.kmdb.or.kr/db/kor/detail/movie/K/00244〉(검색일: 2021.12.28.)

강성률, 「코리안 리얼리즘, 한국영화의 길찾기」, 매일경제, 2019.07.18. 〈https://
www.mk.co.kr/news/culture/view/2019/07/538536/〉(검색일: 2021.10.27.)

김소영, 「한국 영화사 연구의 '새로운' 출발, 〈한국영화전사〉 개정증보판」, 씨네
21, 2004.07.02. 〈http://www.cine21.com/news/view/?mag_id=25014〉(검색일:
2021.09.10.)

김종원, 「[영화인][구술로 만나는 영화인] 이강천 - 감독 - 도시적 반공 이데올로기의
벽 허문 〈피아골〉」, KMDb - 한국영화데이터베이스, 〈https://www.kmdb.or.kr/
story/76/1518〉 (검색일: 2022.03.06.)

김종원, 「[영화인][구술로 만나는 영화인] 이민 - 배우 - 50년대 스크린을 사로잡은
스타」, KMDb - 한국영화데이터베이스, 2008.11.11. 〈https://www.kmdb.or.kr/
story/76/1557〉 (검색일: 2022.03.25.)

몬마 다카시, 「초창기 북한 영화와 일본인」, 조선일보, 2000.12.15. 〈http://cinema.
chosun.com/site/data/html_dir/2000/12/15/20001215000093.html〉 (검색일:
2021.12.15.)

유현목, 「쑥밭의 상처 속, 지금은 없는 그 사람들의 추억」, 씨네21, 2001.01.05.
〈http://www.cine21.com/news/view/?mag_id=210〉 (검색일: 2022.03.18.)

이기림, 「[씨네클래식] 한국영화 회고록 신상옥 7」, 씨네21, 2003.07.28. 〈http://
m.cine21.com/news/view/?mag_id=20115〉 (검색일: 2021.12.25.)

하정일, 「휴머니즘문학론」, 한국민족문화대백과사전, 2012. 〈http://encykorea.aks.
ac.kr/Contents/Item/E0070773〉 (검색일: 2022.02.02.)

한국저작권위원회(부경근대사료연구소 김한근 소장 제공), 「1952년 대구 신천 강변
의 피란민 판자촌 모습_2」, 공유마당, 〈https://gongu.copyright.or.kr/gongu/wrt/
wrt/view.do?wrtSn=13152532&menuNo=200018〉 (검색일: 2021.12.29.)

한상언, 「네오 드라마 동인회: 영화평론가 김종원 회고록 44.」, 김종원의 영화평론

60년, 2021.03.10. 〈https://brunch.co.kr/@sangeonhan/70〉 (검색일: 2022.05.08.)

한상언, 「명동 다방 순례」, [매거진] 김종원의 영화평론 60년, 2021.03.03. 〈https://brunch.co.kr/@sangeonhan/55〉 (검색일: 2021.11.25.)

함연선, 「어떻게 나아갈 것인가: 한국 영화비평계의 86세대에 대해 반추하며」, 마테리알, 2019.09. 〈https://ma-te-ri-al.online/86〉 (검색일: 2021.10.29.)

기타 자료

〈이강원 1부: 월남, 고학생 연맹, 서울영화사 연구생 모집, 〈하얀쪽배〉(윤용규, 1950)〉(한국영상자료원 제작, 2005)

색인(작품명)

색인(인명)